Javier Martínez-Pinna

Eso no estaba en mi libro de historia de la Iglesia católica

LIBROS
EN EL
BOLSILLO

© Javier Eduardo Martínez-Pinna López, 2024
© Editorial Almuzara, S.L., 2024
Edición en Libros en el Bolsillo, octubre de 2025
www.almuzaralibros.com
info@almuzaralibros.com
Síguenos en redes sociales: @AlmuzaraLibros

Libros en el bolsillo: Óscar Córdoba
Edición: Ángeles López
Impreso por LIBERDÚPLEX

I.S.B.N: 979-13-70201-03-6
Depósito Legal: CO-1800-2025

Código IBIC: HR; HRCC
Código THEMA: QR; QRAX; QRMB1
Código BISAC: REL108020

Editorial Almuzara
Parque Logístico de Córdoba. Ctra. Palma del Río, km 4
C/8, Nave L2, nº 3. 14005 - Córdoba

Impreso en España - *Printed in Spain*

*A Ade, por ser la mujer de mi vida,
por ser el lugar al que siempre querré volver*

ÍNDICE

PRÓLOGO

La historia, en palabras de Cicerón, es *magistra vitae*, una disciplina que procura estudiar el pasado y entenderlo como una lección para comprender el presente e iluminar y enfocar el futuro. Pues bien, es importante forjar una visión lo más objetiva posible de los acontecimientos que de una u otra forma determinaron la evolución histórica, que en este trabajo se centran en la historia de la Iglesia, donde apreciamos, en su justo valor, la herencia recibida, tanto en sus aspectos positivos como negativos. Me gustaría recalcar esto último; muchas historias de la Iglesia se han concebido como historias angelicales, sin darse cuenta de que la Iglesia es de institución divina, pero formada por hombres, por lo tanto, pecadora (*Ecclesia semper reformanda*). Según el teólogo Karl Rahner esta consigna se vio en el Vaticano II como «el inicio del inicio», y fue donde se manifestó «el principio sinodal y colegial» de la Iglesia con la finalidad de impulsar la renovación.

La presente obra de divulgación, rigurosa y no desprovista de erudición, surge de la mano del escritor, articulista y profesor de Historia, el alicantino Javier Martínez-Pinna. Es autor de *La inmortalidad en el Antiguo Egipto*, y de *Muerte y religión en el mundo antiguo* con la editorial Luciérnaga (Grupo Planeta) y de *Lo que hicimos por el mundo* con la Editorial Edaf. Con la editorial Almuzara ha publicado: *Eso no estaba en mi libro de historia de la Edad Media*; *Eso no estaba en mi libro de historia de la piratería*; *Iberismo, hacia la unión de España y Portugal*; y *Eso no estaba en mi libro de historia de las guerras púnicas*. Todas las obras tienen en común la nueva visión histórica y las aportaciones, que se alejan de las imágenes estereotipadas de la historia medieval, la piratería o el iberismo. Ofrecen una visión de nuestro pasado que va a la esencia y a lo desconocido de un modo ameno, pero al mismo tiempo riguroso. En esta línea se encuentra, esta aportación bibliográfica a la cuestión de la historia de la Iglesia. Una obra que estimula con su lectura el interés por la comprensión de este fenómeno en este marco temporal, para que los lectores puedan saciar sus inquietudes, incluso en aquellos que sean más duchos o introducidos en la materia; y así, cubrir la curiosidad o la necesidad que tanto unos como otros puedan ir buscando en sus líneas.

En suma, el recorrido comienza con lo que el autor denomina el concilio de los Apóstoles, en el que seremos testigos de los enfrentamientos entre las dos grandes ramas del cristianismo primitivo, los judeocristianos y los llamados helenistas, favorables a la universalidad del mensaje de Jesús. También analiza la misión petrina y paulina y la forma de vida de los primeros creyentes en Cristo. No se olvida el autor de recordar las consecuencias de las persecuciones a los cristianos en época romana, ni de indagar en alguno de los enigmas más apasionantes de la arqueología bíblica, como es el descubrimiento de la tumba del apostol Pedro. Nos situamos en la Roma imperial, con Gayo, miembro culto de la iglesia romana bajo el papa Ceferino (199-217), quien manifestó que, si querías ir al Vaticano o a la vía Ostiense, encontrarías allí las tumbas memorables de los que han fundado la Iglesia. Tampoco se olvida Javier Martínez-Pinna de ahondar en temas polémicos como el nacimiento de la ciencia divina, la actual Teología, y el culto a las reliquias.

Continuando con la propuesta, el medievo, visto tradicionalmente como una época oscura, es considerado por el autor como un momento decisivo en el que se sentaron las bases de la civilización actual. Es un periodo de apogeo del teocentrismo y de un ocultismo estereotipado de la Iglesia medieval con una imagen de los poderosos «monjes negros» y de las órdenes mendicantes que, en muchas ocasiones, es totalmente errónea. Es una época de un claroscuro que, a veces, nos transporta a ver el cristianismo estrictamente centrado en las cruzadas y otras nos sorprende con sus grandes manifestaciones artísticas. Es un tiempo de culminación del intelectualismo más ferviente, con la representación de grades pensadores y teólogos como Santo Tomás de Aquino. No menos importante es el nacimiento de la escuela monástica, la *Schola Christi*, que cultivaba el estudio en los monasterios; y también, el tiempo de las escuelas urbanas, la *Schola Magistrorum*, que cultivaba el estudio en las escuelas catedralicias y en las universidades. Ambas alimentaban la pasión por Dios, la búsqueda de la verdad y, en definitiva, iluminar la inteligencia.

En la modernidad, alcanzamos la reforma tridentina, tan necesaria ante el apogeo de otras corrientes religiosas, que están a las espaldas del catolicismo y, por tanto, de la iglesia universal. Es el instante del Concilio de Trento y de la aún poco conocida y menos valorada reforma española, que llevó con el fervor de la Escuela de Salamanca a un humanismo católico que debemos reivindicar. Asimismo, fue el momento de figuras santas como san Juan de Dios, el patrono de los enfermeros, o santa Teresa de Jesús. Sin embargo, a modo de ejemplo el avance del racionalismo como pensamiento, que ya chocaba con el cristianismo, cobró tal relevancia que a partir del XVI y, sobre todo, durante los siglos XVII y XVIII llevó a una gran crisis en la conciencia europea; y el libertinaje, una concepción errónea de la libertad humana.

Esta crisis trajo consigo, en la época contemporánea, el fin de los Estados Pontificios en Europa y el inicio de un creciente anticlericalismo que llevó a la celebración del Concilio del Vaticano I para tratar de atajar las consecuencias sociales y religiosas del liberalismo y el mundo moderno. El aumento del anticlericalismo en el siglo XIX, bien visible en España, alcanzó su punto álgido con las persecuciones protagonizadas por el régimen nazi en Alemania y las dictaduras comunistas hasta fechas recientes. Llegamos, de esta manera, al último concilio ecuménico, el Vaticano II, en el que el contexto es más contrario a la iglesia, y al catolicismo, con la irrupción de la crítica a la religión, fomentada por el apogeo de la intelectualidad del Mayo del 68, un movimiento estudiantil, que no se quedó en eso, del que aún recibimos sus consecuencias, con una evidente crisis de la posmodernidad, y de momentos de gran dificultad para anunciar el evangelio de Jesucristo, dentro, y fuera de la Iglesia.

Sea como fuere, y haciendo uso de este prólogo, queremos dar la enhorabuena a esta iniciativa editorial que, esperamos, ilumine ante la crisis de conciencia y de pensamiento cristiano, que actualmente vivimos, y que desmitifique la historia de la Iglesia, que necesita de una nueva oleada de evangelización. Ya decía, san Juan Pablo II que la Nueva Evangelización era «nueva en el lenguaje, nueva en el ardor, nueva en los métodos».

Manuel Ortuño Arregui.
Profesor en el Instituto Superior de Ciencias Religiosas San Pablo (Alicante) y en el Centro de Estudios del Próximo Oriente y la Antigüedad Tardía de la Universidad de Murcia.

INTRODUCCIÓN

A lo largo del tiempo, las culturas se han ido diferenciando en función del contexto geográfico e histórico en el que se han ido desarrollando, permitiendo, de este modo, la aparición de una serie de tradiciones y mentalidades que definen a una civilización y la distinguen de las de su entorno. En Europa, el proceso civilizatorio solo es posible entenderlo si tenemos en cuenta el sustrato cultural grecorromano y la influencia del cristianismo, pero, en nuestros días, estos dos pilares parecen desmoronarse como consecuencia de la imposición del pensamiento postmoderno que pone énfasis en el subjetivismo y la deconstrucción moral.

El postmodernismo se caracteriza por no creer en la existencia de hechos objetivos, ya que estos dependen del pensamiento del observador, por lo que, en este clima, la razón no puede acercarnos a ningún tipo de verdad segura. La consecuencia lógica es la difusión entre las nuevas generaciones de un escepticismo que ha ido creciendo a medida que consideramos inviable encontrar respuestas para las preguntas que siempre nos hemos planteado.

Por supuesto, el relativismo moral ha tenido un profundo impacto en la fe cristiana y está detrás de la que nos atrevemos a considerar como la crisis más importante de la Iglesia católica a lo largo de su historia. Es por este motivo por el que nos plateamos la elaboración de este libro; porque vimos más necesario que nunca, en un momento como el actual en el que todo se desvanece y en el que el hombre europeo ha dado la espalda a sus orígenes, recordar qué fue la Iglesia y qué papel tuvo a la hora de configurar las bases de nuestra cultura. En efecto, durante dos mil años el cristianismo y la Iglesia han ejercido una mayor influencia que cualquier otra religión o institución en la determinación del ser humano, por lo que, en este tiempo en el que percibimos que su predominio, aparentemente, está llegando a su fin, conviene mirar hacia atrás y hacer balance lejos de estereotipos y juicios apriorísticos.

En un trabajo anterior (*Eso no estaba en mi libro de historia de la Edad Media*, publicado en esta misma editorial) traté de mostrar a los lectores que la imagen peyorativa que hemos tenido sobre esta etapa no se ajusta a la realidad. Frente a esa concepción de la Edad Media como un mundo sumido en la miseria más absoluta, en el oscurantismo, en la violencia sin límite y la barbarie, nosotros rescatamos las grandes aportaciones que la Europa feudal nos legó y prevenimos sobre el peligro de la corrección política y el victimismo, desde el que se ha querido ofrecer una visión de nuestro pasado ajena a la realidad, al no plantearse desde el punto de vista del periodo histórico al que se referían los hechos y sí desde un absurdo presentismo. Lo mismo podemos decir sobre la Iglesia, a la que se le ha querido interpretar como la quintaesencia del mal, al centrarse los historiadores en los aspectos más controvertidos, como su papel legitimador de sistemas económicos y sociales injustos, en el papel de la Inquisición o en la degradación moral del clero y algunos papas a lo largo de la historia.

En este libro, el lector será consciente de los pecados cometidos por algunos miembros de la Iglesia, pero también recordará las grandes contribuciones de personajes fundamentales para comprender nuestro presente como san Agustín de Hipona, san Benito de Nursia, Gregorio Magno, santa Teresa de Jesús o san Juan Pablo II. También comprenderá que la aceptación del cristianismo y su consolidación en tiempos de Constantino supuso la toma de medidas más humanizadoras en el derecho romano-cristiano, que las primeras universidades nacieron en el seno de la Iglesia y se emocionará con la labor de humildes curas y párrocos que llegaron a ejercer, tanto en el pasado como en el presente, una labor asistencial digna de mención.

Efectivamente, el estudio de la historia de la Iglesia es fundamental para comprender la realidad de la civilización europea, para saber cuáles fueron nuestras formas de vida, nuestras creencias y las formas que nos definieron en el plano material y espiritual. Creemos que, frente a las viejas generaciones, hoy en nuestro mundo moderno, en el que se ha generalizado el estado de bienestar y la sociedad de consumo, el ser humano parece completamente perdido. A la inseguridad por ser incapaces de encontrar cualquier tipo de verdad sobre la que sustentar nuestra existencia, le sumamos la soledad de un ser humano desarraigado que trata de alcanzar la felicidad mediante el placer inmediato, la posesión de bienes materiales y el aplauso fácil, pero la frustración por ser incapaces de dar satisfacción a nuestros más bajos instintos está teniendo unas consecuencias desastrosas. Siendo como es la cultura postmoderna fragmentaria y provisoria, el hombre ha dejado de mirar hacia el futuro, pero también a un pasado al que miramos con desdén y por el que, incluso, tenemos que pedir perdón.

¿Qué nos queda entonces? Un presente estéril donde el pesimismo aumenta, un vacío existencial, pero con un enorme desarrollo tecnológico que nos permite cambiar nuestras formas de vida, aunque no siempre para bien. Todo ello ha llevado a muchos hombres y mujeres, cansados del estresante mundo en el que nos ha tocado vivir, a mirar hacia atrás. Curiosamente, en una de las ocasiones que visité el maravilloso monasterio de San Pedro de Cardeña, en Burgos, uno de los monjes trapenses me aseguró que hoy no faltan las vocaciones monacales por parte de unos individuos hastiados de una vida sin sentido. Es por eso por lo que observamos un cierto redescubrimiento, un renovado interés por lo religioso y una cierta vuelta hacia el tradicionalismo como antídoto contra los sinsabores de un tipo de existencia que parece alejarnos, cada vez más, de nuestra propia naturaleza.

Después de todo, el postmodernismo no es más que una situación de cambio, una época que sigue al modernismo y que anticipa una nueva era que no conocemos. Por eso nos preguntamos cómo será la nueva cultura europea. Ante esta pregunta solo parecen existir dos tipos de respuesta. O bien continuamos con la dinámica actual y con el desmantelamiento de todas nuestras tradiciones, o por el contrario nos fijamos en nuestras raíces para superar una crisis moral que parece llevar a la humanidad al borde del abismo. Un mejor conocimiento de la historia de la Iglesia nos permitiría comprender, en esta época de transición, los grandes errores cometidos, pero, también, la labor desarrollada para fundamentar la identidad europea. No solo estamos hablando del mundo de la cultura, de nuestro arte y nuestra literatura, sino también de la mentalidad occidental, porque fue en Europa, en la antigua cristiandad, donde se desarrolló por primera vez la noción de derechos humanos y se definió el concepto de persona. Por eso, muchos pensadores católicos consideran que el cristianismo y la Iglesia son los únicos que pueden ofrecer una solución al hombre, porque pueden ayudarle a buscar una verdad absoluta sobre la que se asienten los valores más adecuados para una convivencia respetuosa.

Según la teóloga Jutta Burggraf: «Se puede comprender la misión insustituible de la Iglesia: llevar su voz allí donde la verdad fundamental del hombre comienza a ser manipulada o negada, donde se violan los derechos inalienables de la persona». Acierta la teóloga alemana a la hora de defender la recuperación de nuestras raíces para afrontar con algo más de esperanza los retos de un mundo futuro, cambiante y repleto de amenazas.

Nos resistimos a terminar esta pequeña introducción sin recordar las palabras de Benedicto XVI:

> Este continente solo será para todos un buen lugar para vivir, si se construye sobre un sólido fundamento cultural y moral de valores comunes tomados de nuestra historia y nuestras tradiciones. Europa no puede y no debe renegar de sus raíces cristianas (…). El cristianismo ha modelado profundamente este continente, como lo atestiguan (…) no solo las numerosas iglesias y los importantes monasterios. La fe se manifiesta sobre todo en las innumerables personas a las que, a lo largo de la historia hasta hoy, ha impulsado a una vida de esperanza, amor y misericordia.

EL CONCILIO DE LOS APÓSTOLES

TUMBA VACÍA Y APARICIONES DEL RESUCITADO

Hoy en día es muy poco lo que podemos asegurar sin abrir una ventana al debate, especialmente si nos referimos a aspectos tan controvertidos y que despiertan emociones tan intensas como el origen y la naturaleza del cristianismo. A pesar de la proliferación de propuestas absurdas, más o menos sensacionalistas, a las que, por desgracia, estamos tan acostumbrados, entendemos el cristianismo como la religión inspirada por Jesús, cuyas enseñanzas se convirtieron en la base de un cuerpo de creencias que perdura en la actualidad. Los Evangelios presuponen que Jesús fue el fundador de la comunidad de creyentes que, después, desembocó en la aparición de la Iglesia. En este sentido, la actuación histórica del nazareno, su pasión y muerte en la cruz y la posterior resurrección constituyen el eje de la religión cristiana, mientras que la historia de Israel se interpretó como la clave para entender su misión entre los hombres.

Jesús se presentó ante su pueblo como el Mesías anunciado por los profetas, como el Hijo de Dios vivo. Por desgracia, su mensaje no fue asimilado al predominar entre los israelitas la visión de dicho libertador como un caudillo terrenal llamado a alzar la llama de la rebelión contra los romanos y restaurar, en todo su esplendor, la gloria del reino de Israel. Jesús no respondía a esta imagen, ya que su reino no era de este mundo. Las dudas asaltaron, pues, a sus propios discípulos, pero los milagros obrados durante su vida pública sirvieron para refrendar su mesianidad, aunque su muerte en la cruz provocó un tremendo desconcierto que solo pudo ser disipado cuando los apóstoles fueron conscientes de la resurrección de Jesucristo, prueba irrebatible de la verdad de su doctrina y dogma central de la nueva religión. Desde ese momento, el miedo abandonó sus corazones y, seguros de la divinidad de Cristo, recibieron la plenitud de la revelación que quedó recogida en la Tradición y, después, en las Sagradas Escrituras. Jesús no solo fue el inspirador de una religión, sino también de una Iglesia destinada a perdurar hasta el final de los tiempos.

La elección de los apóstoles, cuya llamada marcó los primeros pasos de su ministerio, se produjo tras el bautismo en las aguas del Jordán. Al dirigirse a los pescadores de Galilea, los animó a convertirse en pescadores de hombres, por lo que los apóstoles, con su testimonio, fueron los responsables de transmitir las enseñanzas y las palabras de Cristo. En la Audiencia general del 15 de marzo de 2006, Benedicto XVI destacó la voluntad del Hijo de Dios de manifestar la llegada del tiempo definitivo en el que el pueblo de las doce tribus se transformaría en un pueblo universal, la Iglesia:

> El hecho de haberles encomendado en la última Cena, antes de su pasión, la misión de celebrar su memorial, muestra cómo Jesús quería transmitir a toda la comunidad, en la persona de sus jefes, el mandato de ser, en la historia, signo e instrumento de la reunión escatológica iniciada en él. En cierto sentido podemos decir que precisamente la última Cena es el acto fundacional de la Iglesia, porque Él se da a sí mismo y crea así una nueva comunidad, una comunidad unida en la comunión con él mismo.

La fiesta de Pentecostés es la más importante en la liturgia católica después de Pascua y Navidad.

Siendo así, deberíamos entender la Iglesia católica como la única verdadera porque entre Jesús y su Iglesia se estableció una continuidad en virtud de la cual Jesús sigue vivo en la sucesión de los apóstoles.

¿Quiénes fueron en realidad estos apóstoles? Además de pescadores, eran unos individuos que ansiaban conocer al Mesías, cuya venida consideraban inminente. Los apóstoles fueron elegidos para dar testimonio de la vida de Jesús, con el que habían entablado una relación personal; por eso se abrieron al mundo, movidos por su deseo de anunciar el evangelio. Al estar convencidos de vivir en los últimos tiempos, la nueva y vigorosa comunidad de creyentes esperó la venida del reino de Dios, por lo que dicha espera caracterizó las formas de vida de los primeros cristianos, haciendo innecesaria la idea de una Iglesia que pudiese perpetuarse ante la inminencia de la parusía, entendida como el advenimiento glorioso de Cristo. Tras la muerte y resurrección de Jesús, la ciudad sagrada de Jerusalén se convirtió en el centro y núcleo principal de sus seguidores, a pesar de que las referencias neotestamentarias que aluden a las apariciones del resucitado en Galilea nos indican que, desde bien pronto, el Mesías tuvo muchos adeptos en esta región. En Jerusalén se concentraron los primeros discípulos, muy pocos al principio, pero su número creció de forma espectacular después del acontecimiento de Pentecostés y el posterior discurso de Pedro que atrajo a muchos israelitas a la comunidad de creyentes que, a partir de entonces, empezó a recorrer un largo camino a través de la historia cuyo fin aún no hemos contemplado.

En Pentecostés seguimos conmemorando la llegada del Espíritu Santo a los apóstoles, a María y a los seguidores de Jesús reunidos en el cenáculo. En las Escrituras leemos que un viento fuerte y arrebatador llenó la sala y que unas lenguas de fuego se posaron sobre sus cabezas, permitiéndoles hablar y entenderse en distintos idiomas. Ante lo extraño del fenómeno, algunos creyeron que los allí reunidos estaban borrachos, bajo los efectos de Baco, pero Pedro señaló que todo fue obra del Espíritu Santo, que había dado a los apóstoles los dones y carismas necesarios para cumplir la misión para la que estaban llamados: predicar el evangelio a todas las naciones de la tierra. El Espíritu Santo hizo bien su trabajo porque, de forma asombrosa, los apóstoles perdieron el miedo, salieron de la clandestinidad, desafiaron al mundo y, haciendo caso omiso de todas las amenazas, se lanzaron a difundir el mensaje de Jesús, poniendo sus vidas en peligro. Después de Pentecostés, Pedro, también conocido como Cefas, inspirado por Dios, predicó su primera homilía y pidió a los que le rodeaban que se arrepintiesen de sus pecados y se bautizasen, convirtiendo a muchos creyentes unidos por una misma lengua y un propósito común. Además de Pentecostés, los teólogos han señalado el descubrimiento de la tumba vacía y las apariciones del resucitado como elementos fundamentales que explican el afán de los discípulos por anunciar la palabra de Cristo, aun a costa de perder sus vidas y sufrir martirio. En este sentido, José Antonio Sayés pretendió demostrar, desde un punto de vista filológico y teológico, la resurrección de Jesús a partir de dichas evidencias.

En fechas recientes, el 26 de abril de 2022 fallecía el teólogo navarro a la edad de setenta y ocho años víctima de una implacable e inmisericorde enfermedad neurodegenerativa. El padre Sayés fue un estudioso que llegó a ser alumno de Joseph Ratzinger y un colaborador activo en la redacción del nuevo catecismo. Entre sus aportaciones cabe destacar, como hemos dicho, sus reflexiones para tratar de demostrar la resurrección de Cristo, considerada por él como un hecho constatable al dejar huellas en la historia. Según Sayés, el testimonio apostólico sobre el hallazgo del sepulcro vacío es unánime y está presente en cada uno de los Evangelios. De igual forma, señala que Pablo, en 1 Co 15, 3-5, afirmó que el cuerpo de Cristo no experimentó corrupción:

> Porque os transmití lo que a mi vez recibí: que Cristo murió por nuestros pecados según las Escrituras; que fue sepultado; que ha resucitado al tercer día según las Escrituras; que se apareció a Cefas y luego a los doce.

A partir de la información recogida en las Escrituras y el análisis filológico y teológico de autores como Kremer o Mussner, el religioso español llega a la siguiente conclusión:

> Hay que decir, por tanto, que el hallazgo del sepulcro vacío significa que resucitó con su cuerpo sepultado. Por supuesto que el hallazgo del sepulcro vacío no bastaba definitivamente para confirmar la fe de los discípulos. Como tal, es una huella negativa que necesita de la huella positiva de las apariciones. Los apóstoles no creyeron

por el sepulcro vacío, sino por las apariciones, pero no creyeron sin el sepulcro vacío.

Centramos ahora nuestra atención sobre las apariciones de Jesús ante los discípulos. Decía Sayés:

> El verbo que frecuentemente se usa para decir que Jesús se apareció es *orthé*, aoristo pasivo de *oráo*, cuya traducción es «se dejó ver». Es cierto que el verbo *oráo* por sí solo puede referirse tanto a una visión sensible como a una visión intelectual, pero hay que recordar que por el contexto se trata aquí de un dejarse ver visible, ya que en 1 Co 15, 3-5 se refiere hasta cuatro veces a Jesús en un contexto de continuidad corpórea: murió, fue sepultado, resucitó. Pero resulta que, junto al verbo mencionado, se usan otros que no dejan lugar a dudas. Así, por ejemplo, Hch 10, 40 dice *enfané genésthai*, que literalmente podemos traducir por «manifestarse sensiblemente». La raíz es *fáino*, que significa «mostrar, enseñar, hacer visible», y este sentido objetivo de la manifestación queda resaltado cuando a continuación, en el versículo 41, se dice: «Nosotros, que con él comimos y bebimos después de haber resucitado de entre los muertos».

Dando muestras de su extraordinaria formación, el antiguo profesor de la Facultad de Teología del Norte de España (Burgos), llama la atención en la expresión utilizada en Hch 1, 3: «A estos mismos, después de su pasión, se les presentó dándoles muchas pruebas de que vivía». Pues bien, el verbo empleado en esta ocasión es *paréstesen,* que en sentido transitivo significa presentar y, más concretamente, poner ante los ojos. Asimismo, en las Sagradas Escrituras se utilizan formas como *hypentesen* (salió al encuentro de ellos) o *theorein* (mirar o contemplar) en el momento en el que Magdalena vio a Jesús después de su resurrección, por lo que, como hemos podido comprobar, no estamos hablando, como explican algunas corrientes teológicas actuales, de unas apariciones simbólicas, sino reales. Cabe destacar, en este mismo sentido, que en el ambiente de los discípulos se sabía distinguir perfectamente el tipo de apariciones relacionadas con Jesús de otras apariciones subjetivas. En Mc 16, 49 se habla de un fantasma y en Lc 24, 37 de un espíritu. El mismo Pedro, cuando fue liberado de la cárcel, no sabía si su visión fue verdadera o un sueño, por lo que en esta ocasión utiliza la expresión *hórama*, que en griego alude a este tipo de visiones no físicas. Según M. Guerra, ni una sola vez son llamadas *hórama* las apariciones de Cristo resucitado.

Después de la crucifixión, Jesús resucitó de entre los muertos. Según las Sagradas Escrituras, Cristo se apareció a muchos de sus discípulos antes de ascender al cielo para sentarse a la derecha de Dios.

Para reforzar estos planteamientos, Sayés nos recuerda que Pablo distinguía entre sus arrebatos de éxtasis, que no son fundamento del kerigma, y la experiencia de Damasco, que en absoluto puede ser calificada como visión psicológica. Como conclusión, Sayés establece que «a la resurrección de Cristo, trascendente, llegan los apóstoles mediante la constatación de las huellas históricas dejadas por Cristo: sepulcro vacío y apariciones. No se trata de una fe fideísta, sino de una fe apoyada en una constatación». Los discípulos de Cristo nunca dudaron de este acontecimiento, por lo que sacrificaron sus vidas en defensa de la verdad.

La resurrección de Cristo no solo ha tratado de ser corroborada mediante los estudios teológicos y filológicos, también desde el punto de vista de la física cuántica; en este caso por parte de Manuel Carreira, cuyo currículo, simplemente, impresiona. Según el sacerdote jesuita, teólogo, filósofo y astrofísico español, miembro del Observatorio Vaticano, asesor en varios proyectos de la NASA y profesor durante más de treinta años en distintas universidades como la John Carroll University o la Universidad Pontificia de Comillas, tenemos un modo de existir que no podemos imaginar porque escapa de nuestra comprensión sensorial.

Según Carreira, la existencia que nos promete Dios en la resurrección está fuera del espacio y del tiempo, y afecta no solo al espíritu, sino también a la materia. Es un nuevo comienzo con el modo de vida del espíritu, pero libre de cualquier tipo de ley física y de la idea del desgaste. Por supuesto, cuando hablamos de resurrección no nos estamos refiriendo a que se conserven los mismos átomos que dejamos en la tumba, porque lo que lo que vuelve a la vida es una estructura hecha a medida del espíritu, a partir de ese sustrato que conocemos como vacío físico, con unas partículas que no se pueden distinguir entre sí y con eso que llamamos energía. Si tenemos en cuenta la omnipotencia creadora de Dios, comprenderemos su capacidad para dar forma a lo que ya ha sido creado. Según Carreira:

No podemos concebir ni imaginar esta manera de utilizar las propiedades de la materia, pero tampoco se puede decir que sea incompatible con la idea de materia, y esto es lo que quiero que les quede claro. No les explico cómo es la resurrección, porque no lo sé ni lo sabe nadie. No les explico cómo es la eucaristía, porque no lo puedo entender, ni ustedes tampoco. Lo que quiero subrayar es que lo que dice la fe en esos casos no es incompatible con las propiedades de la materia que me da la física, sino que Dios utiliza las propiedades de la materia de una manera maravillosa para conseguir algo que no podríamos jamás soñar: para conseguir una vida eterna, sin desgaste, una vida a modo de espíritu aún para la materia.

¿IGLESIA UNIVERSAL O SECTA JUDÍA?

Los apóstoles, al ser elegidos por el nazareno, se convirtieron en la cabeza de la comunidad, especialmente Pedro, primer testigo (entre los apóstoles) del acontecimiento pascual. De él partió la iniciativa de emprender la misión entre los judíos de Palestina, centrando su actividad en Jerusalén hasta la detención y muerte de Santiago, uno de los Zebedeos, por orden de Herodes Agripa. A la muerte del apóstol le siguió la detención de Pedro, pero tras su milagrosa liberación emprendió la misión lejos de la ciudad sagrada, por lo que la dirección de la comunidad jerosolimitana cayó en manos de otro Santiago, el llamado hermano del Señor, cuya fidelidad a la ley mosaica evitó, en un primer momento, el ataque y persecución de las autoridades judías a los creyentes en Cristo. Junto a los apóstoles, encontramos un colegio de presbíteros que, tras la desaparición de los doce, se ocupó de la organización y defensa de los hermanos con dificultades. Entre ellos había creyentes que hablaban arameo, pero pronto empezaron a proliferar los de lengua griega, los llamados helenistas.

Al principio, la comunidad siguió ligada a Israel, fiel a la ley de Moisés y al templo, aunque se afirmaba con rotundidad que solo era posible la salvación en Jesús de Nazaret. Jesús era judío y conocía y respetaba su tradición religiosa; es más, durante su ministerio público llegó a demostrar por el templo un respeto más sincero del que tenían aquellos que lo custodiaban. Es cierto que en muchas ocasiones interpretó la ley de forma rigurosa, pero también criticó, abiertamente, la forma de aplicarla. A pesar de dicho respeto, su mensaje no podía quedar recluido en el marco judío al ofrecer una interpretación novedosa de Dios, al igual que un nuevo mecanismo de salvación. No podemos negar, sin embargo, que el origen del cristianismo está estrechamente vinculado al judaísmo, incluso desde un punto de vista sociológico. ¿Quién formó, entonces, el primer grupo de creyentes en Cristo?

Jesús, al enfrentarse a los saduceos, esenios y fariseos, encontró un mayor número de seguidores entre las clases populares, sobre todo entre los más humildes, incapaces de cumplir una ley tan estricta como la que enseñaban los rabinos, pero después del desastre del Gólgota se abrió la posibilidad de que el movimiento fuese reabsorbido por la religión judía. Es más, tras la muerte de Jesús el grupo estuvo a punto de dejar de existir, pero, como acabamos de ver, todo cambió de forma asombrosa tras las primeras noticias de la resurrección y el acontecimiento de Pentecostés. Bien es cierto que la comunidad de creyentes no contaba con sacerdotes ni con sus propios lugares de culto, pero, cuando los primeros cristianos vieron alejarse la parusía, sintieron la necesidad de organizarse y comenzar su misión ante los gentiles. ¿Qué está ocurriendo durante estos momentos iniciales en los que el cristianismo tendrá que luchar por su supervivencia?

En primer lugar, vemos que un ala del movimiento estaba siendo penetrada por judíos helenizados procedentes de la diáspora (defensores de que la misión traspasase las fronteras de Israel y llegase a los gentiles), mientras que la otra estaba incorporando antiguos fariseos. El choque entre ambos grupos se produjo cuando los fieles de lengua griega empezaron a formular una doctrina más próxima a la de Jesús con respeto al Templo y la observancia de la ley. Ante el aumento de la influencia de los helenistas, que para defender sus derechos consiguieron la designación de siete varones encargados de velar por sus intereses (entre ellos Esteban y Nicolás de Antioquía), se inició una persecución por parte de los judeocristianos de lengua aramea, obsesionados por terminar con la misión ante los gentiles y completar la reasimilación de los creyentes en Jesús en el ancho círculo del judaísmo. Es en este contexto cuando se produce un hecho fundamental como es la detención y muerte de Esteban, el protomártir, cuya lapidación pudo ser contemplada por Pablo.

La muerte de Esteban (había dejado de reconocer el Templo como lugar de salvación) marcó un punto de inflexión en el conflicto entre la comunidad judeocristiana y los que pretendían anunciar el evangelio a todos los pueblos sin la necesidad de someterse a los dictados de la ley judaica. Los primeros sintieron el temor que suponía el peligro, real, de helenización de sus costumbres y tradiciones religiosas, cuando las enseñanzas de Jesús empezaron a atraer, en mayor número, a gentiles y conversos de ciudades como Antioquía. El universalismo de la religión cristiana, frente al carácter nacional del judaísmo, se puso de manifiesto en esta ciudad, lugar de reunión de creyentes obligados a escapar de Jerusalén cuando se inició la persecución contra los discípulos de Jesús. Fue en Antioquía donde los creyentes en Cristo, muchos helenistas, empezaron a anunciar el evangelio a los gentiles y donde, por primera vez, se empezó a conocer a los seguidores de Cristo con el nombre de cristianos.

Por todo lo expuesto, resulta ilógico entender la religión católica, en su origen, como una secta judía, ya que el primer paso hacia la idea del universalismo puede ser, incluso, anterior al propio Jesús. Nos estamos refiriendo a Juan el Bautista, quien se fue alejando progresivamente del exclusivismo de la secta esenia (casi con toda seguridad perteneció a ella en un principio) al anunciar que los favores de Dios serían ofrecidos a todo el pueblo judío. Juan no era universalista, pero avanzaba en dicha dirección. Más tarde, Pedro abrió a los gentiles las puertas de la Iglesia tal y como observamos al estudiar la conversión del centurión Cornelio y su familia en Cesarea: «Ahora reconozco que no hay para Dios acepción de personas, sino que en toda nación el que teme a Dios y practica la justicia es acepto a Él» (Hch 10, 34-35). La noticia de la conversión se propagó inmediatamente por la ciudad de Jerusalén, pero no todos aceptaron que la redención de Cristo debía ser universal, ya que muchos judeocristianos siguieron aferrados a sus costumbres ancestrales, por lo que exigieron que los nuevos creyentes, para poder ser salvos, observasen las prescripciones de la ley mosaica, especialmente la necesidad de practicar la circuncisión.

A esta lucha, en la que se estaba jugando la supervivencia y la personalidad de la nueva religión, se incorporó Pablo de Tarso, después de Jesús la figura más importante de la historia del cristianismo y el que más polémicas ha generado. No son pocos los que han vertido toda clase de críticas sobre el apóstol de los gentiles; podemos destacar a los principales ideólogos nazis, como Alfred Rosenberg, quien se refirió a él como «el perverso rabino Pablo». En general, sus detractores le han acusado de pervertir las enseñanzas de Cristo, pero él no inventó ni pervirtió el cristianismo, sino que lo salvó de la extinción al ser el primero en comprender, en su integridad, el mensaje de Jesús y la necesidad de ruptura con la ley mosaica.

Pablo era un hombre aferrado al judaísmo, con antecedentes fariseos que se pueden remontar a sus bisabuelos, pero tuvo un cambio de actitud instantáneo, milagroso, después de su visión en el camino de Damasco. Como no se cansó de repetir, fue Jesús el que le reveló la verdad en su plenitud, por lo que, de manera inmediata, tras formar parte de la ofensiva contra los creyentes helenizados, abrazó la causa del cristianismo, una postura que solo podemos entender si aceptamos la explicación de Pablo de cómo llegó a ser adepto de Jesús. Tarso, por aquellas fechas, era una ciudad comercial, un centro multicultural, donde convivían distintos cultos, por lo que era un foco de sincretismo muy apropiado para el apóstol del universalismo.

Pablo, el apóstol de los gentiles, es una de las personalidades más influyentes en la historia del cristianismo.

Tras su conversión comprendió que no era posible transmitir la doctrina de Jesús sin utilizar conceptos y términos propios del ámbito grecorromano. Pablo debía explicar la pasión y el acto de la salvación a un público más amplio y poco familiarizado con el mesianismo judío. Del mismo modo, entendió que la ley era una maldición para el común de los mortales debido a la imposibilidad de respetar sus cientos de mandatos y prohibiciones. La salvación no podía estar, por lo tanto, en la ley, en ceremonias externas como la circuncisión o en la creencia del Templo como lugar único en el que habitaba Dios; la salvación solo era posible en la creencia de Jesús como hijo preexistente de Dios cuya crucifixión debía interpretarse como un acto divino de intención salvadora y para redimir a los hombres de sus pecados. El cristianismo era, en el pensamiento de Pablo, una liberación, la única forma de acceder a la verdad que él relaciona con la libertad, demostrando que la fe del creyente nada debe de temer del poder del pensamiento y la razón. Por este motivo, Schweitzer llamó a Pablo santo patrono del pensamiento en el cristianismo: «Todos los que piensan para servir al Evangelio de Cristo destruyendo la libertad de pensamiento deben ocultar sus rostros ante él».

Para dar solución al conflicto tan complejo entre los defensores del universalismo y los judeocristianos se convocó en el año 49 un concilio en Jerusalén en el que se dieron cita las cabezas más visibles de la comunidad de creyentes, entre ellos Santiago, hermano del Señor, Pablo y Pedro. En un ambiente que nos atrevemos a imaginar tenso, el apóstol Pablo y su leal compañero Bernabé se erigieron en los más destacados defensores de los gentiles. A pesar de sus dudas iniciales ante el temor de una ruptura con la comunidad judeocristiana, Pedro terminó hablando en favor de la libertad de los creyentes en relación con las costumbres y prácticas rituales de los judíos, por lo que, al final, Santiago optó por una solución de compromiso y que contentase a todos: no imponer cargas excesivas a los conversos gentiles, tan solo abstenerse de comer carnes no sagradas y evitar ciertas prácticas sexuales. Después del Concilio de los Apóstoles quedó resuelto el problema de las relaciones entre el cristianismo naciente y la ley mosaica, aunque todo parece indicar que las tensiones no tardaron en volver a arreciar. Tras los éxitos iniciales de Pablo, los cristianos judíos fueron recuperando el terreno perdido. Es normal que así fuese porque, tal y como afirmaron (y no se cansaron de repetir), su grupo estaba dirigido por personas que habían conocido a Jesús, entre ellos algunos familiares, mientras que Pablo tan solo podía llamar la atención sobre su visión personal.

Según Paul Johnson, una vez terminado el concilio, la Iglesia de Jerusalén consiguió liquidar la carrera misionera de Pablo, por lo que la supervivencia del cristianismo como religión independiente solo se pudo consolidar tras la destrucción de Jerusalén por parte de Roma, fenómeno este que, ahora sí, provocó la práctica eliminación de la fe judeocristiana. Es a partir de ese momento cuando el centro de gravedad del cristianismo se desplazó hacia Roma, donde el sistema paulino tenía muchas más posibilidades de sobrevivir. La capital imperial se erigió, después de un largo proceso, en el centro neurálgico de la nueva religión, convirtiéndose el obispo de Roma en la cabeza visible de la comunidad de creyentes. La actividad misionera de Pedro y Pablo es fundamental para comprender la primacía de Roma como futura cabeza del orbe cristiano.

LOS *TROPAIA* DE LOS APÓSTOLES

Después del concilio, Pablo prosiguió con su actividad misionera, primero por Asia Menor y después por Macedonia. Desde allí, marchó hasta Éfeso, convertida en centro de su misión entre el 53 y el 57 y, posteriormente, se adentró en Grecia donde confirmó su intención de iniciar un largo viaje, en este caso hasta España, para introducir el evangelio en Occidente. Por desgracia, Pablo no pudo cumplir su sueño porque se vio obligado a regresar a Jerusalén para llevar una colecta a la comunidad local y allí fue encarcelado durante dos años hasta ser trasladado a Roma en el 61. En la capital imperial, continuó su trabajo misionero hasta padecer martirio (según una antigua tradición) durante la persecución protagonizada por el emperador Nerón.

Volvamos ahora nuestra mirada a Pedro, el gran pilar de la Iglesia romana. Simón Pedro era de Betsaida, una pequeña localidad situada al este del mar de Galilea. Como su hermano Andrés, era pescador y dirigía una pequeña empresa en el lago Genesaret. Por este motivo, Simón tenía una buena situación económica, pero, además, era un hombre muy religioso y con un afán desmesurado por conocer a Dios, por lo que, junto a su hermano, viajó hasta Judea para seguir la predicación de Juan el Bautista. Pedro estaba casado y su suegra vivía en Cafarnaúm, en una casa en la que se alojaba cuando visitaba dicha localidad. Curiosamente, en unas excavaciones arqueológicas, los investigadores lograron localizar los restos de una iglesia muy antigua construida, al parecer, en el lugar en el que se situaba la casa y en la que destacaban unas inscripciones con invocaciones a Pedro. En Mateo encontramos la declaración solemne de Jesús que definirá el papel de Simón, y en consecuencia de Roma, en la historia de la Iglesia:

> Y yo a mi vez te digo que tú eres Pedro, y sobre esta piedra edificaré mi Iglesia (…). A ti te daré las llaves del reino de los cielos; y lo que ates en la tierra quedará atado en los cielos, y lo que desates en la tierra quedará desatado en los cielos (Mt 16, 18-19).

Según Benedicto XVI, en las Sagradas Escrituras hay textos clave enmarcados en el contexto de la última cena en los que se muestra «cómo el ministerio confiado a Pedro es uno de los elementos constitutivos de la Iglesia que nace del memorial pascual celebrado en la eucaristía (…). Pedro debe ser el custodio de la comunión con Cristo» (Audiencia general, 7 de junio de 2006).

Después de la muerte del nazareno, Pedro empezó a predicar entre los judíos, pero, en lo que se refiere a su actividad misionera fuera de Palestina se sabe muy poco, casi nada. Pudo estar en Corintio y en lugares como el Ponto, Galacia, Capadocia, Asia y Bitinia, tal y como parece indicar el saludo de la primera carta de Pedro. Casi segura parece su estancia en Roma. Aunque no queden testimonios inmediatos, una serie de indicios nos invitan a suponer la historicidad de estas tradiciones. La noticia transmitida por Suetonio sobre los tumultos provocados en la capital imperial por unos judíos instigados por un tal *Cresto* se puede interpretar como el reflejo de la existencia de una comunidad cristiana (que los romanos seguían confundiendo con los judíos), abierta a los gentiles, en la ciudad del Lacio. Este es el motivo por el que el apóstol se habría desplazado hasta este lugar. La proliferación de otros testimonios indirectos parece apuntar en esta misma dirección. Los Evangelios de Juan y Marcos sugieren la predicación petrina en Roma, mientras que, entre las fuentes extracanónicas, encontramos el escrito de la comunidad romana a Corintio, donde se menciona a Pedro como ejemplo de trabajo constante y paciente. La convicción de su presencia, al ser cada vez más consistente, quedó reflejada en otros testimonios y alusiones, como la de Porfirio sobre su crucifixión en la Ciudad Eterna. En definitiva, el primer cristianismo nunca dudó de la presencia de Pedro, pero tampoco de la de Pablo, en la capital del imperio. Analicemos ahora lo que nos cuenta el registro material.

Desde hace muchos años, las distintas excavaciones llevadas a cabo en la Basílica de San Pedro del Vaticano en busca de los restos físicos del apóstol han ido aportando nuevos datos en esta apasionante investigación histórica, con la que se pretende dar respuesta a uno de los más grandes enigmas de la historia del cristianismo. Para tratar de encontrar apoyatura documental a estos trabajos, se recuperó la discusión de tiempos del papa Ceferino (199-217) cuando el presbítero romano Gayo pronunció estas palabras recogidas en la *Historia de la Iglesia* de Eusebio: «Yo puedo mostrar los *tropaia* de los apóstoles. Puedes ir al Vaticano o a la Vía Ostense y encontrarás allí los *tropaia* de los apóstoles que fundaron la Iglesia». En este contexto, la palabra *tropaion* solo puede significar tumba, por lo que estaríamos ante una referencia directa al lugar de enterramiento de Pedro y Pablo. Similar atención merece la noticia de un calendario romano que habla sobre una conmemoración en las catacumbas (la actual iglesia de San Sebastián, en la vía Apia) en el 258. Las excavaciones allí realizadas aportaron datos muy interesantes, como la existencia de lugares de culto (*triclia*) con numerosos *graffiti* dedicados a los dos apóstoles, pero ninguna tumba. Para complicar aún más las cosas, tenemos una inscripción del papa Dámaso (366-384) en la que se dice que Pedro y Pablo habitaron en este lugar. ¿La explicación a este enigma? Existen distintas posibilidades, pero siempre se ha barajado la posibilidad de que se trate del lugar originario de enterramiento.

Regresemos ahora a la Basílica de San Pedro para estudiar los resultados de las excavaciones llevadas a cabo después del final de la segunda guerra mundial. Los trabajos arqueológicos los dirigió monseñor Ludwig Kass y permitieron descubrir una necrópolis del siglo I d. C., algo que podría coincidir con lo que dicen las tradiciones cuando se asegura que los restos de Pedro fueron ubicados en una tumba cercana al circo de Nerón, señalada por un templete, el Trofeo de Cayo, donde mucho después Constantino construyó un monumento en su honor. Con el paso del tiempo y la construcción de nuevos altares y edificios, el emplazamiento de la tumba cayó en el olvido hasta el fantástico hallazgo realizado durante el papado de Pío XII.

Durante las excavaciones, monseñor Kass logró desenterrar tumbas paganas, estatuas y, por fin, una tumba con imágenes y símbolos cristianos. Llamó la atención la presencia de un altar y un murete pintado de rojo, anexo al monumento funerario conocido como Trofeo de Cayo. Al lector no le costará mucho trabajo imaginar la emoción entre los investigadores al constatar que estaban a punto de protagonizar uno de los descubrimientos más importantes de la historia de la arqueología. Para confirmar la buena marcha de las pesquisas llevadas a cabo en el corazón del Vaticano, se logró identificar una inscripción en griego del siglo IV, traducida por Margarita Guarducci, en la que se leía: «Pedro está aquí». Poco después, se encontró una nueva inscripción que se tradujo como: «Cerca de Pedro». Otro aspecto para destacar fue el hallazgo de tumbas más humildes en torno a la central, pero siempre respetando el lugar de privilegio que esta última ocupaba en la necrópolis. Con todas estas pruebas, Pío XII anunció, ante todo el mundo, la noticia que muchos estaban esperando, la del hallazgo del lugar de último reposo del apóstol.

Necrópolis vaticana, situada a escasos metros del lugar donde, casi con toda seguridad, descansan los restos del apóstol Pedro.

El problema fue la aparente inexistencia de restos óseos en esta tumba central, algo que descolocó a los investigadores, por lo que los más escépticos, interesados en negar la autenticidad del hallazgo, creyeron encontrar la prueba definitiva para condenar las teorías que daban validez a tan magnífico descubrimiento. En esta ocasión, la respuesta a dicho interrogante la dio Margarita Guarducci, que, con buen criterio, descubrió que monseñor Kass no había sido tan diligente como se esperaba al dejar sin estudiar los huesos encontrados en un nicho cercano excavado en una de las paredes. Cuando se analizaron dichos restos, se descubrió que la tierra adherida era la misma que la de la tumba vacía y que, además, al esqueleto le faltaban los pies, una característica que bien podría coincidir con la de un individuo crucificado bocabajo. Nuevos análisis permitieron saber que los restos eran los de un hombre robusto, alto y entrado en años. Para finalizar, Guarducci señaló que los huesos de Pedro fueron desenterrados por Constantino, envueltos en un paño y posteriormente depositados en el nicho donde finalmente fueron encontrados. Las pruebas documentales y el registro arqueológico son suficientemente contundentes para desnivelar la balanza en favor de los que piensan que los restos de Pedro, tal y como afirma la Tradición, siguen enterrados en las grutas vaticanas.

La primacía de Pedro en el círculo de los apóstoles y su actividad misionera entre los judíos y los gentiles dejaron su huella entre los creyentes y nos permiten comprender la preeminencia de Roma y la pretensión de los obispos romanos de ser los sucesores inmediatos de Cefas, asegurando así el kerigma apostólico. De igual modo, es necesario recordar que la expansión del cristianismo primitivo se llevó a cabo por tierras del aún poderoso Imperio romano, por lo que los creyentes se adaptaron, obligatoriamente, a las estructuras y modos de vida de la sociedad romana. Hasta ese momento, el imperio había promovido la vida urbana, por lo que las primeras comunidades surgieron en las ciudades donde se constituyen las Iglesias locales, estableciéndose una intensa comunicación entre ellas en la creencia de estar integradas en una misma Iglesia universal fundada por Cristo. Sabemos que, debido a la desaparición de los apóstoles, los obispos se alzaron como los jefes de las numerosas Iglesias esparcidas por el imperio y que concentraron todos los poderes para el gobierno de sus comunidades. Entre las Iglesias locales siempre destacó Roma, por la atracción que tenía la capital imperial y por el primado de la Iglesia que Jesús confirió a Pedro. Al ser considerado Cefas el primer obispo de Roma, sus sucesores asumieron dicha prerrogativa que configuró a la Iglesia su constitución jerárquica.

Tenemos muchas pruebas de esta preeminencia de Roma sobre el resto de las Iglesias locales. En el siglo i, el papa Clemente escribió una carta en la que exigía al resto de los obispos obediencia a sus mandatos por su potestad primicial. Algo más tarde, Ignacio de Antioquía, discípulo directo de Pablo, condenado a morir por las fieras en Roma en tiempos de Trajano y primero en utilizar el adjetivo de católica al referirse a la universalidad de la Iglesia, aseguró que la Iglesia de Roma estaba a la cabeza de la caridad. En el siglo ii, Ireneo de Lyon, en su *Contra las herejías,* afirma que las disposiciones de Roma son necesarias para el conocimiento de la verdadera doctrina de la fe. Adversario del gnosticismo, Ireneo, declarado doctor de la Iglesia por el papa Francisco con el título de *doctor unitatis*, realizó una lista de obispos de Roma que se abría con Lino, primer sucesor de Pedro.

EL EPISCOPADO MONÁRQUICO

La misión tuvo los efectos deseados y ya a principios del siglo ii encontramos comunidades en toda la cuenca del

Mediterráneo. Ireneo de Lyon, fallecido en torno al 202, habla sobre la presencia de iglesias en España y en Oriente, en Egipto y en Libia, incluso entre los pueblos germánicos. Clemente de Alejandría afirma, tal vez exageradamente, que la doctrina de Jesús se había propagado por toda la tierra habitada.

Los apóstoles, obedientes al mandato de Cristo, asumieron la responsabilidad de anunciar su mensaje a todos los pueblos y naciones del mundo conocido. Por desgracia no es fácil conocer las correrías evangélicas de los doce debido a la vaguedad de las fuentes históricas. Al menos sabemos que Pedro marchó a Palestina y que se instaló temporalmente en Antioquía, ciudad llamada a convertirse en uno de los centros más destacados del primer cristianismo. Como vimos, es probable que también llegase a Corinto, pero su destino definitivo fue Roma, capital imperial, de cuya Iglesia fue primer obispo. En cuanto a Juan, después de una larga permanencia en Palestina llegó a Éfeso, mientras que antiguas tradiciones sitúan a Santiago el Mayor en España, a Tomás en la India y al evangelista Marcos en Alejandría. De Pablo sabemos mucho más gracias a la información que nos suministran los Hechos de los Apóstoles y las cartas paulinas.

La expansión del cristianismo no solo fue resultado de la actividad de los apóstoles. Si queremos tener una imagen mucho más próxima a la realidad debemos de tener en cuenta que en la mayor parte de las ocasiones fueron hombres humildes y desconocidos, muchas veces soldados y esclavos, comerciantes o navegantes, los primeros en anunciar el mensaje de Jesús. Su proclamación del evangelio permitió la fundación de numerosas comunidades cristianas, en su mayor parte en las ciudades imperiales, espacio vital de los creyentes que sirvió de modelo a las futuras circunscripciones eclesiásticas. El impulso para la misión cristiana partió de la actuación histórica de Jesús y se vio favorecida por la presencia de una cultura y una lengua común (*koiné*) en el Mediterráneo, por lo que el cristianismo no penetró en un desierto espiritual y cultural, sino que entró en competencia con la religión romana. Por este motivo, para que el mensaje de Jesús fuese entendido por los oyentes del ámbito cultural grecorromano, se impuso la necesidad de adaptar las expresiones y los conceptos del evangelio para que pudiesen llegar a las comunidades alejadas de la tradición veterotestamentaria.

La labor de los misioneros cristianos fue tan asombrosa que en el siglo iv la nueva religión ya había arraigado con fuerza tanto en Oriente Próximo (Siria o Asia Menor) como en Occidente. Nos desplazamos, ahora, al pasado para comprobar cómo fue la vida de estos primeros creyentes y los elementos primigenios del culto cristiano primitivo. En los Hechos de los Apóstoles se especifica la costumbre de acudir a las enseñanzas de los apóstoles, a la comunión, a la fracción del pan y a las oraciones. De esta manera, aparecieron de forma muy temprana algunas expresiones y actos litúrgicos considerados células germinales de la Tradición y la Sagrada Escritura. Tal y como tendremos ocasión de comprobar, el bautismo, de tradición judía, pero con elementos novedosos, se interpretaba como un rito de recepción. También sabemos que los cristianos primitivos se reunieron en sus casas y celebraban comidas rituales donde se recordaban los relatos y hechos del Jesús histórico. Durante esta eucaristía se pronunciaba una antigua invocación: «Marana-tha» (1 Cor 16, 22), que significa ¡ven, Señor nuestro!, una llamada que implicaba la creencia en la venida del Señor. Vemos que en estos momentos tan tempranos quedó establecido el marco fundamental de la liturgia, ya que, además de la eucaristía, se procedía a la lectura de la Sagrada Escritura y se recitaban salmos y oraciones. Entre estos primeros creyentes, que consideraban cercana la parusía, se popularizó una forma de vida en común, en la que los cristianos compartían sus bienes e incluso vendían sus pertenencias para ayudar a los más necesitados. Según Peter Stockmeier:

Es difícil que todo esto se concretara en una comunidad colectiva de bienes, como en los esenios de Qumrán. Se trataba, más bien, de un reparto voluntario o radical en favor de los pobres, cuyo número se había incrementado principalmente debido a la afluencia de creyentes de Galilea.

Frente a las formas y costumbres de la religión pagana, orientada a lo cultual, el cristianismo reclamaba la totalidad del hombre, por lo que la conversión implicaba la asunción de una nueva forma de entender la vida. Ante la sociedad pagana, los creyentes en Cristo destacaron por su moralidad y normas de conducta. Según Teófilo, los cristianos se dejaban llevar por la moderación, observaban la monogamia, huían del pecado y de la injusticia, testimoniaban su piedad con obras de caridad y obedecían la ley, por lo que dicha actitud sirvió para presentar al cristianismo como una auténtica fuerza moral. ¿Fue esta una de las principales razones del éxito de la nueva religión? Probablemente, así fue.

La entrada en la comunidad de creyentes se realizaba por el bautismo, descrito de forma temprana por Pablo como un proceso de muerte y resurrección a una nueva vida, pero para preparar la vida en la fe se realizaba un catecumenado de unos tres años de duración mediante la oración, el ayuno y el arrepentimiento. En un principio, la catequesis la impartía un maestro, generalmente laico, después de un examen de conducta, tras el cual, el candidato o *electi* participaba en el ritual litúrgico y en la oración en el seno de la comunidad.

En los ritos observamos la influencia de los cultos mistéricos, muy populares en la época. El bautismo se administraba durante la noche que precedía al domingo de Pascua y, tras las últimas orientaciones, el obispo pronunciaba un discurso dirigido al bautizando, quien, tras ser señalado con la cruz, renunciaba a Satanás, por lo que el ritual podía ser considerado como una especie de exorcismo. Posteriormente, se despojaba de sus vestiduras y era conducido a la piscina bautismal; una vez allí se le preguntaba por su fe en Dios Padre, el Espíritu Santo y en Jesucristo y el obispo lo sumergía o rociaba en el agua. Finalmente, abandonaba el bautisterio y se dirigía a la iglesia, donde el obispo practicaba la *consignatio*, la comunicación con el Espíritu Santo mediante la imposición de sus manos y la unción. Como miembro de la nueva comunidad de creyentes en Cristo, el bautizado, durante la siguiente semana, era introducido en los misterios de la fe. Nos preguntamos ahora sobre el bautismo infantil; pues bien, frente a lo que pueda parecer, esta costumbre ya aparece mencionada en Hipólito, mientras que Orígenes se refiere a ella como una tradición apostólica. A pesar de todo, esta práctica provocó intensos debates hasta su generalización ya en el siglo v.

Si el catecumenado y el bautismo los tenemos documentados durante los albores de la historia del cristianismo, lo mismo podemos decir sobre la eucaristía, una celebración durante la cual los fieles experimentaban una íntima vinculación con Cristo. Dijimos que este ritual, en origen, consistía en una comida que se realizaba en el interior de los hogares de los creyentes y que, después (y hasta nuestros días), se convirtió en el centro de la vida comunitaria. Una de las primeras descripciones de la eucaristía la tenemos en la *Apología* de Justino (siglo ii), en origen un filósofo pagano, pero que terminó erigiéndose en uno de los más destacados apologistas griegos en defensa del cristianismo:

> En el día que lleva el nombre del Sol se reúnen todos los que se encuentran en las ciudades o en la región para una celebración comunitaria. Y luego se leen las memorias de los apóstoles o los escritos de los profetas,

según sea el tiempo del que se disponga. Cuando el lector ha terminado, el presidente pronuncia un discurso en el que exhorta encarecidamente para que se lleven a la vida esas bellas doctrinas. Luego, nos levantamos todos juntos y elevamos oraciones a lo alto. Una vez concluida la oración, se traen pan, vino y agua, y el presidente pronuncia oraciones y acciones de gracia según su capacidad. El pueblo expresa su conformidad mediante la pronunciación del amén. Viene luego la distribución de los dones, sobre los que se ha pronunciado la acción de gracias, a todos los presentes. A los ausentes se lleva una parte de esos dones por medio de diáconos.

La estructuración de las primeras misas (este nombre para designar la eucaristía viene de la palabra *missa* como fórmula de despedida con la que se cerraba el ritual) aparece de forma más clara en Hipólito: se abría con una oración con la que se recordaba la acción salvífica de Dios en Jesucristo. A continuación, venía la *anamnesis*, memoria de la muerte y resurrección de Cristo, y después la *anaphora*, ofrecimiento del pan y el vino, para terminar con la advocación del Espíritu Santo.

Al celebrarse la eucaristía «el primer día de la semana» en el que resucitó Cristo, el domingo adquirió una gran importancia en la concepción que los cristianos tenían del tiempo. El carácter festivo de este día hizo que el Estado romano ordenase a partir del 321 el descanso dominical para todos los habitantes del imperio. Así fue hasta nuestros días con la absurda excepción de la Revolución francesa que trató de eliminar dicha tradición durante el proceso de descristianización de la sociedad francesa. Lo veremos más adelante.

Además del domingo, la festividad que marcó el calendario litúrgico de la Iglesia fue la Pascua que, como bien sabemos, sustituyó a la *Péssah* judía, en la que se conmemoraba la liberación de Israel después de tantos años de esclavitud en Egipto. En la Pascua cristiana se celebraba la muerte y resurrección de Cristo, mientras que la fiesta de Navidad sirvió para recordar el nacimiento del Hijo de Dios. No fueron los únicos momentos importantes del año eclesiástico, ya que, conforme fueron avanzando los años, especialmente cuando remitieron las persecuciones, se popularizaron las conmemoraciones en honor de los mártires que dieron testimonio, con su sangre, de la divinidad de Cristo. Por este motivo, desde los primeros momentos, se levantaron edificios votivos sobre las tumbas de los mártires donde se guardaron unas reliquias que fueron cada vez más codiciadas por la comunidad de creyentes.

La estructura de las primeras misas aparece claramente reflejada en los escritos de Hipólito de Roma.

En estos tiempos primitivos también podemos destacar la existencia de ciertos rasgos ascéticos que, a pesar de no aparecer en la vida pública de Jesús, se extienden por la influencia del entorno judío y helenístico en el que el ideal de renuncia y distanciamiento del mundo gozaba de gran prestigio. Aunque el desarrollo del monacato es posterior, el ayuno y la limosna se convirtieron en una obligación para todos los cristianos, mientras que la vida célibe presuponía un don especial, una demostración de superioridad moral según el ejemplo de Jesús.

La consolidación y supervivencia de las comunidades solo podemos entenderlas si comprendemos las distintas formas de ordenamiento y organización que surgen durante los primeros siglos de la historia eclesial. En el Nuevo Testamento no encontramos referencias directas por parte de Jesús sobre los oficios y la forma en la que se tendría que organizar la comunidad de creyentes después de su muerte. Sí que existen algunas afirmaciones que, al menos, nos ayudan a entender la naturaleza de dichos oficios: «No ha de ser así entre vosotros, sino el que quiera llegar a ser grande entre vosotros, será vuestro servidor» (Mc 10, 43). Por supuesto, el poco interés inicial hacia las formas de organización fue consecuencia de la espera de la parusía que, como dijimos, se consideraba inminente, aunque esto no nos debe hacer entender la aparición de los oficios eclesiásticos por el simple aplazamiento del advenimiento glorioso de Jesucristo, puesto que el servicio a la comunidad estuvo presente desde el principio.

En la ciudad de Jerusalén, la dirección primigenia cayó en manos de Pedro, Juan y Santiago, el hermano del Señor, quienes ejercieron su autoridad asistidos por un grupo de ancianos, los presbíteros, a quienes correspondieron las labores de organización y aprovisionamiento. Merece la pena destacar que, cuando la situación lo requería, era la comunidad en su totalidad la que intervenía directamente en la toma de decisiones bajo el convencimiento de que la voluntad de Dios se manifestaba en la reunión. De forma paralela a lo que acabamos de ver en la ciudad de Jerusalén, encontramos otras formas de organización vinculadas a las comunidades paulinas, donde sobresalen los diferentes servicios o carismas otorgados por el Espíritu Santo para la edificación de la comunidad y el servicio a los no creyentes. Detrás de estos servicios no existía un sistema fijo de ordenamiento, sino una ocupación espontánea surgida en circunstancias especiales. Además de los carismas, Pablo reconocía otros oficios permanentes a los que da el nombre de *episkopoi* y *diakonoi*, siendo el primero el supervisor de la vida comunitaria. Así, frente a los apóstoles y los profetas cuya labor estaba dirigida a la totalidad de la Iglesia, los epíscopos y los diáconos actuaban a nivel local.

Con el paso del tiempo, ambos oficios, presbíteros y epíscopos, empezaron a utilizarse como sinónimos, aunque después, y hasta ahora, los primeros se relacionaron con el cargo de sacerdote y los segundos, con el de obispo. Del mismo modo, el retraso de la parusía significó la pérdida de relevancia de los carismas frente a los ministerios de carácter duradero. Cuando los creyentes vieron lejano el regreso glorioso de Cristo, se impuso la necesidad de fortalecer los lazos de unión entre los oficios eclesiásticos y el ministerio apostólico. En la primera carta de Clemente, escrita a finales del siglo I, leemos:

Los apóstoles recibieron del Señor Jesucristo la buena nueva para nosotros; Jesús, el Cristo, fue enviado por Dios. Cristo viene, pues, de Dios y los apóstoles provienen de Cristo. Ambas cosas se llevaron a cabo en un bello orden, sintonizando perfectamente con la voluntad de Dios. Así, pues, ellos recibieron los mandatos y, plenamente asegurados por la resurrección de nuestro Señor Jesucristo y confirmados en la fidelidad mediante la palabra de Dios, partieron, llenos de la certidumbre que les infundió el Espíritu Santo, a anunciar la buena nueva de la proximidad del Reino de Dios.

El episcopado monárquico, como forma de ordenamiento en la que el obispo aparece como cabeza de la comunidad apoyado por un colegio de presbíteros, aparece por primera vez en Ignacio de Antioquía. Al ser el representante de Cristo ante los hombres, el obispo era el encargado de proclamar la verdad del evangelio y garantizaba la unidad de la Iglesia. En el siglo II se consolida en la cúspide de la jerarquía eclesiástica, por lo que san Hipólito de Roma le atribuye todas las funciones decisivas de las comunidades: la liturgia y la predicación, la dirección de la Iglesia local y la capacidad para perdonar los pecados. Por lo que hemos podido comprobar, durante estos primeros siglos el cristianismo protagoniza una vertiginosa expansión por tierras del Imperio romano, desarrolla un ceremonial litúrgico y cultual que, en buena medida, pervive en nuestros días y lleva a cabo un proceso de organización en el que el obispo adquiere un notable protagonismo. Roma, cada vez más preocupada por la extensión de la nueva religión, no tardará en tomar medidas para tratar de frenar y acabar con el ímpetu de los creyentes en Cristo. ¿Lo conseguirá?

LOS SUCESOS DEL RÓDANO

Sería un error considerar al Imperio romano como un factor negativo en la difusión del evangelio. En general, solemos imaginarnos a los primeros cristianos sufriendo una implacable persecución por parte de los legionarios romanos o como el plato principal del insólito menú preparado para las fieras en el anfiteatro. No siempre fue así. Como hemos visto, la unidad del mundo grecolatino favoreció la expansión de nuevas ideas y corrientes culturales y religiosas por toda la cuenca del Mediterráneo. Los cristianos supieron aprovecharse de las calzadas romanas y las rutas comerciales para difundir el mensaje de Cristo. Además de la afinidad lingüística y la estabilidad que proporcionaba el imperio, debemos de tener en cuenta la crisis del paganismo ancestral como un elemento fundamental para comprender el éxito de una nueva religión que, contra todo pronóstico, logró superar todo tipo de pruebas y amenazas.

Uno de los aspectos que merece la pena destacar a la hora de analizar el triunfo del cristianismo fue la actitud de los creyentes hacia los pobres, algo que terminó llamando la atención en un mundo que carecía de servicios sociales. Del mismo modo fue destacable el papel de las mujeres en la consolidación de la Iglesia, ya que, frente a lo que era común en la época, los cristianos ofrecían sólidas ventajas a las mujeres, las trataba como a iguales ante los ojos de Dios. Exigía a los maridos que respetasen a sus esposas, al mismo tiempo que les otorgaba protección por la santidad del matrimonio. La defensa de la mujer hizo que aumentase el número de conversas que introdujeron el cristianismo en las clases altas de la sociedad romana, educando a sus hijos en los principios de la religión cristiana (es el caso de santa Mónica con su hijo Agustín de Hipona) y convirtiendo, en muchas ocasiones, a sus maridos.

¿Cuándo empezaron a surgir los problemas? En un principio la situación era tranquila; los cristianos no suponían una seria amenaza para el imperio, por lo que el Estado romano actuó con extremada prudencia y optó por mostrarse tolerante. Hoy sabemos que es totalmente errónea la imagen de los primeros cristianos practicando su culto en la clandestinidad, en las catacumbas, ya que durante los siglos iniciales contaron con sus propios lugares de culto. El problema fue que, con el paso de los años, el número de creyentes fue incrementándose, por lo que, muchos, incluidas algunas personalidades de renombre pertenecientes a las clases sociales más elevadas, dejaron de participar en los actos religiosos dedicados al emperador. Fue entonces cuando se empezó a gestar el choque, el terrible enfrentamiento entre el imperio pagano y el cristianismo emergente que pasó de las discusiones verbales a las medidas violentas tomadas por los detentadores del poder político que pretendían asegurar la persistencia del imperio en virtud del ancestral culto a los dioses.

Debemos reconocer, en cambio, que Roma, en lo que respecta al ámbito religioso, era liberal, ya que no tenía excesivas dificultades a la hora de incorporar nuevas creencias y divinidades a su extenso panteón. Por su parte, los cristianos, siguiendo las enseñanzas de Jesús («dad al César lo que es del César, y a Dios lo que es de Dios»), demostraron su más absoluta obediencia hacia la legítima autoridad que según Pablo procedía de Dios: «toda persona está sujeta a las potestades superiores, porque no hay potestad que no provenga de Dios» (Rom XIII, 1). Es cierto que los cristianos no podían rendir honores al emperador, pero al margen de esta situación se mostraron como unos romanos leales al imperio. Decía Tertuliano:

> Constantemente pedimos la intercesión en favor de los emperadores. Rogamos que tengan larga vida, gobiernen con seguridad, posean una vida doméstica segura, cuenten con ejércitos valerosos, un senado fiel, un pueblo honesto, un mundo tranquilo, y todo lo que un hombre y un César puedan desear…

Siendo así, ¿qué hacía a los cristianos tan peligrosos y por qué la diferencia de trato respecto a otros cultos como el judaísmo? Parece claro que Roma nunca se sintió amenazada por una religión nacional, la judía, que se había comprometido a respetar la prohibición de hacer proselitismo. El cristianismo, en cambio, nunca renunció a difundir y enseñar el mensaje de Jesús, por lo que el número de creyentes fue en aumento hasta convertirse en una seria amenaza para el imperio.

Según tradiciones cuyo recuerdo se pierde en las arenas de la historia, Nerón fue el primer perseguidor de los cristianos y el que ordenó la ejecución de Pedro y Pablo. Tal vez por este motivo se desarrolló la creencia de que Nerón era el Anticristo, según una antigua interpretación del Apocalipsis.

La primera persecución, la de Nerón, no se extendió ni en el tiempo ni en el espacio, pero fue un punto de inflexión que abrió el camino a las grandes persecuciones de los siglos posteriores. ¿A qué nos estamos refiriendo? En primer lugar, a la creación de un estado generalizado de opinión pública abiertamente hostil contra los creyentes en Cristo. No nos faltan ejemplos. Tácito consideró al cristianismo como una «superstición detestable»; muy peligrosa según Suetonio; «perversa y extravagante» según las palabras de Plinio el Joven. Como vemos, la historia se repite.

Al difundir la imagen de los cristianos como «enemigos del género humano» (Tácito), el vulgo, presto a dejarse aleccionar, empezó a atribuir a los cristianos los crímenes más monstruosos y aterradores, entre ellos el infanticidio y la antropofagia. Contaba Tertuliano: «Si el Tíber desborda los muros, si el Nilo no atina a inundar los campos, si el cielo no se mueve, si hay hambre o plaga, el grito siempre es el mismo: "¡Los cristianos a los leones!"».

Con Domiciano volvieron los problemas al pretender recibir culto imperial y utilizar el título de *dominus et deus*, por lo que el Estado romano volvió a exigir un acto de adoración al emperador. A pesar de la violencia desatada, los abusos siguieron siendo aislados. Es probable que la ejecución del cónsul T. Flavio Clemente (bajo la acusación de ateísmo) y el destierro de su esposa Flavia Domitila (que da nombre a la catacumba romana) se llevasen a cabo por su pertenencia a la comunidad cristiana, siendo esta una muestra más de la penetración del evangelio en las clases altas de la sociedad romana. Desde los albores del II d. C. el problema empezó a generar incertidumbre entre las autoridades, pero las primeras medidas siguieron caracterizándose por la inseguridad jurídica y las dudas que acompañaron a los detentadores del poder político. La correspondencia entre Plinio el Joven, gobernador de Bitinia, y el emperador Trajano es un buen ejemplo que nos ilumina sobre ello. El miedo a ser denunciado volvió a predominar con Adriano, aunque la insistencia en observar la legalidad permitió, al menos, un cierto sosiego. Esto no implica la inexistencia de episodios especialmente violentos como pueden ser los sucesos del valle del Ródano, acontecidos en el 177 d. C. durante los tiempos de la dinastía antoniana.

La lectura de la obra de Eusebio de Cesarea y de los terribles acontecimientos que se dieron en unas tierras que quedaron teñidas de sangre nos sigue sobrecogiendo. Según el autor de la *Historia de la Iglesia* todo empezó cuando entre los lugareños se empezó a extender el rumor de que los cristianos estaban practicando festines caníbales y episodios de incesto. Ante dichas habladurías, las autoridades empezaron a intimidar a los cristianos con interrogatorios cada vez más violentos, por lo que muchos de ellos terminaron testimoniando en este sentido. Según Eusebio, una turba enfurecida, una masa enajenada ante los delirios acusatorios de los paganos, empezó a torturar a los cristianos del valle del Ródano. Un caso muy significativo, cuyo recuerdo nos sigue helando la sangre, fue el de Sanctus, diácono de Vienne, al que le pusieron planchas al rojo vivo en los testículos para después aplicar todo tipo de torturas hasta que «su pobre cuerpo era una sola herida y una llaga, que había perdido la forma exterior de un ser humano». Los cristianos que podían demostrar su ciudadanía romana fueron decapitados; el resto, obligados a entrar en los anfiteatros para que las bestias diesen buena cuenta de ellos. Ante dicha situación, algunos se derrumbaron y eligieron el camino de la apostasía, pero otros defendieron su fe hasta límites inconcebibles, como es el caso de la dama Blandina «torturada desde el alba hasta la noche, hasta que sus torturadores estuvieron exhaustos y (...) se maravillaron porque ella aún respiraba». Nos cuenta Eusebio que Blandina, después de los inmisericordes padecimientos, fue flagelada, asada en la sartén y, al final, metida en un canasto y arrojada a unos toros salvajes que pusieron fin al suplicio.

Seguimos avanzando en la historia. La dinastía de los Severos mostró, en un primer momento, un comportamiento tolerante hacia los cristianos, pero una reacción nacional agudizó el conflicto que terminará estallando con Decio. Fiel reflejo de la voluntad de renovación religiosa del Imperio romano son las palabras que el historiador Dion Casio pone en boca de Mecenas: «Honra a los dioses por doquier imitando escrupulosamente la manera de los padres, y obliga también a los otros a tal veneración. Odia y castiga a aquellos que introducen elementos extraños en el culto a los dioses...» (*Historia romana*, LII, 36, 1). Con Caracalla, algunos cristianos tuvieron una enorme influencia en la corte, como el maestro Orígenes, pero este periodo de tolerancia tenía los días contados. La presencia de emperadores fuertes y respetados que garantizaron la estabilidad y una relativa tranquilidad para los cristianos contrastó con la actitud de los emperadores más débiles cuya situación era inestable y que recurrieron a la persecución contra los creyentes en Cristo para tratar de afianzar su poder. Así, las recaídas padecidas durante el gobierno de ciertos emperadores-soldados se compensaban con la magnanimidad de otros, como Filipo el Árabe, que dejaron abierta la posibilidad de un reconocimiento general del cristianismo.

Conforme fue avanzando el siglo III la situación tendió a empeorar, ya que, superado el peligro de desintegración política que supuso la «anarquía militar», los emperadores protagonizan nuevos intentos de renovación imperial mediante la restauración del culto a los dioses tradicionales y al emperador. La negativa de los cristianos a plegarse ante tan injustas demandas supuso el inicio de persecuciones mucho más violentas y extensas que las anteriores, cuyo recuerdo ha llegado hasta nosotros en forma de relatos sobrecogedores que nos hablan sobre la vida y los tormentos padecidos por unos mártires que, por méritos propios, alcanzaron la santidad para convertirse en modelos de conducta de generaciones futuras.

En tiempos de Decio se aprobó un edicto por el que se obligaba a todos los habitantes del imperio a participar en un sacrificio general en honor a los dioses. No pocos cristianos, movidos por su inquebrantable fe, y dispuestos a emular a los apóstoles, se negaron a participar en el sacrificio, por lo que optaron por el martirio; muchos más, aterrados ante lo que el destino les tenía preparado, terminaron claudicando, por lo que, cuando el peligro pasó, su reintegración en la Iglesia fue motivo de intensos debates. Se inicia entonces la controversia y la discusión teológica entre la Iglesia de los puros (que después dará lugar a la aparición de distintas herejías como los donatistas) y la Iglesia de la mayoría (más tolerante con aquellos que habían evitado el sacrificio), que con el paso de los años recibirá el apoyo y la protección del Estado romano.

San Tarsicio, patrono de acólitos y monaguillos, fue un joven que murió martirizado en tiempos del emperador Valeriano en la vía Apia de Roma.

La desconfianza y los reproches hacia los que se habían servido de subterfugios para evitar la violencia en tiempos de Decio hizo que, ante la nueva persecución decretada por Valeriano, entre el 253 y el 260, la resistencia cristiana fuese más decidida, por lo que el número de mártires se incrementó de forma muy significativa. Algunos de los que antes habían optado por la huida o el exilio, como el obispo Cipriano de Cartago, caminaron decididos al martirio. Entre los que integraron la macabra lista de los ejecutados por el imperio tenemos a dos papas, Esteban I y Sixto II o el diácono san

Lorenzo, estrechamente vinculado con la tradición griálica. En esta misma persecución encontraron la muerte más de doscientos santos, pudiendo destacar a san Dionisio en París, santa Eugenia en Roma y el niño Tarsicio, el Mártir de la Eucaristía.

Tarsicio fue un joven devoto que encontró la muerte cuando se ofreció a llevar hostias a los prisioneros cristianos durante la persecución de Valeriano. Durante esta época, los fieles que tenían la mala suerte de ser arrestados por las autoridades romanas continuaron demostrando su fe y celebrando la misa. El problema para ellos fue la imposibilidad de conseguir hostias con las que poder comulgar. Por este motivo, Tarsicio se ofreció a llevarlas pensando que, por su cortad edad (doce años) nadie podría sospechar de él. Tal y como nos relata el papa Dámaso, el joven escondió las hostias en su camisa y partió hacia la prisión con tan mala suerte que, a mitad de camino, encontró a un grupo de niños, amigos de juegos, que le invitaron a unirse a ellos. Tarsicio declinó la invitación, tenía cosas más importantes que hacer. Por desgracia los niños no se dieron por satisfechos y siguieron insistiendo, por lo que empezaron a burlarse de él y a molestarlo. Uno de ellos se percató de que Tarsicio no despegaba las manos de su pecho, por lo que, de forma violenta, le obligaron a abrir sus brazos. Fue entonces cuando las hostias, que guardaba como un divino tesoro, cayeron por el suelo. Al percatarse de que el niño era cristiano, los jóvenes empezaron a agredirlo de forma salvaje, sin ningún tipo de compasión. Después de sufrir todo tipo de golpes, Tarsicio cayó inconsciente, justo en el momento en el que llegó un centurión romano, también cristiano, que logró poner a los agresores en fuga. Lamentablemente, Tarsicio no pudo sobrevivir al linchamiento, por lo que falleció dejando un admirable ejemplo de fe cristiana que sirvió para aumentar la esperanza de aquellos que sufrieron el acoso de las autoridades.

Con Galieno se inició un periodo de paz de unos cuarenta años. Con él se empezó a devolver los bienes y los lugares de culto a los cristianos, pero las dificultades económicas y la amenaza militar frente a los germanos y los persas llevaron, nuevamente, a retomar los intentos de restauración bajo la creencia de que la veneración de los dioses garantizaba el bienestar público. La persecución alcanzó altas cotas durante el gobierno de Diocleciano, a principios del siglo IV. Con la mirada puesta en la descentralización del imperio, Diocleciano instauró el sistema de la tetrarquía, por lo que nombró emperador en Occidente a su amigo Maximiano, mientras que con la adopción de los césares Galerio y Constancio quedaban zanjados los problemas sucesorios. Para afianzar su poder, asumió el título de Iovius, por lo que el emperador quedaba bajo la protección de Júpiter.

Los primeros años de su gobierno fueron tranquilos, pero, animado por Galerio, el emperador se dispuso a restaurar los fundamentos religiosos del Estado romano, acción que, necesariamente, desembocó en un conflicto abierto con los cristianos. Una de las primeras actuaciones fue la depuración de los seguidores de Cristo que servían en el ejército (en este contexto podemos ubicar el martirio de san Jorge). Además del asesinato indiscriminado de creyentes, las autoridades romanas, dispuestas a «parar los pies inmediatamente a esa religión» (Lactancio), tomaron medidas para prohibir reuniones cultuales, procedieron a confiscar y quemar sus libros sagrados, a destruir sus lugares de culto y hacerse con los tesoros de la Iglesia. Por fortuna, no todas las provincias sufrieron la misma violencia, ya que las gobernadas por el césar Constancio (Galia y Britania), padre del emperador Constantino, declarado defensor del cristianismo, quedaron al margen del terror.

Al final, a pesar de las medidas tomadas y del miedo generado en el corazón de muchos cristianos que eligieron el camino del martirio, la persecución de Diocleciano terminó sin ver cumplidos sus objetivos. Su fracaso fue el preludio de una época de libertad en la que la joven Iglesia empezó a dar sus primeros pasos para hacer del cristianismo la religión oficial del Imperio romano. En el 311, Galerio publicaba un edicto en Sárdica por el que los cristianos recuperaban su derecho a existir a cambio de pedir a su Dios por el emperador y por el bienestar del imperio. El decreto tuvo una gran repercusión histórica porque ponía fin, con la excepción de episodios violentos como los de Maximino Daya, a las oleadas persecutorias contra los cristianos. Llegamos a un momento en el que Roma empieza a comprender que el enemigo cristiano había cambiado y que, en determinadas circunstancias, podía convertirse en un aliado. El cristianismo se estaba convirtiendo en la imagen del imperio; era católico, universal, multirracial, legalista y regido por hombres cultos y obispos que, a semejanza de los gobernadores, disfrutaban de amplísimos poderes. La Iglesia, poco a poco, dejará de verse como una amenaza para convertirse en una fuerza en favor de la estabilidad. Ante esta situación, se empezaron a escuchar voces defendiendo una alianza con el cristianismo frente a una religión oficial cada vez menos atractiva. Estamos a las puertas de una nueva etapa caracterizada por la alianza entre la Iglesia y el Estado romano.

EL IMPERIO ROMANO-CRISTIANO

IN HOC SIGNO VINCES

En Roma, el tránsito de la represión a la libertad religiosa se produjo poco después de quedar extinguidas las llamas de la última oleada persecutoria; el autor principal del cambio fue el emperador Constantino, quien, junto a Licinio, otorgó el llamado Edicto de Milán, por el que se garantizaba el pleno respeto religioso a todos los súbditos del imperio, entre ellos, por supuesto, a los cristianos. Cuando aún no había terminado de lamerse las heridas padecidas durante los años de terror del gobierno de Diocleciano, la Iglesia se encontró, de pronto, en una situación mucho más cómoda al recuperar las propiedades y lugares de culto de los que había sido despojada.

Constantino no solo se convirtió en el garante de la libertad religiosa en el Imperio romano, sino que, poco a poco, fue decantándose en favor del cristianismo «ortodoxo» hasta convertirse en su principal defensor frente a las tendencias disgregadoras que trajeron las primeras herejías. Antes de continuar con el análisis de la política religiosa del emperador, nos preguntamos quién fue realmente este personaje polémico y controvertido, sobre el que se han vertido auténticos ríos de tinta.

Constantino nació de una relación entre Constancio Cloro y una tabernera llamada Helena. Su padre no renunció al hijo, por lo que fue enviado a Nicodemia y, allí, el joven se ganó el respeto y la admiración de la Corte. El prestigio de Constantino fue en aumento, por lo que, tras la muerte de su padre en el 306, las legiones del norte le proclamaron augusto en Eboracum (la actual York) rompiendo de esta manera la tetrarquía del sistema imperial. Mientras tanto, en Roma, Majencio, yerno de Galerio, se autoproclamó emperador. El enfrentamiento entre Majencio y Constantino, que no ocultaba su pretensión a la soberanía universal, estaba servido. En el 312, Constantino dio el paso definitivo y cruzó los Alpes al frente de un pequeño ejército con el objetivo de plantarse ante las puertas de Roma. Majencio, por su parte, optó por la prudencia, pero al final se decidió por presentar batalla al norte del puente Milvio. Las tradiciones nos cuentan que antes de que hablasen la armas se produjo un hecho milagroso que logró cambiar el curso de los acontecimientos y, por lo tanto, el destino de todo un imperio. Si hacemos caso a Lactancio, Constantino recibió en sueños la indicación de poner en los escudos de sus soldados la señal celeste de Dios. Por su parte, Eusebio asegura que la experiencia se produjo al principio de la campaña, cuando el emperador vio en el cielo del mediodía una cruz luminosa rodeada con la leyenda: «*In hoc signo vinces*» (en este signo vencerás). Poco después, tras experimentar una aparición de Cristo, ordenó hacer un estandarte (el lábaro de Constantino) para que sus tropas lo llevasen al frente como pendón protector.

Volvamos al campo de batalla. Nos habíamos quedado con Constantino tomando posiciones en las inmediaciones de Roma y, más concretamente, en Prima Porta. Mientras tanto, Majencio, con el apoyo del patriciado romano, de un importante sector de la guardia pretoriana y los sacerdotes de las divinidades tradicionales, situó su campamento frente al puente Milvio. El día 28 de octubre de 312, a pesar de las advertencias de sus generales, Constantino ordenó a sus tropas tomar posiciones frente al campamento de Majencio. Nada parecía indicar que el futuro emperador se iba a llevar la victoria al contar con fuerzas muy inferiores a las de su enemigo.

Por su parte, Majencio, seguro de sí mismo, mandó a su caballería cargar contra la infantería rival para romper sus líneas y asegurarse una rápida victoria, pero los soldados de Constantino, más astutos, observaron que los caballos no tenían ningún tipo de protección, por lo que empezaron a abatirlos y después remataron a sus jinetes. Los hombres de Majencio cayeron, entonces, presa del pánico, por lo que, sumidos en el caos provocado por la incompetencia de sus oficiales, emprendieron una desordenada retirada hacia el puente Milvio para escapar del baño de sangre que se estaba produciendo en el campo de batalla. En mitad de ese desconcierto, muchos soldados de Majencio murieron aplastados mientras trataban de cruzar el puente; otros muchos encontraron la muerte en las aguas del Tíber y otros tantos fueron abatidos por las espadas de los hombres de Constantino. Tras la batalla, el cuerpo sin vida del nefasto estratega Majencio fue encontrado en el río. Inmediatamente, los vencedores decapitaron a Majencio y entraron triunfantes en Roma, acompañados con su cabeza como símbolo de la victoria.

La ocupación de la capital imperial representó una gran victoria para Constantino, además de una prueba de la protección divina. El emperador, un hombre supersticioso, ya había tomado la decisión de respetar todos los cultos para no ganarse la enemistad de los dioses, pero, muy especialmente, se preocupó por asegurar la veneración del Dios de los cristianos, bajo cuyo signo había derrotado a sus enemigos en el campo de batalla. ¿Estamos hablando, por lo tanto, de una conversión en el sentido bíblico del término? En absoluto, porque Constantino se limitó a promocionar la religión de los cristianos al haber demostrado ser útil para reafirmar la nueva política imperial. Del mismo modo, su conversión final al cristianismo no parece responder al hecho de que Constantino fuese un hombre especialmente piadoso. Sus críticos nos recuerdan que, durante su vida, el emperador tuvo episodios violentos, que llegó a condenar a sus prisioneros a librar inhumanas luchas contra las fieras en los anfiteatros, que fue un ser egocéntrico, dominante y vanidoso, que no dudó en ordenar la ejecución de miembros de su propia familia. Por supuesto, estas actuaciones no nos deben llevar a emitir juicios anacrónicos y basados en planteamientos presentistas, ya que solo podemos comprender la personalidad del personaje en el contexto en el que se desarrollaron los acontecimientos.

Constantino, después de la conquista de Roma, pudo disfrutar de unos años de relativa tranquilidad, pero las desavenencias con su cuñado Licinio, emperador de Oriente, precipitaron el estallido de un nuevo conflicto que terminó con la derrota del último en Adrianópolis en 324. Constantino, convertido en soberano único, intensificó su programa de reformas, en especial las relacionadas con el cristianismo, que desembocaron en la plena simbiosis entre el Estado y la Iglesia. El problema llegó cuando su intención de convertir al cristianismo en fundamento religioso del imperio chocó con las nuevas corrientes, especialmente el arrianismo, que ponían en cuestión la mismísima naturaleza de Dios. En el 325 se convocó un concilio en Nicea, donde los obispos, en presencia del emperador, discutieron las cuestiones en litigio. En Nicea no se puso solución al problema planteado por Arrio, pero al menos sirvió para fortalecer la posición de Constantino. Desde entonces, la política procristiana del emperador se tradujo en la toma de una serie de medidas tendentes a favorecer a la Iglesia. Entre estas medidas podemos destacar las económicas y el impulso para la construcción de nuevos templos. Desde Roma hasta Jerusalén se levantaron innumerables basílicas sobre los lugares en los que habían padecido los mártires de la fe cristiana. Al mismo tiempo que los obispos discutían en Nicea la naturaleza de Dios y de Cristo, se ordenaba levantar una basílica en memoria del apóstol Pedro en el Vaticano y, poco más tarde, la actividad constructora del emperador llegó a su punto álgido con la fundación de la nueva capital del imperio, Constantinopla, una ciudad cristiana en cuyo interior no podía existir ningún templo pagano. Constantino no solo mandó construir iglesias, también concedió importantes privilegios al clero, con la mirada puesta en tratar de asegurar la fe frente a las tendencias disgregadoras que empiezan a florecer en el seno del cristianismo.

Entendemos por «giro constantiniano» el cambio acontecido en el 312 cuando Constantino adoptó el cristianismo después de derrotar a Majencio en la batalla del Puente Milvio y mandar a sus soldados a luchar bajo el *labarum*, un estandarte con las dos primeras letras griegas del nombre de Cristo.

Igualmente destacable es la incorporación de los principios morales de las Sagradas Escrituras que tendrán cada vez más peso en las leyes, dando origen a lo que hoy conocemos con el nombre de derecho romano-cristiano. En el marco de esta política religiosa se adoptaron medidas más humanizadoras, acordes a la moralidad cristiana. En el 315 se promulgó un decreto por el que se prohibía desfigurar el rostro de los condenados por haber sido formados a imagen y semejanza de

Dios. Un año más tarde, un nuevo decreto permitió a la Iglesia liberar a los esclavos y en 321 se estableció la prohibición de profanar el domingo con trabajos manuales y acciones judiciales. El humanitarismo se hizo más evidente con la reducción de los espectáculos con gladiadores, mirados con desprecio por los cristianos por su extrema crueldad y con la abolición de la utilización habitual de la crucifixión como forma de ejecución. Las medidas comentadas contrastan con la aprobación de una severa ley que castigaba con la pena capital a la mujer culpable de cometer adulterio. Llegamos, de esta manera, al final de la vida de Constantino. Nos cuenta Eusebio que mientras el emperador se preparaba para la guerra contra los persas tuvo el presagio de su inminente muerte. No se equivocó. Unos días después, ya en su lecho de muerte, Constantino fue bautizado y falleció el día de Pentecostés del año 337 en la ciudad de Nicomedia. Su cuerpo sin vida fue llevado hasta Constantinopla y enterrado en la iglesia de los Apóstoles.

La consolidación de la nueva religión no se detuvo tras la muerte del emperador, ya que, con la excepción del intento de restauración pagana de Julián el Apóstata, el proceso no se interrumpió hasta que el cristianismo terminó convirtiéndose en la religión oficial del imperio tras la publicación en Tesalónica, en el 380, durante el gobierno de Teodosio, del *Cunctos populus*, por el que se obligaba a todos los pueblos sometidos a la autoridad del emperador a adherirse a la religión católica. Dicho paso obligó a la Iglesia a adaptarse y organizarse para continuar con su imparable acción pastoral en un mundo que se cristianizaba a pasos agigantados mediante el «principio de acomodación». ¿De qué estamos hablando?

Nos referimos, con este nombre, a la adopción por parte de la Iglesia de una serie de medidas tendentes a reproducir las estructuras administrativas del imperio como base de su propia organización. No nos faltan ejemplos: la provincia romana sirvió de modelo de las nuevas provincias eclesiásticas, con un obispo en sus capitales (los metropolitanos), que irán adquiriendo cada vez más protagonismo. El metropolitano era el encargado de consagrar a los obispos y presidía el concilio provincial donde, en teoría, se tomaban las decisiones de mayor peso. No menos importancia a la hora de entender la posterior evolución de la historia eclesiástica fue la división del imperio, consumada a finales del siglo IV, en dos partes: la oriental y la occidental. El Imperio de Occidente comprendía, a grandes rasgos, las zonas de lengua y cultura latinas, y tenía como única sede apostólica la ciudad de Roma. El Imperio de Oriente era de cultura griega y, frente a lo que ocurría en el otro lado de la frontera, contaba con varias sedes de fundación apostólica que competían entre sí, entre ellas Alejandría, Antioquía y Jerusalén, aunque al final, por el I Concilio de Constantinopla, se le otorgó a la ciudad del Bósforo, a la Nueva Roma, el rango patriarcal y a sus obispos un puesto de honor solo por detrás del obispo de Roma. La decisión implicó la aparición de un patriarcado de Constantinopla con preeminencia sobre el resto de las Iglesias orientales (Concilio de Calcedonia).

El «principio de acomodación» trajo consigo la aparición del emperador cristiano, un laico que desde el primer momento empieza a tomar conciencia de que su misión es defender a la Iglesia. Esta función la asumió Constantino y será una figura recurrente a lo largo de la historia, sobre todo durante la Edad Media. Los servicios a la Iglesia pudieron ser notorios, pero sus injerencias, en muchas ocasiones, vinieron acompañadas de abusos y el inicio de un intenso debate sobre las relaciones entre el poder espiritual y el poder temporal, que marcará la historia de la Iglesia hasta prácticamente nuestros días. Profundizaremos en este tema cuando abordemos la querella de las investiduras como fenómeno de reforma de la Iglesia durante la Edad Media.

¿QUIÉNES SON EL PADRE, EL HIJO
Y EL ESPÍRITU SANTO?

Frente a otras religiones como el judaísmo, que no se habían preocupado por practicar la vía del discurso racional para comprender el contenido de la fe, el cristianismo se vio obligado a dar razón del acontecimiento de Cristo, por lo que exigió una reflexión teológica con una finalidad catequética y apologética (transmisión y defensa de la fe). La formulación dogmática se inició muy pronto, pero se aceleró cuando el cristianismo se convirtió en la religión oficial del Imperio romano, momento en el que se establecen con precisión cuestiones fundamentales como la naturaleza de la Trinidad, el misterio de Cristo o el problema de la gracia. La definición del dogma trajo consigo el inicio de un debate que se prolongó durante varios siglos y supuso el estallido de auténticas confrontaciones teológicas que marcaron el futuro de la cristiandad. Para fijar con precisión la doctrina frente al peligro de ruptura que suponía la herejía, fue necesaria la celebración de ocho concilios ecuménicos entre los siglos iv y ix, un largo periodo que marca lo que conocemos como la historia conciliar de la Iglesia.

El siglo iv estuvo marcado por la lucha contra el arrianismo, una doctrina que ponía el acento en la unidad de Dios, hasta tal punto que amenazaba el dogma de la Santísima Trinidad. En este contexto podemos ubicar a Arrio, un presbítero alejandrino que no solo consideraba al Hijo inferior al Padre, sino que, además, negaba la naturaleza divina de Cristo. Arrio reconocía que Jesús era la más noble de las criaturas, adoptado por el Padre, pero no era su hijo natural, por lo que no era lícito llamarlo Dios. Por supuesto, las enseñanzas del alejandrino eran muy peligrosas para la fe cristiana al afectar al dogma de la redención. Al principio, se intentó disuadir a Arrio, pero este no dio su brazo a torcer, por lo que se procedió a condenarlo en un sínodo de obispos celebrado en Egipto en el 318. Por desgracia, el arrianismo ya estaba ampliamente difundido, por lo que, para atajar el problema, se optó por celebrar el primer concilio ecuménico de la historia de la Iglesia.

La Santísima Trinidad es el dogma fundamental del cristianismo por el que se confiesa que solo existe un Dios en tres personas y que cada una de ellas es enteramente Dios. El Padre es el Creador de todas las cosas, entre ellas del ser humano, hecho a su imagen y semejanza. El Hijo, Jesús, es la segunda persona de la Santísima Trinidad, encarnado por amor al hombre y para dar cumplimiento de la obra redentora, liberarnos de nuestros pecados y darnos la vida eterna. Por la tercera persona, el Espíritu Santo, el Padre y el Hijo se hacen presentes en la vida del ser humano y, a través de él, los ilumina, santifica y les otorga los dones para alcanzar la salvación.

El Concilio de Nicea del año 325 es uno de esos momentos fundamentales de la historia eclesial. La iniciativa partió de Constantino, quien, como soberano universal, estaba realmente preocupado por restablecer la paz en el seno de la Iglesia. En Nicea se reunieron unos trescientos participantes, algunos de enorme prestigio como Alejandro de Alejandría (que representaba los intereses de la gran Iglesia) y el obispo proarriano Eusebio de Nicomedia. Suponemos que a los obispos no les faltaron las comodidades porque, para celebrar sus reuniones, el emperador puso a disposición de los allí congregados el palacio lacustre que tenía en Nicea. La sesión de apertura, el 20 de mayo de 325, se desarrolló con tranquilidad, pero en medio de una tensa calma, con un Constantino que fue recibido y agasajado por los máximos representantes de la Iglesia, a los que el emperador exigió la solución de todas las desavenencias «mediante leyes de paz».

Aunque no faltaron las controversias (especialmente cuando los arrianos presentaron una fórmula de fe que privaba a Jesús de su divinidad), en general podemos afirmar que el concilio fue, al menos en un principio, todo un éxito para los defensores de la ortodoxia, ya que permitió definir su divinidad mediante la utilización de un término que expresaba la relación del Verbo con el Padre: *homooúsios* (consustancial). Como apuntábamos, el éxito no fue total porque después de Nicea se produjo un renacimiento del pensamiento de Arrio como consecuencia de la influencia del obispo filoarriano Eusebio de Nicomedia, que inició una auténtica persecución de los obispos nicenos más ilustres, la mayor parte de los cuales terminó con los huesos en el exilio. El peligro de ruptura amenazó a la Iglesia naciente, por lo que el problema solo pudo quedar parcialmente solventado gracias a la obra de los padres capadocios (defensores de la doctrina nicena), cuyo prestigio permitió atraer a los sectores más moderados del arrianismo, por lo que la herejía quedó condenada al fracaso, aunque logró sobrevivir unos años más al permanecer como la forma del cristianismo mayoritaria de los pueblos germánicos invasores. La teología trinitaria se consolidó definitivamente con el I Concilio de Constantinopla, en el que se define la divinidad del Espíritu Santo frente a las tendencias heréticas que la negaban (macedonianismo).

Una vez definida la naturaleza de la Santísima Trinidad, y para complicar aún más las cosas, se abrió un nuevo debate teológico, si cabe más intenso, ahora en relación con el misterio de Cristo. Si Jesucristo era perfecto Dios y perfecto hombre ¿cómo se podían conjugar en Él ambas naturalezas? El enfrentamiento entre distintas escuelas no tardó en producirse. Por una parte, la escuela de Alejandría hacía hincapié en la divinidad de Cristo que penetraría en su humanidad hasta conseguir una fusión perfecta de ambas realidades. Por su parte, los pensadores de la escuela de Antioquía insistían en la humanidad de Jesús, por lo que la unión de ambas naturalezas solo sería externa. A la escuela antioquena pertenecía el obispo Nestorio de Constantinopla que negó la maternidad divina de María, por lo que perdía la consideración de Madre de Dios y pasaba a ser, únicamente, Madre de Cristo. Esto fue mucho más de lo que algunos estaban dispuestos a consentir. En varias ciudades se produjeron tumultos populares. San Cirilo, patriarca de Alejandría, elevó una protesta al papa Celestino I, quien pidió a Nestorio una retractación que nunca llegó. Para evitar que la sangre llegase al río, en 431 se convocó un nuevo concilio en Éfeso por iniciativa del emperador Teodosio II. ¿Lograrían los allí reunidos dar respuesta a una cuestión de tanta importancia para comprender la verdad revelada en la Tradición y en las Sagradas Escrituras?

Al principio, la situación no invitaba al optimismo, ya que, en no pocas ocasiones, los obispos alejandrinos y los antioquenos estuvieron a punto de llegar a las manos, pero al final hubo acuerdo con la formulación de la doctrina de la unión hipostática de la doble naturaleza de Cristo y la adopción del título de Madre de Dios en relación con María. Nestorio fue condenado y desterrado, pero sus partidarios lograron hacerse fuertes en algunas regiones del Próximo Oriente, donde surgió una Iglesia nestoriana que llevó a cabo una importante labor misionera por tierras asiáticas. No terminaron aquí los problemas porque muy pronto, en la primera mitad del siglo v, los pensadores de la escuela alejandrina empezaron a ver con desconfianza la doctrina de Éfeso de las dos naturalezas en la persona de Cristo porque, según ellos, esta creencia podía llevar a algunos a interpretar la existencia de dos personas, por lo que terminaron defendiendo la idea de una sola naturaleza, ya que, con la encarnación, la parte humana habría sido absorbida por la divina. Este planteamiento dio lugar a la doctrina monofisista, defendida por el monje Eutiques, que fue condenado por el patriarca Flaviano. La poderosa sede alejandrina no tardó en reaccionar por iniciativa de Dióscuro, que se ganó las simpatías del emperador Teodosio II. Para tratar de solucionar la controversia, se convocó un concilio en Éfeso en el 449. Los debates se celebraron bajo una intensa presión que terminó provocando episodios de auténtica violencia, sobre todo cuando se tomó la decisión de deponer y desterrar al patriarca de Constantinopla y de impedir la lectura de las cartas del papa por parte de los legados pontificios. Fue entonces cuando se condenó la doctrina de las dos naturalezas de Cristo, una acción bautizada posteriormente con el nombre del «latrocinio de Éfeso».

Tras la muerte de Teodosio II, el papa León Magno pidió la convocatoria de un nuevo concilio ecuménico que se terminaría reuniendo en Calcedonia en el 451. Como cabía esperar, en esta ocasión se volvían a reconocer las dos naturalezas en Cristo, sin que existiese división, confusión ni separación entre ellas. El problema es que, tal y como había ocurrido con el nestorianismo, el monofisismo logró sobrevivir en amplias regiones de Oriente, especialmente en Egipto, entre la población indígena copta. De poco sirvieron los esfuerzos de los siguientes emperadores por buscar una solución de compromiso. Sus tentativas, como la de Heraclio, fueron rechazadas por las comunidades monofisistas de unas regiones, Siria, Palestina y Egipto, que pronto caerían en manos de los árabes. En cuanto a la cuestión cristológica, los enfrentamientos continuaron hasta la celebración del III Concilio de Constantinopla (680-681) que reafirmó las dos energías y voluntades en Cristo. Después de un dilatado periodo se ponía fin al enorme esfuerzo que supuso la formulación de la doctrina de la fe. Por supuesto, este arduo trabajo solo podemos entenderlo si tenemos en cuenta el interés que los primeros pensadores cristianos sintieron por conocer y expresar la verdad de la doctrina trinitaria y cristológica. En este contexto situamos la acción de los padres de la Iglesia y el origen de la teología como forma de reflexión para comprender de forma racional la revelación divina transmitida por la Tradición apostólica.

EL NACIMIENTO DE LA CIENCIA DIVINA

El esfuerzo realizado para la formulación definitiva del dogma durante las sesiones de los primeros concilios ecuménicos no habría sido posible sin la acción de unos personajes asombrosos que destacaron por el conocimiento de la ciencia sagrada y su vida de santidad; nos estamos refiriendo los santos padres de la Iglesia. Según José Alberto Hernández, autor de *Patrología didáctica* (editorial Verbo divino), para ser calificado de esta manera, el personaje en cuestión debía demostrar rectitud de doctrina y sujetarse a los principios básicos de la Sagrada Escritura y la Tradición apostólica. También debía demostrar santidad por sus dotes personales, su caridad y su amor hacia la Iglesia. Por último, debía ser aceptado por parte de la comunidad y ubicarse en un marco cronológico muy concreto, entre el año 100 y finales del siglo VIII.

Los primeros padres fueron los apostólicos, llamados así por su vinculación más o menos cercana con los apóstoles.

Entre ellos tenemos a Clemente el Romano, a san Ignacio de Antioquía y a Policarpo de Esmirna, cuyo trabajo fue fundamental porque dieron testimonio sobre la doctrina y las formas de vida de la primitiva comunidad cristiana. Más importante nos resulta la labor de los padres apologetas, por su esfuerzo en lograr la articulación entre fe y razón, fenómeno este de enorme importancia para comprender la naturaleza de la religión católica (no tanto la protestante). En un principio, entre los pensadores cristianos surgieron dos tendencias. Una, minoritaria, rechazó el estudio de la filosofía, ya que para ellos el contenido de la revelación era de orden superior a la sabiduría pagana. Autores como Tertuliano, a quien se le atribuye la sentencia *Credo quia absurdum* (creo porque es absurdo), llegaron a acusar a la filosofía de inspirar y engendrar todas las herejías. Por otro lado, la corriente mayoritaria se dejó impregnar por la filosofía griega, sobre todo cuando trataron de aplicar el discurso racional a la comprensión de la fe. Estamos hablando de los orígenes de la ciencia sagrada, de la teología, que surge por la necesidad de dar razón del acontecimiento de Cristo en un ámbito cultural pagano, por lo que los padres tuvieron que expresarse haciendo uso de conceptos procedentes del pensamiento griego. Entre los autores que merecen ser reconocidos por su esfuerzo por lograr la articulación entre la fe y la razón tenemos a Justino, Clemente y Orígenes.

El primero, el filósofo neoplatónico Justino, fue capaz de ofrecer una curiosa versión del evangelio en el marco de las categorías griegas de pensamiento. Según Justino, Cristo era el logos, la palabra, cuyas semillas se extendían por todo el mundo. En Alejandría, Panteno fundó una escuela que ponía en contacto la fe bíblica y la razón griega. Allí encontramos a Clemente de Alejandría, quien asegura que la filosofía griega purifica el alma y la prepara para recibir la fe, en la que brota la gnosis. Clemente nos advierte de que la fe es un conocimiento elemental, mientras que la gnosis es una demostración firme, lógica, de lo recibido por la fe. Tanta es su devoción por la filosofía que no duda en afirmar su origen divino, por ser necesaria para llegar al conocimiento verdadero de la fe. Discípulo de Clemente fue Orígenes, creador de la exégesis bíblica, al aplicar recursos filológicos y críticos para distinguir entre el sentido literal y el alegórico de las Sagradas Escrituras, que se atiene al conocimiento superior y al que se llega mediante la especulación. No llega tan lejos como su maestro en lo que se refiere a la filosofía, aun así, piensa que es necesaria porque nos pone en el camino de la reflexión metódica, aunque sin olvidar que todo el conocimiento cristiano se obtiene por las Escrituras.

San Agustín fue el gran padre de la Iglesia occidental, un extraordinario pensador que buscó apasionadamente la verdad. Hoy podemos revivir su historia gracias a la lectura de su obra *Confesiones*, escrita en alabanza a Dios y que constituye una de las formas literarias más características de nuestra cultura occidental, la autobiografía. Cualquiera que se acerque a este libro comprenderá que la conversión del santo no fue repentina, sino un auténtico camino, un itinerario que debe seguir siendo un modelo para cada uno de los cristianos.

Frente a lo que ocurría en Alejandría, la escuela de Antioquía no produjo teólogos de tanto renombre como los que acabamos de citar, pero creó una influyente tradición exegética al dar prioridad al estudio histórico y filológico de los textos bíblicos para conocer el sentido obvio de las Sagradas Escrituras. En oposición al método alegórico y de inspiración platónica de los maestros alejandrinos, los antioquenos, como Diodoro de Tarso o san Juan Crisóstomo, se decantaron por el realismo aristotélico que tanto peso va a tener, a partir de este momento, en la historia de la teología. También en Oriente podemos destacar la labor de los padres capadocios cuyo pensamiento fue decisivo para combatir las tendencias arrianas que se habían propagado por una buena parte de las comunidades cristianas. San Basilio ya en el siglo IV teologizó el concepto de *homoousía* para referirse a la misma sustancia del Espíritu Santo frente a las otras dos personas de la Trinidad, mientras que san Gregorio de Nisa definió la noción de *hipóstasis*, que nos permite comprender cómo Jesucristo asumió una naturaleza humana por la encarnación, pero permaneciendo al mismo tiempo como Dios.

Dirigimos ahora nuestros pasos hacia Occidente, hacia unas regiones del decadente Imperio romano que alumbraron a personajes de la talla de san Ambrosio, san Jerónimo o san Agustín, padres de la Iglesia y, del mismo modo, padres de la civilización occidental. El primero, san Ambrosio, desarrolló una excepcional actividad literaria de exégesis y predicación en un contexto difícil y de enorme conflictividad política en la que él tuvo un papel protagonista al convertirse en amigo y consejero de tres emperadores, entre ellos Teodosio, al que excomulgó por la matanza de la ciudad de Tesalónica. En Occidente apareció, del mismo modo, el que podemos seguir considerando como uno de los más brillantes conocedores de la Sagrada Escritura, el dálmata Jerónimo, cuya traducción de la Biblia al latín conocemos con el nombre de Vulgata, declarada por el Concilio de Trento como auténtica y exenta de error.

No podemos terminar este somero repaso de la historia de los padres sin resaltar al que nos atrevemos a considerar como una de las figuras cumbre de la cristiandad: san Agustín (354-430), cuya obra, especialmente *Confesiones,* conserva su modernidad y debe ser calificada como una de las composiciones literarias más sobresalientes de la historia de la Iglesia. Agustín se preguntó sobre los acontecimientos históricos marcados por la caída del Imperio romano de Occidente y, en este sentido, reflexionó en *La Ciudad de Dios,* un tratado de teología de la historia en el que distingue y hace una contraposición entre la ciudad de Dios, que representa el cristianismo y la verdad espiritual, y la ciudad pagana, que representa la decadencia y el pecado. Nos fijamos ahora en el pensamiento teológico de Agustín. El sabio de Tagaste consideraba los conocimientos humanos, las artes liberales y la filosofía imprescindibles para expresar la fe (*intellige ut credas*) mientras que, del mismo modo, pensaba que mediante la reflexión intelectual podía nacer la fe (*crede ut intelligas*). La utilización de la retórica y las artes liberales para estudiar las Escrituras permitía, del mismo modo, salvaguardar el dogma y refutar errores en la interpretación de la doctrina. Su tratado *De Trinitate* es todo un ejemplo de teología sistemática, en el que, partiendo de las Sagradas Escrituras y de los padres, demuestra la existencia de tres personas divinas y, por lo tanto, fundamenta el dogma, tras lo cual se impone la labor intelectual de comprensión de la fe.

Agustín de Hipona fue el más brillante pensador del cristianismo durante el primer milenio y, por supuesto, uno de los más grandes genios de la historia de la humanidad. Su vida se desarrolla en un momento de transición hacia la Edad Media, una etapa en la que se produce un intenso debate teológico centrado en la necesidad de articular razón y fe. Frente a los autores de corriente agustiniana, que consideran imposible la reflexión racional debido a la trascendencia de Dios (solo es posible el estudio de los santos padres como intérpretes auténticos de la Escritura), tenemos a los teólogos que pretenden hacer de la teología una ciencia sistemática empleando un método para alcanzar racionalmente el contenido de la revelación. Pedro Abelardo fue uno de los primeros en desarrollar un procedimiento discursivo y argumentativo mediante el sistema de *sic et non* (razones a favor y en contra de una cuestión), pero, por encima del resto, el culmen de la teología medieval es santo Tomás de Aquino, cuya obra sirve de base para comprender el desarrollo de la ciencia teológica hasta nuestros días.

EL CULTO A LAS RELIQUIAS

En el 476 el rey ostrogodo Odoacro depuso al último emperador de Occidente, Rómulo Augústulo, iniciándose una nueva etapa caracterizada por la existencia de un Mediterráneo oriental de cultura griega y un mundo occidental de cultura latina y fuertemente germanizado. Después de las primeras invasiones, el antiguo Imperio romano de Occidente quedó fragmentado en distintos reinos, pero la idea de Roma como cabeza del mundo no llegó a desaparecer del todo, ya que, entre otras cosas, no fueron pocos los que consideraron que Roma seguía siendo un imperio universal y que los pueblos germánicos deberían formar parte de una civilización superior. Es en este momento de transición cuando se sientan las bases de lo que será la Iglesia medieval, la cual tuvo mayor capacidad de adaptación debido a su conciencia de independencia del sistema político vigente. Ante la anarquía imperante y la creciente sensación de inseguridad, la figura del obispo empezó a adquirir mayor protagonismo, tanto que algunos tomaron las riendas de la situación y se erigieron como los auténticos salvadores de unas poblaciones totalmente atemorizadas ante el peligro de conquista por parte de las imprevisibles tribus germánicas.

Las invasiones constituyen un hecho de enorme relevancia para la historia cristiana, ya que distintos pueblos como los germanos, eslavos, magiares y escandinavos se abrieron a la fe en Cristo. Muchos consideraron este fenómeno como una irremediable tragedia, pero otros como Paulo Orosio, discípulo de Agustín, optaron por resaltar el lado positivo de dichas invasiones:

> Aun cuando los bárbaros hubieran sido enviados a suelo romano con el solo designio de que las iglesias cristianas de Oriente y Occidente se llenaran de hunos, suevos, vándalos y burgundios, y de otras muchedumbres innumerables de pueblos creyentes, habría que alabar y exaltar la misericordia de Dios porque hayan llegado al conocimiento de la Verdad (aunque sea a costa de nuestra ruina) tantas naciones que, si no fuera por esta vía, seguramente nunca hubieran llegado a conocerla.

Desgraciadamente el optimismo de Orosio chocó con la más cruda realidad, porque la mayor parte de estos pueblos germánicos no se convirtieron al catolicismo directamente desde su paganismo ancestral, sino que pasaron por un estadio intermedio de cristianismo arriano. ¿De qué estamos hablando? Para entender esta situación debemos volver la vista atrás y fijarnos en uno de los pueblos invasores más poderosos, el de los visigodos, asentados en la Dacia en el 367, pero que, al sentirse presionados por los hunos, terminaron solicitando al emperador Valente cruzar la frontera y establecerse en suelo imperial. Para hacer más atractiva la oferta, los visigodos se comprometieron a vivir de acuerdo con las leyes romanas y se mostraron dispuestos a convertirse al cristianismo. La propuesta era demasiado generosa como para rechazarla, por lo que el emperador permitió a los visigodos establecerse en la Tracia y envió misioneros para cristianizarlos. Al tener simpatías arrianas, Valente envió al obispo Ulfilas, que compuso el alfabeto gótico y tradujo las Sagradas Escrituras a esta lengua. Desde ese momento, los misioneros de Ulfilas difundieron el arrianismo entre el pueblo visigodo, por lo que esta doctrina pasó a convertirse en la religión nacional de una gran parte de las minorías germánicas invasoras, dominantes políticamente frente a las poblaciones mayoritarias, romanas y católicas. Después de arrasar Roma, los visigodos se establecieron en el sur de las Galias y, posteriormente, fundaron un reino en España con capital en Toledo. En la península ibérica, los visigodos se encontraron con un conglomerado de pueblos totalmente romanizados y con una población mayoritariamente católica, sobre todo en las ciudades, por lo que no faltaron los problemas con los recién llegados arrianos. Afortunadamente, los desencuentros llegaron a su fin con la conversión al catolicismo de Recaredo en el 589 durante el III Concilio de Toledo.

Otro de los pueblos que tendrá una influencia decisiva en la posterior historia europea fue el de los francos. Tras su inicial asentamiento en el bajo Rin, los francos se adueñaron de las Galias, por lo que, progresivamente, fueron tomando contacto con la cultura romana y la religión cristiana. Según narran antiguas leyendas, el jefe merovingio Clodoveo prometió a Jesucristo que, si se alzaba con la victoria en su enfrentamiento con los alamanes, abrazaría la nueva fe, como así fue. En la navidad de 498 Clodoveo fue bautizado, y con él muchos de sus súbditos, siendo este uno de los muchos ejemplos de lo que fueron las conversiones colectivas entre los pueblos invasores en estos siglos de transición entre la Antigüedad y la Edad Media. El bautismo del rey franco tuvo una enorme resonancia; el prestigioso obispo Avito de Vienne escribió: «Fides vestra, nostra victoria est» (vuestra fe es nuestra victoria). Desde este momento, ya no solo existiría un monarca católico en el mundo, nos referimos al emperador oriental; Occidente también tendría el suyo, el rey de los francos.

En Italia, en el siglo v nos encontramos con el reino ostrogodo, con capital en Rávena, y algo más tarde el de los longobardos, cuya conversión al catolicismo fue obra de Gregorio Magno, del que no tardaremos en hablar. Por lo que se refiere a Inglaterra, la llegada del cristianismo es muy temprana, tanto que en el Concilio de Arlés del 314 estuvieron presentes tres obispos de las sedes de York, Londres y Lincoln. En este caso, las invasiones bárbaras provocaron un retroceso del cristianismo, al quedar Britania en manos de los paganos anglosajones que no fueron convertidos hasta la época de Gregorio. En el siglo v se produjo la evangelización de Irlanda, mientras que en el continente europeo la acción evangelizadora empezó a desbordar las fronteras del antiguo Imperio romano, adquiriendo un enorme protagonismo, sobre todo a partir del siglo VII, los misioneros celtas procedentes de Irlanda y Escocia, entre ellos el célebre san Columbano. En el siglo VIII, la misión se extendió por una Germania todavía pagana; allí ganó fama el que siempre ha sido considerado como el gran apóstol de Alemania, el monje inglés Winifrid, que mudó su nombre por el de Bonifacio.

Por supuesto, la irrupción de los nuevos pueblos en el occidente europeo tuvo unas consecuencias inmediatas en lo que respecta a la vida cristiana y la organización eclesial que, en parte, perduran hasta nuestros días. El cristianismo tuvo que adaptarse al subjetivismo germánico, con una visión mágica de la realidad, por lo que se desarrolla un proceso de fusión cultural clave para explicar el éxito del cristianismo medieval. Durante estos siglos, la vida religiosa está marcada por la aparición de una piedad popular en la que se afirman todo tipo de creencias consideradas supersticiosas, por lo que la predicación de los obispos tenderá a llevar a los fieles la práctica genuina de la fe. También se desarrollan nuevas formas de expresión, como el culto a los santos (no solo a los mártires) y las primeras peregrinaciones. Una de las cuestiones que merece la pena destacar, por las repercusiones que tendrá en siglos venideros, fue el culto a las reliquias que, a pesar de la devoción que generaron, supuso un peligro para la objetivación de la fe y la superficialidad de lo sobrenatural.

En contra de lo que pueda parecer, hasta al menos el siglo IV, el culto a las reliquias no tuvo ningún tipo de relevancia entre los creyentes de la nueva fe. La lectura de las fuentes cristianas, especialmente de los Evangelios canónicos, nos demuestra el absoluto desinterés que tuvo Jesús por conservar cualquier tipo de reliquia. Sus seguidores, debido al convencimiento de la inminente instauración del nuevo reino de Dios, rechazaron la veneración de este tipo de objetos y lugares de culto como eran las tumbas de los patriarcas en tiempos del Mesías. En el Evangelio de Lucas encontramos una frase que nos informa sobre este rechazo inicial hacia dichas piezas: «¡Ay de vosotros, porque edificáis los sepulcros de los profetas que vuestros padres mataron! Por tanto, sois testigos y estáis de acuerdo con las obras de vuestros padres; porque ellos los mataron y vosotros edificáis» (Lc 11, 47-48).

Como ya sabemos, algunos de los mártires del cristianismo fueron convertidos en santos, y sus ropas, objetos personales e, incluso, partes de sus cuerpos fueron guardados y venerados por creer los fieles que podrían obtener la intercesión de estos personajes cargados de sacralidad. En el siglo III la devoción hacia las reliquias ya es evidente en las catacumbas de Roma, pero la tendencia es general a partir del siglo IV, especialmente desde el 313 en el que se establece la libertad de culto por el Edicto de Milán. La decisión de Constantino permitió la posibilidad de peregrinar libremente hacia los Santos Lugares, impulsando aún más el culto a las reliquias, por ser este el territorio en el que se podrían encontrar algunos de los objetos relacionados con la vida y muerte del Hijo de Dios.

Según el historiador alemán C. G. Adolf von Harnack, autor del libro *Historia del dogma*, publicado en 1885, los cristianos fueron poco a poco rindiéndose ante esta nueva forma de religiosidad. Según él, tras el declinar del culto a los objetos considerados mágicos, asistimos a un auténtico renacer que, en palabras del historiador Geoffrey Ashe, alcanza cotas más altas por considerar los cuerpos de los santos como templos donde quedó impregnado el Espíritu Santo. Ashe insiste en reafirmar la creencia cristiana de un Dios salvador que se hizo hombre en el cuerpo de Jesús, santificando la materia. Por este motivo, los restos conservados de los que compartieron la gloria de la resurrección y la promesa de la salvación universal terminaron siendo igualmente santificados. A través de estos restos, Dios podía conceder todo tipo de favores, pero, a pesar de su importancia, no todas las reliquias tuvieron el mismo valor.

Una de las que más fervor han generado a lo largo de la historia fue la vera cruz, aquella en la que, según la tradición cristiana, fue crucificado Jesús de Nazaret, y cuyo hallazgo está estrechamente relacionado con santa Elena, madre del emperador Constantino I el Grande. Las circunstancias en las que se produjo este legendario suceso fueron expuestas en la *Legenda aurea* del dominico Jacobo de la Vorágine, uno de los libros, sin duda, más populares de la Edad Media. Redactado en latín, el texto que originalmente se tituló *Legenda sanctorum* narra una serie de leyendas sobre la vida de ciento ochenta mártires y santos cristianos, a partir de la información que el monje consiguió recopilar de los libros evangélicos, aunque también de los apócrifos o de prestigiosos autores antiguos como Jerónimo de Estridón, Agustín de Hipona o Gregorio de Tours.

Tal vez el motivo de su éxito radica en la intensidad con la que se relatan los episodios relacionados con la vida de estos hombres sagrados cuya existencia se muestra como ejemplar, motivo por el cual la obra fue utilizada con intención doctrinaria, multiplicándose el número de copias de un libro que no pudo faltar en ninguna de las bibliotecas más importantes de la cristiandad. Las palabras de Jacobo de la Vorágine se convirtieron en una herramienta perfecta para la difusión de la fe, a través de unas imágenes mucho más cercanas al pueblo llano que las expresadas en el Nuevo Testamento. En la *Legenda aurea*, también tiene cabida la historia de algunas de las reliquias más sagradas del cristianismo, entre las cuales no podría faltar la vera cruz.

Según Jacobo de la Vorágine, en el año 326 la emperatriz Elena de Constantinopla llegó a Jerusalén con la intención de encontrar el Santo Sepulcro. Estando en la ciudad sagrada, escuchó las noticias sobre la presencia de la santa cruz en algún enclave desconocido de la localidad. La anciana emperatriz, que por aquel entonces ya contaba con la respetable edad de ochenta años, hizo someter a un férreo interrogatorio a algunos de los más sabios rabinos de Jerusalén, los cuales no tardaron en señalar hacia el lugar en el que Jesús habría sido crucificado. Inmediatamente, Elena de Constantinopla ordenó a los suyos que la llevasen hasta el Gólgota donde existía un fastuoso templo dedicado a la diosa Venus, erigido por órdenes de Adriano y que finalmente fue demolido hasta sus cimientos. Fue en esos momentos cuando el milagro pudo hacerse realidad; allí aparecieron tres cruces, la de Jesús y las de los dos ladrones que fueron sacrificados junto al Mesías. A partir de entonces la historia empieza a confundirse con la leyenda.

Según cuentan las tradiciones, Elena de Constantinopla se sintió contrariada al no ser capaz de identificar cuál de las tres cruces era la que había pertenecido al Hijo de Dios, y por eso habría hecho traer a un hombre enfermo, quien, al entrar en contacto con la auténtica reliquia, sanó milagrosamente. En este punto, las leyendas no parecen ponerse de acuerdo porque, según otra versión, la identificación de la vera cruz se habría llevado a cabo después de que Elena hiciese detener un cortejo fúnebre que pasaba por el lugar, para acercar al muerto a cada una de las cruces, hasta que resucitó cuando fue depositado junto a la última de ellas.

El papa san León Magno fue un personaje fundamental para comprender el proceso de fortalecimiento de la autoridad y del prestigio de la sede romana en la cristiandad. Uno de los episodios que mejor nos ilustran sobre la personalidad de este doctor de la Iglesia se produjo en 452, cuando el papa se encontraba en la ciudad de Mantua y salió, demostrando una gran valentía, al encuentro de Atila, al que convenció para que no continuase devastando las tierras del decadente Imperio romano. Durante su pontificado se celebró el Concilio de Calcedonia en el 451, mientras que en Roma, afectada por la crisis y las carestías, llevó a cabo una destacable labor caritativa en favor de los más desfavorecidos.

Al margen de estas narraciones, el hallazgo histórico de la reliquia (aun sin poder confirmar si fue la misma en la que Jesús encontró la muerte) es atestiguado por distintas fuentes documentales, entre la que destaca la de Gelasio de Cesarea, autor de una *Historia de la Iglesia*, escrita en el 390 d. C., y las de otros autores que se hacen eco de la noticia como Alejandro de Chipre (*Inventio crucis*) y Sócrates Escolástico, en su *Historiae eclesiae*. Ya en el siglo v Teodoreto de Ciro vuelve a tratar el tema al asegurar que la identificación de la vera cruz tras el descubrimiento de Elena no se llevó a cabo de forma milagrosa, sino por el hallazgo del *titulus crucis*, puesto por Poncio Pilato, sobre la cruz de Jesús.

Otro de los cambios importantes en la vida de la Iglesia entre los siglos iv y v fue la generalización del bautismo de los niños, por lo que se impuso una instrucción después del mismo mediante una reglamentación elaborada a partir del programa de san Agustín en su obra *Sobre la catequesis a los incultos*. En lo que se refiere a la liturgia, en Occidente había una gran variedad, pero poco a poco se fue imponiendo la romana, donde la lengua griega deja paso al latín. Por supuesto, la desaparición del sistema escolar típico del mundo romano obligó a la Iglesia a tomar conciencia de su misión cultural que tantos frutos dará en el futuro. El lector comprenderá que todos estos cambios resultaron fundamentales para entender el esplendor de la Iglesia católica en la Edad Media, pero por encima de todos resaltamos el ascenso del papado como gran institución de poder político y religioso de la cristiandad.

Curiosamente, la decadencia de Roma se convirtió en la condición necesaria para que el papado pudiese alcanzar la independencia y consolidar su papel como cabeza de una Europa fragmentada por las invasiones germánicas. Al menos en un principio, la Iglesia oriental reconoció al papa en su condición de patriarca de Occidente, pero su supremacía jurídica sobre otras sedes siempre fue discutida. A partir del siglo iv se inició una furibunda lucha cuyo objetivo último fue la implantación de la primacía eclesiástica romana. Mientras que en Oriente la relación entre la Iglesia y el imperio se fue haciendo cada vez más estrecha, tanto desde el punto de vista institucional como ideológica, en Occidente, la Iglesia se fue alejando de las anquilosadas y decadentes instituciones del poder estatal. En sus respectivas diócesis, los obispos, cada vez más poderosos, se convirtieron en los auténticos detentadores del poder político en las ciudades y territorios circundantes, tanto que fueron precisamente ellos los que se encargaron de negociar con los bárbaros, de defender a sus fieles y, cuando las circunstancias lo requerían, ponerse al mando de sus hombres y encabezar la defensa de sus comunidades en momentos de máximo peligro. Los primeros éxitos los rastreamos con León Magno (440-461), aunque en el siglo VI, con Justiniano, el papado seguía controlado por el emperador bizantino. Con el paso de los años, los nuevos pontífices solo precisaron del consentimiento imperial para ser elegidos. No fue hasta la invasión de Italia por los longobardos cuando Roma alcanzó su independencia bajo el pontificado de Gregorio Magno (590-604), uno de los personajes estelares de la historia eclesiástica.

Gregorio I puede ser considerado como el último de los antiguos papas romanos y el primero de los papas medievales. De él sabemos que en 573 ya era prefecto de la ciudad de Roma y que, debido a su buen hacer, el papa Pelagio II le envió a Constantinopla en calidad de embajador para representar los intereses de la Santa Sede. Desde bien pronto, Gregorio demostró algunas cualidades que después resultaron fundamentales para llevar a cabo su programa de reforma eclesiástica, como su espíritu vigilante sobre el clero y los monasterios. Fue también un hombre que hizo gala de excelentes dotes administrativas hasta tal punto que aplicó criterios económicos muy avanzados en la organización de las posesiones patrimoniales de la Iglesia. Su buena administración le permitió realizar obras sociales muy valoradas por sus contemporáneos y realizar una gran actividad caritativa. Lo que está ocurriendo en Roma no deja de ser un reflejo de lo que pasaba en todo Occidente, donde los obispos adquieren cada vez más poder político y económico. Por supuesto, dicha situación dio lugar al establecimiento de una estrecha relación entre los poderes espirituales y los temporales, siendo esta una de las características principales de lo que será la futura Edad Media. La principal aportación de Gregorio fue la transformación de la Santa Sede en cuerpo orgánico sostenido por fuerzas espirituales que debía ponerse a la cabeza de los distintos reinos europeos a los que el papa empezó a dirigirse con tono imperativo y sugerencias de todo tipo. Con Gregorio la idea de poder empieza a concebirse como un reino terrestre al servicio del reino de los cielos, hasta tal punto que en 602 llegó a amenazar con la pérdida de los derechos y la excomunión a cualquier rey o príncipe que osase oponerse a sus directrices.

Nos resistimos a terminar este apartado sin recordar la fórmula de evangelización propuesta por el papa Gregorio, muy avanzada para la época, porque recomendó el respeto a los usos y costumbres de los pueblos a los que dirigió sus proyectos evangelizadores, como los anglosajones. Para favorecer el conocimiento del mensaje de Cristo llegó a admitir la utilización de prácticas no cristianas como medio de instrucción, siendo esta una forma muy respetuosa con las culturas locales.

Por encima de todos los restos de la vera cruz que se conservan en iglesias y catedrales de media Europa, podemos destacar el que encontramos en el monasterio de santo Toribio de Liébana. Según los historiadores actuales, por su forma correspondería con el brazo izquierdo de la vera cruz, conservándose incluso el agujero donde clavaron la mano de Jesús. Sus dimensiones la convierten en el fragmento más grande de la cruz de Cristo, por delante de la custodiada en la Ciudad del Vaticano. Nos llama la atención el hecho de que los últimos análisis científicos determinaron que la reliquia pertenecía a una especie botánica denominada *Cupressus sempervirens*, que bien podríamos ubicar en el siglo I y en el área geográfica de Palestina. España es un país donde tradicionalmente se ha venerado la gran reliquia del cristianismo. Su culto se extiende por todos los rincones de nuestra geografía; es el caso de la célebre cruz de Caravaca, objeto de devoción popular desde al menos el siglo XIV y que ha atraído en peregrinación a millones de creyentes. Lo mismo podemos decir sobre la cruz custodiada en la Colegiata de Santa María la Mayor en Caspe, sacada en procesión durante las fiestas de Semana Santa. En Valladolid, la Cofradía de la Santa Vera Cruz porta una custodia de la reliquia, labrada en oro y con piedras preciosas, fechada a principios del siglo XVI.

HOMBRES DE DIOS

EL DOCTOR DOLITTLE DEL MUNDO ANTIGUO

En un trabajo anterior tuve ocasión de conocer las formas de vida de unos hombres y mujeres que, en el pasado, optaron por alejarse del ruido y volver sus miradas hacia Dios. Hoy, pasados los años, comprobamos que el ser humano vuelve a prestar atención a unos lugares que han permanecido fosilizados en el tiempo, como testigos mudos de una época en la que la relación con el mundo del espíritu era mucho más intensa. Resulta curioso, digno de atención, el renovado interés por visitar antiguos monasterios para alojarse en sus hospederías y poder escapar, aunque solo sea durante unas jornadas, del agotador frenesí de un mundo que avanza de forma vertiginosa y que amenaza con deshumanizarnos. Por este motivo, merece la pena preguntarnos por el origen del monacato y por los motivos que empujaron a estos individuos a adoptar unas formas de vida que tanto nos sorprenden en nuestros días pero que, a su vez, nos resultan tan atrayentes. Recordemos que, durante los primeros siglos, el cristianismo logró imponerse en la práctica totalidad de lo que anteriormente había formado parte del Imperio romano de Occidente; sin embargo, la expansión de la nueva religión no significó la erradicación de las creencias ancestrales que lograron pervivir en amplias capas sociales hasta bien entrada la Edad Media. Decía san Agustín en *De catechizandis rudibus* que las supersticiones y las costumbres paganas eran uno de los principales males de Occidente; frente a estas costumbres se desarrolló una rica hagiografía, en la que la vida y los hábitos de los santos se terminaron convirtiendo en modelos a seguir entre los fieles. No menos grave para las primeras iglesias cristianas fue la constatación del bajo nivel cultural de una buena parte del clero secular, por lo que Gregorio el Magno, en su *Liber regulae pastoralis*, e Isidoro de Sevilla, en *De officiis ecclesiasticis*, trataron de sentar las bases de lo que debería ser la regla a seguir del clero en estos momentos de transición entre el mundo antiguo y la Edad Media. En la implantación del cristianismo como soporte ideológico y cohesionador de la sociedad medieval, jugó un papel de especial relevancia el mundo monacal asociado con la vida ascética, cuyo origen es casi tan antiguo como la misma Iglesia de Jesucristo.

Desde el principio hubo fieles que intentaron imitar la vida del Mesías. Eran hombres y mujeres que guardaban continencia, practicaban la oración y la caridad con el prójimo. Poco más, porque, durante estos tiempos lejanos, los ascetas y las vírgenes no abandonaban el mundo ni se reunían para vivir en común. Para llegar a esta situación, debemos esperar al siglo IV, momento en el que aparece la institución del monacato que tanta importancia va a tener a lo largo de toda la historia de la Iglesia. El proceso se inició en un momento en el que el fervor de algunos creyentes empezó a declinar, en el que la austeridad de la Iglesia se fue relajando hasta el punto de que muchos cristianos, fervientes seguidores del ejemplo apostólico, no encontraron mejor opción que retirarse de las ciudades y establecerse en lugares apartados para practicar unas reglas y una forma de existencia propias de los primeros discípulos. Estos nuevos monjes no solo buscaron a Dios a partir de la oración y la soledad, también anhelaron lo que ahora muchos buscan en estos lugares alejados de un mundo hostil, sin identidad, fragmentado y falto de valores. Para ellos, la retirada del mundo, el *contemptus saeculi*, fue la condición necesaria para la purificación del espíritu y el inicio de un camino que tenía como meta la contemplación divina.

San Isidoro de Sevilla fue el gran amigo del papa san Gregorio Magno. Por encima de otras consideraciones, de él destacamos su enorme producción literaria. Durante su vida, este prolífico escritor compuso numerosas obras, dando muestras de una creatividad sin límites. Isidoro escribió libros de historia, otros de temática religiosa, sobre astronomía y geografía, pero su trabajo más influyente fueron las *Etimologías*, donde queda patente su vocación pedagógica, visible en su afán por formar al clero, que Isidoro consideró como una antorcha que debía iluminar con su luz a un mundo sumido en la oscuridad.

Uno de los primeros impulsores de la vida monástica fue Evagrio Póntico (346-399), célebre por adaptar para los monjes la doctrina espiritual de los alejandrinos Clemente y Orígenes. Más relevancia tuvo Juan Casiano, del que se dice que nació en Escitia hacia el 360 y que, siendo muy joven, marchó hacia Oriente para pasar muchos años en pequeñas comunidades monásticas de Palestina, Egipto y Constantinopla. Desde allí, a principios del siglo V viajó hasta la Provenza y fundó dos monasterios en Marsella, donde pasó el resto de su vida.

¿Por qué fue, entonces, tan influyente Juan Casiano? En primer lugar, porque escribió dos obras de enorme prestigio y amplia difusión (*Instituciones monásticas* y las *Collationes*) con las que se introdujeron las formas monásticas de Oriente y, en segundo lugar, porque se convirtió en uno de los referentes de la espiritualidad monástica occidental que exigía del monje la práctica de la caridad y un progreso constante hacia metas más elevadas, dejándose llevar por la pureza de corazón, y teniendo como último objetivo la posesión del reino de Dios.

Oriente fue la pionera del monacato cristiano, fue allí donde la espiritualidad monástica animó un movimiento ascético de grandes proporciones, en parte animado por los modelos presentes tanto en el medio judío (caso de los esenios) como en el helenístico (conventículos pitagóricos). Nos situamos en el siglo III, en el que vemos aparecer unos individuos que aspiran al aislamiento total como eremitas o anacoretas, y aquellos que propugnan la vida en común. El gran protagonista de esta etapa inicial fue san Antonio Abad, quien se retiró al desierto para adoptar un tipo de existencia que se convirtió en modelo de la literatura hagiográfica medieval. Las formas de vida de san Antonio Abad se caracterizaron por la soledad y el silencio. Su ejemplo permitió la aparición de miles de anacoretas en los desiertos de Nitria y Scete que habitaron en cuevas o cabañas, aislados o en grupos de dos o tres creyentes, dedicados a la oración, a la penitencia y el trabajo manual. La tradición y los relatos de san Atanasio y san Jerónimo nos informan de que el santo egipcio, del que se dice que llegó a vivir ciento cinco años (entre el 251 y el 356), fue un hombre muy peculiar.

Según la leyenda, no fueron pocas las ocasiones en las que el santo varón debió enfrentarse a las tentaciones del Maligno que, como era costumbre en aquellos días, solía aparecerse bajo la forma de animales salvajes o de mujeres. La fe y el poder de la oración le permitieron salir indemne de dichas situaciones tan comprometidas, por lo que la fama del santo no hizo más que aumentar no solo entre sus semejantes, sino también entre las fieras del lugar. Muy probablemente, el lector se habrá percatado de la presencia, en algunos cuadros que representan al santo, de un curioso cerdo situado a los pies de san Antonio como elemento más destacado de su representación iconográfica. ¿Cómo podemos explicar esta imagen? Cuenta la leyenda que un día, mientras el santo oraba en soledad, se acercó una hembra de jabalí seguida bien de cerca por sus pequeños jabatos. Cuando el monje se percató de que todas las crías eran ciegas se apiadó y obró el milagro. De repente, las crías quedaron sanadas, por lo que la agradecida jabalina le juró amistad eterna y decidió no separarse nunca de su protector para defenderle de todos los peligros. No fue esta la única experiencia extraña que tuvo el santo con los animales. En otra ocasión, un cuervo le dio la bienvenida con dos hogazas de pan y, algo más tarde, contó la ayuda de varias fieras, entre ellas dos leones, para poder enterrar a un devoto cristiano. Lo más extraño de todo es que las tradiciones aseguran que nuestro protagonista tuvo esta estrecha relación con tan peculiares amigos porque era capaz de comunicarse y hablar con ellos con total naturalidad y, por eso, hoy en día, a este particular doctor Dolittle del mundo antiguo se le sigue considerando santo patrón de los animales. En la actualidad, en España, todos los 17 de enero, en los que recordamos la muerte de este personaje que descubrió la sabiduría y el amor divino a través de la observación de la naturaleza, se celebra la Fiesta de San Antón, en la que los sacerdotes bendicen a los animales, perros, gatos, cerdos, caballos o conejos en las puertas de sus parroquias como gesto de gratitud y reconocimiento de la dignidad de estas criaturas de Dios.

Frente a la soledad de los anacoretas, san Pacomio popularizaba en la Tebaida un nuevo tipo de existencia, la cenobítica, basada en la idea de la vida en común y la total obediencia al superior religioso. Los nuevos monjes, siguiendo el ejemplo de Pacomio, comenzaron a vivir en grandes monasterios que, en ocasiones, llegaron a contar con varios cientos de miembros. Su día a día estaba regulado por una serie de prescripciones y normas que formaban parte de una regla, la regla de san Pacomio, que de ese momento será un elemento esencial de la institución monástica. Resulta evidente que el monaquismo egipcio fue el primer momento de esplendor en la historia del monacato, tanto en su vertiente anacorética como cenobítica, y que, como ocurrirá más tarde en otras latitudes de la cristiandad, permitió la expansión de la nueva fe entre amplias masas de población campesina. El problema, tal y como señaló Paul Johnson en su *Historia del cristianismo,* fue que algunas comunidades monásticas quedaron supeditadas a la autoridad de los principales jefes religiosos de la región que no dudaron en utilizarlos, en ocasiones recurriendo a la violencia, en el contexto de los intensos debates teológicos que sacudieron Oriente durante los primeros siglos de la era cristiana.

Poco a poco el movimiento monástico traspasó las fronteras de Egipto y se extendió por Asia Menor, donde encontramos a otro de los grandes padres del monacato, san Basilio de Capadocia, autor de varias obras de espiritualidad y fundador de nuevos centros monacales, estos de pequeñas dimensiones, pero de enorme influencia en todo Oriente por el grado de santidad de su promotor. En Palestina y Siria, la vida monástica también alcanzó gran difusión, sobre todo en su forma anacorética. Aquí encontramos a san Sabas, que terminó retirándose en el desierto de Judea, mientras que en Siria destaca la figura de san Efrén, al frente de un grupo de ascetas esparcidos por las montañas de Edesa. Entre todos estos grupos ascéticos, el caso más curioso es el de los estilitas, seguidores de Simeón, uno de los personajes más extravagantes en la historia del monacato.

Cuentan las tradiciones que los campesinos rogaban a san Antonio Abad para que protegiera a sus animales de ataques y de todo tipo de enfermedades. También aseguran que el santo era capaz de comunicarse con ellos y que, en una ocasión, se le acercó una hembra de jabalí y san Antonio curó a todos sus jabatos.

Aunque la aparición del estilitismo se relaciona con Simeón, es posible documentar la existencia de individuos que optaban por abandonar la vida en común y subirse a lo alto de una columna para alejarse de la perniciosa influencia del mundo corrompido que los rodeaba, de las pasiones materiales y, así, llegar hasta Dios en tan insólitas circunstancias. Lógicamente, el estilitismo se consideró en un primer momento como una excentricidad (que lo era), por eso recibió las críticas más despiadadas desde la propia jerarquía eclesiástica. Esto no evitó el imparable aumento del número de estilitas que lograron sobrevivir en Europa hasta el cisma del 1054. Las fuentes documentales han sido parcas en información; de la mayor parte de los estilitas no recordamos ni tan siquiera el nombre, pero entre todos ellos destacamos la figura de Simeón el Grande, prototipo de los monjes que optaron por tan peculiar tipo de existencia.

Simeón nació en el año 390 en Cilicia. Su infancia tuvo que ser tranquila, pero cuando cumplió los quince años sintió la llamada de Dios, por lo que abandonó su trabajo de pastor e ingresó en un monasterio donde pudo dar muestra de su ferviente pasión religiosa (cuentan las tradiciones que fue el inventor del cilicio, un accesorio utilizado para provocar dolor, mortificarse y combatir las tentaciones). Sus hermanos de retiro espiritual, no muy contentos con el extremo celo y el rigorismo absoluto de Simeón, decidieron expulsarlo, por lo que el santo marchó al desierto para vivir en una cueva y seguir practicando la penitencia. Era tanta la fama de Simeón que su retiro se vio interrumpido por los peregrinos que, continuamente, se acercaban hasta él para pedirle consejo. Ante esta situación el santo tomó una drástica decisión. Sin pensárselo dos veces, ordenó la construcción de una plataforma sobre una columna de tres metros de altura, cerca de Alepo (Siria), con la idea de subirse a ella y retomar su vida contemplativa. No contento con ello, poco después se subió a una columna de siete metros y, por fin, a una de diecisiete, donde pasó los últimos treinta y siete años de su vida.

En el mundo griego, el monaquismo se hizo fuerte, incluso en las grandes ciudades como Constantinopla, en la que en tiempos de Justiniano llegaron a contabilizarse más de ochenta monasterios. El centro monástico más famoso fue el Studion, cuyos monjes, los estuditas, tenían la obligación de orar por el bien del imperio y, además, desempeñaron un papel fundamental en la historia religiosa del mundo oriental.

EL SANTO PATRÓN DE LOS MOTOCICLISTAS

Como no podría haber sido de otra manera, el gran movimiento ascético oriental pronto se dejó sentir en el mundo religioso latino y occidental a partir del siglo IV. San Agustín fue uno de los más egregios impulsores del monaquismo en África, al promover un tipo de existencia caracterizado por la perfección y el sometimiento a la vida en común que tanta influencia va a tener durante la Edad Media. Por su parte, el destierro de san Atanasio en Tréveris pudo servir para dar a conocer las formas ascéticas típicas de los desiertos orientales, sobre todo de Egipto, por lo que, muy pronto, en la Galia empezaron a proliferar los individuos que optaron por un retiro voluntario. A san Martín de Tours le debemos la fundación de importantes comunidades como las de Ligugé y Marmoutier. Poco a poco, el sur de la Galia se fue convirtiendo en un foco de vida ascética. No faltan ejemplos; en el siglo V san Honorato funda un monasterio en la isla de Lerins y, no lejos de allí, en Marsella, Casiano introduce las formas ascéticas orientales en el monasterio de San Víctor.

Dirigimos ahora nuestros pasos hacia el norte, a las frías y húmedas tierras de Irlanda, una isla que nunca fue ocupada por los romanos, por lo que su evangelización, relacionada con el célebre Patricio (ca. 385-461), fue muy tardía y a través de centros monásticos que surgen en el seno de extensos grupos familiares. Los monasterios irlandeses estaban formados por unas pequeñas y humildes cabañas, donde la vida de los monjes estaba marcada por el trabajo manual y el rigor ascético. Una vez que el monacato quedó consolidado en la isla, se inició una intensa labor evangelizadora, primero en las islas británicas y, después, en el continente. Destacamos el trabajo de san Columbano, cuyo celo catequético provocó una preocupante celtización de la Iglesia que trató de ser compensada por Roma recurriendo a los monjes benedictinos. La actividad misionera de Columbano por lo que él, por primera vez, denominó *totius Europae*, se tradujo en la fundación de grandes monasterios en Francia, Suiza e Italia, donde se difunde la regla céltica. Los numerosos viajes del infatigable monje por todo el continente explican los motivos por los que el papa san Juan Pablo II hizo de Columbano el santo patrón de los motociclistas.

San Benito de Nursia fue el fundador del monacato occidental. Refiriéndose a él, Gregorio el Magno afirmó: «Este hombre de Dios, que brilló sobre esta tierra con milagros, no resplandeció menos por la elocuencia con la que supo exponer su doctrina». Hoy le reconocemos su protagonismo en el desarrollo de la civilización y de la cultura europea; por eso, Benedicto XVI, en su Audiencia general del 9 de abril de 2008, afirmó: «La obra del santo, y en especial su Regla, fueron una auténtica levadura espiritual, que cambió, con el paso de los siglos, mucho más allá de los confines de su patria y de su época, el rostro de Europa, suscitando (...) una nueva unidad espiritual y cultural, la de la fe cristiana, compartida por los pueblos del continente. De este modo nació la realidad que llamamos Europa».

¿Qué ocurre en Italia en estas mismas fechas? Como sucedió en Francia, la influencia oriental es intensa por la estancia de san Atanasio en Roma y por la aparición de comunidades femeninas, constituidas por damas patricias, debido al empuje espiritual de san Jerónimo. Pero tendremos que esperar hasta la aparición de san Benito de Nursia (480-547), el padre de los monjes de Occidente, para asistir a la auténtica consolidación del monacato en Italia y en una buena parte de Europa. De san Benito sabemos que reunió su primera comunidad en Subiaco y, desde allí, en compañía de alguno de sus discípulos se dirigió hacia un monte próximo a la villa de Casino para hacer su segunda fundación, Montecasino. En el nuevo monasterio puso en práctica los distintos proyectos que había ido madurando en la soledad de Subiaco. La idea era crear una comunidad autosuficiente perfectamente regulada, cuyos monjes, dirigidos por la todopoderosa autoridad del abad, debían experimentar las ventajas de una vida en común y repartir su tiempo entre la oración litúrgica, la *lectio divina* y el trabajo manual. Es poco lo que sabemos de su biografía, tan solo las escasas noticias recogidas por Gregorio Magno en sus *Diálogos,* aunque, por encima de todo, debemos destacar la composición, en los años finales de su vida, de una regla destinada a los monjes que abandonaban Montecasino para fundar nuevos monasterios. La regla de san Benito refleja las influencias de los grandes legisladores del monaquismo oriental, de san Agustín y, sobre todo, de Juan Casiano. Su *regula monacharum* alcanzó un enorme éxito, tanto que se convirtió en la regla por excelencia de la gran mayoría de los monasterios occidentales. Con ella, san Benito se situó lejos del rigorismo de los centros monacales de Oriente y del mundo céltico, incluso considera relativo el enclaustramiento de unos monjes a los que no se les exige un alejamiento radical de la sociedad, aunque, eso sí, aboga por la sobriedad y la discreción.

Los monasterios benedictinos fueron concebidos como unas «ciudades de Dios», donde los monjes debían entregarse al trabajo y la oración, alejándose de un mundo bárbaro y oscuro, las «ciudades de los hombres», en las que predominaba la vulgaridad, el pecado y la vanidad. La vida del monje estaba sometida a un riguroso horario y a una estricta rutina de oración que se repartía en siete momentos en función de la hora en la que se desarrollaba: laudes, prima, tercia, sexta, nona, *vísperas* y completas, a las que se añadía los nocturnos. «Te he alabado siete veces al día» (Salmo 118, 62). No es fácil saber el momento exacto en el que se producían dichos oficios, ya que cada convento podía adaptar su horario y, además, debemos de tener en cuenta que, para el hombre medieval, al contrario de lo que ocurre en nuestros días, las horas no tenían una duración constante de sesenta minutos. Trataremos de explicarnos.

En la Edad Media se atribuía al día una duración de doce horas, las mismas que para la noche. Lógicamente, con el variar de las estaciones y conforme iban alargándose los días y las noches, la duración de las horas iba cambiando irremediablemente. Así, durante las largas noches de invierno, las horas nocturnas podrían llegar a contar con setenta y cinco minutos, mientras que las horas diurnas serían de solo cuarenta y cinco. Además, debemos de tener en cuenta que la vida del monje quedaba marcada por el momento de la salida y la puesta del sol, por lo que el horario de las oraciones canónicas sufría constantes variaciones. También podemos imaginar que, al ser las noches estivales mucho más cortas, el canto de las *Completas* se retrasaba con respecto a lo que sucedía en invierno, por lo que las horas de sueño se reducían de forma sensible, motivo por el cual, durante el verano, se popularizó la sana costumbre de conceder a los monjes un pequeño descanso justo después de la comida, siendo este uno de los probables orígenes de la siesta. Aunque estamos hablando sobre el horario de los monjes, dictado por lo que acabamos de ver por motivos penitenciales y por las exigencias de la luz, no debemos olvidar que este debía ser el ritmo de vida del común de los mortales, de unos hombres y mujeres que empezaban la jornada con las primeras luces del alba y la terminaban cuando la oscuridad envolvía sus hogares.

Aunque no podemos generalizar, la alimentación del monje medieval podía ser bastante equilibrada, especialmente si lo comparamos con la dieta de las clases más humildes. En general, en las mesas del refectorio no solía encontrarse ningún tipo de carne, sobre todo de cuadrúpedos, ya que, al contrario de lo que ocurría con los aristócratas, la carne se consideraba el peor de los alimentos porque predisponía al monje para la lujuria.

Como curiosidad, debemos advertir que en muchos monasterios y conventos estaba totalmente prohibido dormir sobre camas blandas y confortables, ya que, según el pensamiento de la época, incentivaban a la lujuria (al igual que el consumo de algunos alimentos especialmente suculentos), por lo que el monje dormía sobre paja y mantas de lana. En el proceso de santificación de santo Domingo de Guzmán, se llegó a asegurar que el santo, incluso en sus últimos momentos, cuando la enfermedad avanzaba sobre su debilitado cuerpo, se negó a acostarse en una cama, sino sobre un incómodo jergón. Viajamos con nuestra imaginación hacia el pasado, para ver a estos hombres de Dios levantándose y abandonando el dormitorio antes del amanecer, con maitines, alumbrados con la tenue luz de una vela y con el frío que calaba hasta los huesos, dirigiéndose hasta la iglesia para celebrar el primer oficio de la jornada. Después, en el silencio más absoluto, algunos podían volver a sus camas para disfrutar de un breve momento de descanso, aunque no eran pocos los que aprovechaban para iniciar su trabajo.

Veamos, a continuación, cómo era el menú de estos individuos cuya forma de entender la existencia es tan extraña para la mentalidad del hombre moderno. No hace mucho tiempo, tuve la oportunidad de visitar el monasterio de san Pedro de Cardeña, cerca de Burgos, un lugar encuadrado en un paisaje sobrecogedor y en el que la historia palpita de forma intensa. Uno de los monjes trapenses me aseguró que, para ellos, el intenso frío del invierno castellano era la prueba más dura a la que tenían que enfrentarse en su día a día. También me comentó que su dieta, en la que predominaba el consumo de verduras, legumbres y frutas, era uno de los principales motivos que explicaba la curiosa longevidad de los monjes de Cardeña. En general, la mayor parte de las órdenes monásticas se abstenían del consumo de carne, por lo que una buena parte de los monjes terminaron convirtiéndose en auténticos vegetarianos. A todo ello debemos añadir la prohibición del consumo de huevos y productos lácticos durante una buena parte del año y, en lugares situados lejos del mar o de los lagos, de pescado fresco. Para complicar aún más la dieta del monje debemos de tener en cuenta que el arroz, las patatas y los tomates no hicieron su aparición en Europa hasta mucho más tarde.

En este viaje que estamos haciendo por el tiempo, no estamos en disposición de presentarle al lector un menú concreto para todos los monasterios, órdenes y periodos históricos, por lo que fijaremos nuestra atención en un convento de la Orden de Predicadores, el de Santo Domingo de Bolonia, del que Pietro Lippini nos ofrece una valiosísima información en su obra *La vida cotidiana de un convento medieval,* publicado por la editorial San Esteban. Nos cuenta el autor que, según las Constituciones antiguas de la Orden de Predicadores, en los conventos dominicanos se solían servir, todos los días, dos comidas, con la excepción del tiempo de ayuno en el que solo había una comida que se tomaba después de nona (hacia las dos y media o tres de la tarde) y una cena frugal que consistía en una simple bebida. El primero de los platos a los que estamos haciendo referencia podía consistir en una sopa de cebada o una menestra de verduras o de alubias. Para el segundo plato, el cocinero podía lucirse algo más, ya que, además de las verduras que le suministraba el hortelano, podía disponer de una gran variedad de hortalizas que le permitían preparar, si su arte culinario se lo permitía, apetitosos, aunque no muy suculentos platos. Entre los productos más habituales estaban los guisantes, los fréjoles, alubias, garbanzos o lentejas; tampoco faltaban pepinos, zanahorias, calabaza y, sobre todo, los nabos, que en la Edad Media ocupaban el puesto que hoy tiene la patata en nuestros menús diarios. Por último, sobre la mesa siempre había fruta, tanto fresca como seca, cebollas y pan a discreción.

En cuanto a la bebida, todo dependía de la región en la que se encontraba el monje o el fraile, pudiendo encontrar cerveza, vino u horchata, pero, por lo general, pese a las advertencias a la moderación, el vino solía aparecer en las mesas del refectorio, aunque se exhortaba a los religiosos a no tomarlo en exceso y preferiblemente aguado. Como vemos, la comida del monje no era, ni mucho menos, excesiva, más bien todo lo contrario, pero no eran extrañas las ocasiones en las que el abad o el prior permitía a los más necesitados y a los enfermos un plato especial o suplementario (en italiano *pietanza,* palabra derivada de *pietas*). Como dijimos, durante los días de ayuno, al monje se le permitía, antes de retirarse a su celda, una ligera refección líquida, la colación, que no solía ser más que una simple sopa para engañar al estómago hasta la siguiente comida que, recordemos, solo se tomaba después de nona (sobre las tres de la tarde).

En este camino que estamos recorriendo para poder conocer cómo era el día a día del monje cristiano, nos detenemos ahora para estudiar su vinculación con el mundo de la cultura y la educación. En nuestro imaginario colectivo ha quedado la idea del monje como un ser obsesionado con la lectura y copia de antiguos manuscritos. Aunque en determinados contextos pudo ser así, esta idea no siempre se adapta a la realidad, sobre todo durante los primeros siglos del monaquismo, en los que el monje pasaba la mayor parte de la jornada sumido en la oración y dedicado a trabajos manuales, especialmente artesanales. Bien es cierto que el monje pudo copiar libros de la Antigüedad clásica, pero más que por motivos culturales solía hacerlo con fines utilitarios (no debemos olvidar el extraordinario valor de estos libros por los que se pagaban cifras astronómicas). Por supuesto, también hubo religiosos llegados al monasterio después de haber adquirido una gran cultura profana y que no renunciaron a ella una vez que se incorporaron a su nueva vida y responsabilidades, pero, en un principio, estos casos fueron la excepción.

San Benito consideraba el trabajo material como el mejor antídoto contra el ocio (*otiositas inimica est animae*), por lo que, en su regla, la única ocupación alternativa a la oración era el trabajo agrícola y artesanal (*ora et labora*). Bien es cierto que también reivindica para el monje el tiempo suficiente para la lectura, pero es una lectura espiritual. El estudio, en estos primeros momentos, se reduce al aprendizaje del latín y la alfabetización de los novicios, por lo que el nivel cultural de los monasterios debía ser bajo, aunque superior al de la sociedad analfabeta con la que convivían los monjes. Tendremos que esperar varios siglos, hasta la progresiva aristocratización del monaquismo, para observar a esos típicos personajes, que todos tenemos en la imaginación, dedicados al estudio concienzudo de las Sagradas Escrituras y a la copia de antiguos manuscritos en el interior del *scriptorium*. Si para san Benito el estudio no debía ser la actividad principal del monje, en san Francisco observamos una total desconfianza hacia el saber. De él se cuenta que, en una ocasión, un novicio se dirigió hacia él pidiéndole autorización para tener un libro, a lo que el santo respondió: «Hermano, también yo fui tentado a poseer libros (…), son muchos los que con gusto se elevan a la ciencia, pero será bienaventurado quien se haga estéril por amor a Dios». En efecto, san Francisco prevenía contra la cultura y la ciencia al considerar que el saber hacía al hombre indolente frente a la perfección. Por este motivo, afirmó que, si un hombre de cultura quería entrar en la orden, antes debía renunciar a la ciencia para ofrecerse desnudo a los brazos del Señor. Tal vez este rechazo a la cultura se explique por su deseo de contar con frailes que diesen testimonio de humildad y de pobreza.

Santo Domingo, y a partir de él los frailes de la Orden de Predicadores, tenía una mentalidad completamente distinta respecto a la cultura, al considerar la preparación doctrinal como algo fundamental para una orden que tenía como objetivo defender la auténtica fe en un mundo amenazado por la herejía y las falsas creencias. La formación intelectual se convirtió, de esta manera, en la seña de identidad de la orden, por lo que no nos debe extrañar que la mayor parte de los grandes teólogos y pensadores cristianos, de la talla de santo Tomás o Francisco de Vitoria, naciesen en el seno de la misma. Por eso, nos atrevemos a afirmar que santo Domingo fue uno de los personajes más influyentes de la cristiandad, un hombre que se preocupó de que los frailes de sus conventos contasen con celdas lo suficientemente cómodas y amplias para poder estudiar e, incluso, que contasen con una vela para poder seguir estudiando durante las largas noches de invierno.

LOS PODEROSOS «MONJES NEGROS»

Carlomagno contribuyó a la extensión de la regla benedictina al ordenar su cumplimiento en todos los monasterios del imperio. Durante esta época se consolidó, por otra parte, la estructura de los centros monacales, siguiendo un esquema que podemos identificar en el plano del monasterio suizo de Saint Gallen, descrito en la biografía de san Martín, y que más tarde será adaptado por los monasterios de Cluny, una nueva orden que aparece como consecuencia de la reforma gregoriana, inspirada en los principios de renovación espiritual y de retorno a los tiempos apostólicos. Este ideal de pobreza afectó al monacato, que reaccionó frente a los ricos cabildos y monasterios que se habían acomodado al régimen feudal, aunque en el caso de Cluny estamos hablando de una poderosa orden, la de los monjes negros, que se dejó impregnar por las formas económicas y políticas típicas del feudalismo.

En el siglo IX, la Iglesia sufría una profunda crisis espiritual provocada, en muy buena medida, por las injerencias externas y el patronazgo de los señores feudales. A todo ello se le sumó la generalización de malos hábitos como la compraventa de cargos eclesiásticos (simonía), el incumplimiento del celibato e, incluso, la poca edificante costumbre de ver a algunos religiosos dedicándose a emborracharse en sórdidas tabernas en vez de salvar las almas de los fieles. La crisis afectó al mundo monacal, por lo que hacia finales del I milenio los monasterios habían dejado de ser ejemplo de piedad, de un lugar donde dominaba el ascetismo y el espíritu de entrega propugnado por san Benito de Nursia. Debido a ese descrédito se sucedieron distintos intentos de reforma, pero casi todos chocaron con la cruda realidad, la de las grandes familias nobiliarias dispuestas a controlar, a toda costa, esos grandes monasterios situados en enclaves estratégicos que cada vez se encontraban más alejados del mensaje evangélico. Llegamos, de esta manera, a los albores del siglo X, en el que vemos nacer un movimiento llamado a perdurar y a alumbrar una de las órdenes monásticas más poderosas de la Iglesia, con la que asistimos a la auténtica edad de oro del monaquismo occidental.

Cluny fue fundada en el 910 por Guillermo, duque de Aquitania, cuando cedió unas fértiles tierras en el valle del Grosne, situado en la Borgoña francesa. Con la cesión, los monjes benedictinos accedieron al importante privilegio de la exención, que establecía la independencia de la abadía respecto a los nobles feudales y su sumisión a la autoridad del papa, lo que en la práctica significaba su total autonomía y la libre elección del abad por parte de los monjes. Ahora que los monjes negros se habían alejado de la perniciosa influencia de la nobleza, el objetivo fue resucitar la tradición benedictina y a ello se entregaron, con decisión, los poderosos abades como Bernón, Odón, Odilón o Hugo el Venerable, cuyo trabajo propició el espectacular crecimiento de las vocaciones y la conversión de Cluny como la institución monástica más respetada de la cristiandad. El auge fue tal que, a principios del siglo XII, la abadía contaba con más de un millar de prioratos subordinados al poder del abad de Cluny.

Desde el principio, la orden hizo todo lo posible por implantar un modo de vida austero, por lo que se otorgó más importancia al oficio divino frente al trabajo manual (*ora et labora*). Esto trajo consigo la asunción de un estilo de vida más místico y espiritual, aunque, conforme fue pasando el tiempo, su poderío económico fue incrementándose al contar los monasterios con grandes extensiones de tierras trabajadas por campesinos laicos a cambio de una renta o parte de la cosecha. Su poder también se dejó sentir en el terreno político, artístico (son los principales responsables del románico en Europa) y cultural, hasta el punto de que a la orden cluniacense se le ha llegado a considerar como el primer gran imperio monástico.

La Orden de Cluny nació con el objetivo de restablecer la regla de san Benito, introduciendo algunas modificaciones como las relativas al papel de la liturgia en la vida de los cristianos. Los monjes cluniacenses se dedicaron con pasión a la celebración de las horas litúrgicas, a la celebración de la santa misa y al canto de los salmos. También impulsaron la música sagrada, fomentaron la arquitectura y el arte para contribuir a la belleza de los ritos e incrementaron el culto a la Virgen María. Para alimentar este clima de oración y encuentro con Dios, subrayaron la importancia del silencio al estar convencidos de que la pureza de las virtudes humanas requería un recogimiento íntimo con el Creador.

El poder de los monjes negros fue tal que de la orden surgieron figuras de enorme peso como los papas Gregorio VII, Urbano II o Pascual II, mientras que en el ámbito cultural cabe destacar el trabajo de los monjes y el esplendor de la deslumbrante biblioteca de Cluny, sin duda una de la más importantes de Europa. Cuando la orden se encontraba en el cénit de su poder, se inició su progresiva decadencia, ya que, debido a su prestigio, los hijos de la alta aristocracia empezaron a tomar los hábitos para acceder a cargos de enorme responsabilidad e influencia política. Como vemos, el éxito de Cluny significó el inicio de su perdición. El gran Odilón fue uno de los primeros en entender el problema. Según él «la sencillez se había convertido en boato y la madera se volvió mármol». Antes de continuar con nuestro viaje, trataremos de entender cómo fueron estos grandes monasterios en los que vivieron los monjes negros de Cluny.

Como ya sabemos, el conjunto arquitectónico estaba articulado en torno al claustro, un espacio cargado de simbolismo, utilizado por los monjes para meditar, realizar sus plegarias y, en no pocas ocasiones, para relajarse y sumirse en sus propios pensamientos. En el centro del claustro había un jardín con una fuente que evocaba al Paraíso y, a su alrededor, la típica galería cubierta desde la que se accedía a las principales estancias del monasterio, como la iglesia, la sala capitular y el refectorio. Por supuesto, no todos los monasterios eran iguales (en las grandes abadías podemos encontrar claustros secundarios que daban acceso a otras estancias como la enfermería o la hospedería), aunque era muy habitual la existencia de un segundo piso en el que estaban los dormitorios de los monjes, con unas habitaciones austeras y desprovistas de cualquier tipo de elemento ornamental que pudiese resultar ostentoso.

Dirigimos, ahora, nuestros pasos hacia la sala capitular, generalmente de planta cuadrada o rectangular, cubierta con una bóveda y con asientos de albañilería (o de madera) en tres de sus lados. En esta pequeña estancia, en la que el prior ocupaba el lugar central, se podían reunir los monjes todas las mañanas para celebrar el capítulo y poder debatir sobre los asuntos más importantes que afectaban a la comunidad. En la sala capitular no solo se discutía sobre los asuntos referentes al gobierno y administración del monasterio, también se anunciaban las fiestas más relevantes del calendario cristiano y, por último, era el lugar donde los nuevos aspirantes podían tomar el hábito. En cuanto al refectorio, era uno de los lugares comunes más frecuentados por la comunidad. Su puerta de acceso se abría hacia el claustro y podía estar precedido por un atrio donde los monjes, antes de entrar para la comida, podían asearse y lavarse las manos. Al ser una habitación destinada a albergar a un número alto de asistentes, el refectorio podía ocupar una de las alas del claustro, por lo que era más largo que ancho, estaba cubierto con una bóveda y, con frecuencia, sobre todo en los grandes monasterios, estaba dividido en dos naves por una fila de columnas. En su interior, los bancos y las mesas se situaban a lo largo de las paredes, dejando libre el centro, con la intención de favorecer el trabajo de los que se dedicaban a servir la comida. El refectorio estaba confiado a un monje cuyo principal cometido era garantizar el orden y la limpieza de la estancia, pero sobre todo tener bien abastecida la despensa donde guardaba los manteles y las vajillas, y productos de primera necesidad como el pan, la fruta, el queso, las cebollas y el vino, por lo que los servidores solo debían preocuparse por repartir los platos preparados en la cocina. Si estuviésemos en el interior de uno de estos refectorios, nos llamaría la atención el púlpito desde el que un lector, durante las comidas, recitaba pasajes de las Sagradas Escrituras.

Nos resistimos a abandonar este monasterio imaginario antes de dar un paseo por el interior de su biblioteca y el *scriptorium*. Muy probablemente, nuestro amigo lector recuerde alguna de las escenas de *El nombre de la rosa*, una fantástica película basada en el libro de Umberto Eco, aunque muy poco recomendada para aquel que quiera conocer el día a día de un monje en el interior de un monasterio medieval.

En páginas anteriores ya comentamos que, en un principio, el estudio se había basado en la *lectio divina* con fines ascéticos y como alternativa al trabajo manual, pero más tarde, sobre todo en el contexto de algunas órdenes como la de los Predicadores, se había llegado a afirmar que *monasterium sine armario, quasi castrum sine armamentario*; o lo que es lo mismo: un monasterio sin armario (para los libros) es como un campamento sin armamento. ¿Cómo eran estas bibliotecas? En general, eran lugares espaciosos, ventilados para evitar la humedad y favorecer la conservación de los libros; unos libros que, por cierto, no se guardaban, como hoy, de pie, sino echados sobre alguna de las lejas de los armarios divididos en compartimentos para clasificar las obras por materias (*facultates*). Dichos armarios tenían las indicaciones necesarias para encontrar cualquier tipo de libro, pero, además, el bibliotecario tenía la obligación de tener siempre actualizado el listado de obras. En la biblioteca podríamos encontrarnos algunos escritorios utilizados por los monjes para hacer anotaciones que podían hacerse sobre tablillas de cera, pergamino y, más tarde, sobre papel.

Relacionado con la biblioteca tenemos el *scriptorium*, uno de los lugares más significativos del monasterio medieval, aunque, como ya advertimos, la copia de libros nunca fue, al contrario de lo que muchos piensan, la actividad principal del monje durante estos siglos. Sí reconocemos la importancia de esta actividad, fundamental desde un punto de vista cultural al permitir la conservación de unas obras que, de otra manera, se habrían perdido irremediablemente. Toda gran abadía que se preciase de serlo contó con un gran *scriptorium* donde algunos monjes pasaban una buena parte del día inclinados sobre los libros que debían copiar por mandato del bibliotecario. En la mesa del monje encontramos todo lo necesario para llevar a cabo su trabajo. No faltaba la tinta, el *encaustum*, compuesta por sulfato de hierro y ácido gálico disueltos en aceite o vino al que se le añadía cola. La tinta se conservaba en cuernos de buey a modo de tinteros. Los copistas se servían del *calamum* para escribir, hecho con cañas cortadas o con plumas de oca y cisne convenientemente afiladas. Tampoco faltaban las reglas y los hilos de plomo para trazar las líneas sobre las que escribían, y la piedra pómez, usada como borrador. No nos cabe duda de que su trabajo era muy exigente, tanto que no era infrecuente observar al amanuense sufrir el llamado *calambre del monje*. Después de varios años de oficio, la vista del monje terminaba debilitándose hasta hacer imposible completar su trabajo, aunque, por fortuna, los copistas pudieron solucionar el problema mediante la utilización de unos espejos cóncavos que permitían agrandar las imágenes y los textos.

En las bibliotecas monacales más modestas se podían encontrar textos paganos de autores clásicos, pero la mayor parte de las obras eran religiosas. El libro por antonomasia era la Biblia, al que le sumamos los escritos por los padres de la Iglesia.

Hemos hablado sobre los lugares regulares, pero en el complejo monacal había otras estancias dedicadas a todo tipo de actividades: asistenciales y económicas. Sus características dependían de la riqueza e influencia del centro. Algunos monasterios, como el de Cluny, llegaron a acoger a un gran número de monjes y dispusieron de innumerables tierras trabajadas por pequeños campesinos. Del mismo modo, en el monasterio podían trabajar artesanos y laicos con funciones administrativas, por lo que tampoco faltaron los almacenes, establos, bodegas, lavaderos, sastrerías, boticas, enfermerías y hospederías. Otra de las partes importantes que merece la pena visitar es la huerta, de la que los monjes sacaban los productos necesarios para garantizar una dieta lo más equilibrada posible. Algunas huertas podían ser pequeñas; otras, en cambio, eran muy extensas y podían contar con todo tipo de instalaciones, desde norias, fuentes y canales hasta pequeñas ermitas que servían de retiro espiritual para los monjes. De igual manera, destacamos la construcción de nuevas dependencias como la hospedería para dar cobijo a los peregrinos, hospitales y lazaretos donde, en no pocas ocasiones, se cuidaba de los pobres, los desheredados y los más indefensos. San Benito había insistido en la necesidad de ejercer la caridad con los semejantes, por lo que, en general, los monjes llevaron a cabo esta labor con tremenda humanidad, en especial en la enfermería, el último de los lugares que visitaremos antes de terminar este recorrido por el interior del monasterio medieval.

La enfermería se solía situar en un lugar en el que se cumplía una serie de requisitos fundamentales para garantizar el bienestar de los convalecientes. Contaba con un dormitorio con habitaciones cerradas (*camerae*), caldeadas y, si era posible, bien iluminadas. Debido a las necesidades de los enfermos, tenía un refectorio propio y una cocina independiente en la que se preparaban todo tipo de platos en función de las necesidades de los ingresados. La enfermería disponía de todo lo necesario para garantizar su buen funcionamiento: ropa, vajillas, sillas adaptadas, estufas para calentarse, aceites y velas. Tampoco era extraño que la enfermería contase con un claustro propio, una pequeña capilla y un jardín a disposición del enfermo. Como vemos, los monjes no escatimaban esfuerzos a la hora de asegurar el bienestar de los menos afortunados, los ancianos y los que no podían valerse por sí mismos. Sirva como ejemplo las palabras del beato Humberto a sus hermanos dominicos:

Es necesario tener con los enfermos el máximo cuidado, porque ésa es la obra de misericordia mayor de todas. Ninguna de las miserias que la misericordia tiene por objeto hiere a los hombres de forma más grave que la enfermedad: ni el hambre, ni la sed, ni la desnudez, ni la falta de techo, ni la prisión con todas sus consecuencias, porque ninguna de éstas hace al hombre tan incapaz de liberarse de ellas como la enfermedad (…). Así como el mismo nombre de misericordia sugiere tener a los míseros en el corazón y consiguientemente a los que son más, los religiosos deben ejercitar esta virtud sobre todo con los enfermos, porque están más necesitados que cualquier otro y deben de tener para ellos cuidados y atenciones especiales.

El principal responsable de garantizar este importante trabajo asistencial era el enfermero mayor, al que se le exigía paciencia frente a las necesidades de los enfermos y comprensión para sus sufrimientos. Cuando la situación lo requería se podía acudir al médico, pero en la mayor parte de las ocasiones era el enfermero el que debía tomar las medidas necesarias y preparar los fármacos más adecuados mediante algunas plantas suministradas por el hortelano. Con ellas, se elaboraban todo tipo de infusiones, jarabes, pomadas, ungüentos, cataplasmas, colutorios y colirios; imaginará el lector que estos remedios no siempre conseguían revertir la enfermedad (otras veces, sí), pero al menos podían servir de alivio a sus dolencias. El enfermero mayor también era el responsable de acoger, de manera caritativa y misericordiosa, al enfermo, y después le asignaba una cama. Por supuesto, contaba con la ayuda de otros hermanos encargados del servicio y asistencia a los pacientes, los *servidores de los enfermos*, encargados de vestir al necesitado, de hacerles las camas, lavarlos y cambiarles el orinal y, si era necesario, darles la comida y las medicinas prescritas. Tampoco era raro encontrarlos despiertos toda la noche si consideraban necesario velar al enfermo. No solo los que trabajaban en la enfermería se preocupaban por el bienestar del convaleciente, el prior y el resto de los hermanos también debían mostrar caridad y hacer visitas para dedicarles palabras de consuelo y realizar la confesión sacramental para tranquilizar su conciencia.

Junto a la enfermería, en los monasterios solía ubicarse una botica que suministraba los productos necesarios y los remedios contra las enfermedades comunes. Una de las boticas mejor conservadas es la del monasterio de Santo Domingo de Silos, en Burgos, donde podremos encontrar un pequeño museo en el que visualizaremos lo que realmente era una botica monacal.

Terminamos este apartado recogiendo las palabras de Pietro Lippini, que nos sirven para rendir homenaje a aquellos que, con tanta humanidad y vocación, antes como ahora, han dedicado su vida al cuidado de los más desfavorecidos:

Acostumbrados a nuestras clínicas y a nuestros hospitales modernos, que están dotados de tantos servicios y aparatos especializados de que el hombre medieval no podía disponer (…) podemos haber sacado una impresión penosa. Cierto que en aquella época la medicina estaba todavía en mantillas, la cirugía era casi inexistente (…). Pero en el campo de la asistencia, aunque hecha con menos técnica, pero con mucha más caridad tiene innegablemente muchos puntos de ventaja sobre las modernas y sofisticadas estructuras sanitarias, de las que hoy, sintiéndonos orgullosos, somos un poco esclavos y no podemos, aun queriéndolo, liberarnos. ¡Cuánto más serena debía ser para un enfermo la estancia en una silenciosa habitación del convento! ¡Cuánto más amorosa y solícita la asistencia prestada no por un asalariado, sino por un hermano caritativo!.

En la Edad Media, a partir del cambio de milenio, se suceden distintos factores que contribuyeron al renacimiento de la arquitectura religiosa. Además de las condiciones históricas más favorables, tenemos una mayor seguridad política por el final de las segundas invasiones, el crecimiento demográfico y económico, el descubrimiento de técnicas arquitectónicas cada vez más elaboradas y, por encima de ellas, el renacimiento de la vida monacal con las órdenes de Cluny y el Císter. Tanto el románico como el gótico nos hablan sobre el afán de recuperar la belleza por parte de los artistas cristianos de la Edad Media para acercarse al misterio de Dios. Uno de los grandes teólogos del siglo XX, H. Urs von Balthasar, autor de *Gloria. Una estética teológica*, propone la restitución de lo bello en el centro de la meditación cristiana, ya que, frente a lo que ocurre en tiempos anteriores, en el mundo actual, incapaz de afirmar la belleza, los argumentos en favor de la verdad están agotando su fuerza.

LAS ÓRDENES MENDICANTES

Con la reforma gregoriana se intentó elevar la vida espiritual de los clérigos, por lo que, poco a poco, en algunas comunidades (catedrales, colegiatas, etc.) se difundió la vida en común, según una regla en la que se combinaba el oficio clerical y la vida apostólica. Fue así como aparecieron los canónigos regulares, que practicaban la *vita canonica*, la comunidad de dormitorio y refectorio, distintos de las órdenes monásticas porque en ningún momento se plantearon el «alejamiento del mundo», sino continuar con su ministerio público de los sacramentos y el apostolado. Entre los canónigos regulares destacaron los de san Juan de Letrán, los de san Víctor y, por encima de los demás, los de san Norberto en Prémontré, que dio lugar a la Orden Premonstratense (mostense en España), con una destacable actividad misionera y cuya influencia perdura hasta nuestros días.

Durante estos siglos centrales de la Edad Media, la vida religiosa disfrutó de una época de extraordinario florecimiento espiritual. Además de los canónigos regulares, aparecieron otras ramas monásticas como la del Císter y, algo más tarde, los frailes mendicantes llamados a imitar el ejemplo de Jesucristo y la práctica de la vida evangélica. Veamos, a continuación, qué fue la orden cisterciense y su papel a la hora de restaurar los principios propuestos por san Benito. Estamos en las postrimerías del siglo XI; en marzo de 1098 un grupo de monjes dirigidos por el abad Roberto de Molesmes abandonaron su comunidad y se establecieron en un lugar apartado, en el bosque de Citeaux (Císter) con el propósito de fundar una nueva abadía, en la que se observase, estrictamente, la regla benedictina. Allí, el fundador y sus fervorosos acompañantes dieron ejemplo de entrega y comenzaron a vivir en modestas cabañas hechas de madera y rodeados por una naturaleza hostil. Gracias a la generosidad de Eudes I de Borgoña y sus primos los vizcondes de Beaune, que cedieron unas tierras aledañas a la comunidad, los monjes pudieron erigir una pequeña iglesia que supuso el germen de una orden monástica llamada a convertirse en una de las más influyentes de la cristiandad. Con el paso de los años fueron apareciendo nuevos monasterios que siguieron la misma observancia y, para todos ellos, Esteban Harding redactó la *Charta caritatis*, en la que se establece la igualdad entre los monasterios de la orden, aunque reconociendo la autoridad suprema del considerado «abad padre» de Císter.

La *Charta caritatis* pretendió la formación de una estructura centralizada y jerárquica, una comunidad en la que se pretendía retornar a la primitiva simplicidad de los primeros siglos. La austeridad se reflejó en la vida del monje, en su forma de vestir, de alimentarse y comportarse, por lo que el trabajo manual adquirió mayor importancia. Desde ese momento, los hábitos blancos sirvieron para distinguir a los monjes del Císter de los cluniacenses. Esta sencillez también debía reflejarse en los nuevos templos, favoreciendo la aparición del gótico, y de unos monasterios que empezaron a levantarse en lugares solitarios y sostenidos gracias al trabajo de la tierra realizado por los mismos monjes. La necesidad de disponer de mano de obra llevó a la creación de una nueva clase de monjes, los hermanos legos, dispensados de varias obligaciones para atender las labores agrícolas.

El impulsor de la orden fue Bernardo de Claraval, el gran mentor de la cristiandad durante una buena parte de este prolífico siglo XII. Su trabajo al frente de la comunidad, cuyo futuro seguía siendo incierto hacia el 1112, fue tan importante que, a su muerte, en 1154, la orden ya contaba con varios cientos de casas repartidas por una buena parte del continente europeo, incluida España, donde el Císter dejó una impronta imborrable con unos fabulosos monasterios que, en algunos casos, han llegado hasta nuestros días. Junto al Císter, nacieron otras congregaciones de observancia benedictina, como la de los cartujos, llamada de esta manera por el valle alpino de Chartreuse, donde terminó estableciéndose su fundador, san Bruno, que alumbró la idea de unir la vida solitaria y la cenobítica en una orden cuyos miembros, dedicados a la contemplación divina, optaron por una vida en absoluto silencio.

El siglo XIII fue el de mayor apogeo de la cristiandad, el momento en el que en la Iglesia aparecieron hombres santos que hicieron de la pobreza evangélica la virtud fundamental de la vida religiosa. Estamos hablando de hombres de la talla de san Francisco de Asís y santo Domingo de Guzmán, fundadores de las dos órdenes mendicantes con más peso de la Baja Edad Media, la de los franciscanos y la de los dominicos, que renunciaron a los bienes propios para vivir de la caridad y la limosna de los fieles. A estas alturas del Medievo, el feudalismo va quedando atrás; los nuevos tiempos traen consigo el aumento de poder de la burguesía, la clase más dinámica de la sociedad, y el auge de la vida urbana, por lo que las órdenes mendicantes ya no van a construir los conventos en zonas apartadas, sino en el corazón de las ciudades con la misión de predicar la palabra de Dios al pueblo cristiano que se aglutina en las bulliciosas calles de las principales urbes europeas. De igual forma, la aparición de los franciscanos y de los dominicos coincide con el resurgir de los estudios teológicos y la aparición de las primeras universidades, donde destacaron numerosos frailes que contribuyeron, de forma decisiva, al sustancial crecimiento del saber y la ciencia cristiana en un momento calificado por muchos, de forma absurda, como la oscura Edad Media. Veamos ahora quién fundó y la naturaleza de estas órdenes que cambiaron el mapa religioso de la cristiandad durante este siglo XIII.

En su Audiencia general del 13 de enero de 2010, el papa Benedicto XVI aseguró:

> Los santos, guiados por la luz de Dios, son los auténticos reformadores de la vida de la Iglesia y de la sociedad. Maestros con la palabra y testigos con el ejemplo, saben promover una renovación eclesiástica estable y profunda, porque ellos mismos están profundamente renovados, están en contacto con la verdadera novedad: la presencia de Dios en el mundo. Esta consoladora realidad, o sea, que en cada generación nacen santos y traen la creatividad de la renovación, acompaña constantemente la historia de la Iglesia, en medio de las tristezas y los aspectos negativos del camino.

Como ejemplos de este tipo de santos podemos destacar a san Francisco y santo Domingo. El primero, un auténtico «gigante de la santidad», fue el fundador de la orden franciscana, un santo que, muy pronto, sintió la llamada de Dios y se retiró del mundo para vivir en soledad. De él sabemos que nació en Asís, en el seno de una familia acomodada, a finales de 1181 o principios del año siguiente. También sabemos que tuvo una adolescencia tranquila y que cultivó los ideales caballerescos, pero, después de una poco afortunada experiencia militar, regresó a su pueblo natal e inició un gradual proceso de conversión espiritual, pudiendo situar en estos momentos iniciales los célebres episodios del encuentro con el leproso y del mensaje del crucifijo en la pequeña iglesia de San Damián: «Ve, Francisco, y repara mi Iglesia en ruinas», interpretado como una llamada a la renovación de la Iglesia que, por aquel entonces, se encontraba en una situación de profunda decadencia moral y espiritual.

Debemos suponer que el padre del joven Francisco no

vio con buenos ojos el giro en la vida de su hijo, así como su excesiva generosidad con los pobres, por lo que el futuro santo, en un gesto simbólico, decidió desprenderse de sus vestidos y renunciar a la herencia paterna para entregarse a Dios y vivir como un eremita en la pobreza y en la predicación. En 1209, san Francisco y un grupo de seguidores fueron a Roma y presentaron al papa Inocencio III su proyecto de renovación que tuvo una excelente acogida, por lo que la nueva orden, destinada a dar insignes frutos de santidad, experimentó un crecimiento asombroso. Durante los últimos años, ya con los estigmas de la pasión sobre su cuerpo, Francisco optó por retirarse para dedicarse a la oración y la predicación hasta la fecha de su muerte acontecida el 3 de octubre de 1226.

San Francisco de Asís, patrono y precursor del ecologismo (distinguir del animalismo), es uno de los santos más aclamados y que más veneración han despertado entre los fieles católicos; un hombre que ayudó a cultivar la pobreza interior para crecer en confianza hacia Dios mediante un estilo de vida sobrio y alejado de las pasiones materiales que nos sumergen en el desconsuelo.

Por desgracia, el éxito de la orden quedó empañado por el problema provocado por las disensiones internas entre los que defendían una interpretación literal de la regla, en cuanto a la práctica de la pobreza, y los partidarios de la observancia mitigada. Buenaventura, quien gobernó la orden de san Francisco durante diecisiete años, consiguió, temporalmente, un cierto entendimiento entre ambas tendencias, pero, a su muerte, se reavivaron las disputas entre los sectores más moderados y los rigoristas, o espirituales, muchos de los cuales terminaron abandonando la comunidad para crear la secta cismática de los *fraticelli*.

En lo que se refiere a la Orden de Predicadores, el fundador es Domingo de Guzmán, otro de los grandes santos que orientó su vida hacia la búsqueda de la gloria de Dios. Domingo nació hacia el 1170 en la villa burgalesa de Caleruega. Sus padres, Félix de Guzmán y Juana de Aza, tenían un enorme prestigio entre sus vecinos, ya que pertenecían a linajes con un papel muy destacado en la Reconquista. De su familia, Domingo heredó, además de su profunda vocación evangelizadora, su generosidad, un espíritu emprendedor y el compromiso por servir fielmente al reino y a la Iglesia. El pequeño Domingo fue bautizado en la iglesia románica de San Sebastián, en una pila bautismal que aún se conserva y cuya visión evoca el recuerdo de un hombre santo que decidió dedicar su vida a la predicación por su deseo de «ganar almas para Cristo».

Su infancia transcurrió de forma tranquila, ante la mirada protectora de su amada madre, «la santa abuela», quien le inculcó la fe y le enseñó las primeras letras. Se cree que Domingo, cuando podía disfrutar de algo de tiempo libre, pasaba las horas en lo alto del torreón de los Guzmanes, con la mirada fija en un horizonte desconocido para él y que no tardó en traspasar. Las primeras señas que anunciaban una vida fuera de lo común se produjeron a temprana edad, porque, según sus biógrafos, en una ocasión su madre parece que dio el vino que conservaba en su hogar a los pobres mientras su marido, don Félix, estaba en una expedición militar. Cuando el noble castellano se enteró de lo ocurrido pidió a doña Juana que sirviese vino a sus acompañantes, por lo que su esposa, completamente abatida, empezó a rezar junto a Domingo en las bodegas de su mansión hasta que se obró el milagro porque, de forma increíble, los barriles volvieron a llenarse y su marido pudo degustar caldos de excelente calidad. Poco importa el carácter legendario de este suceso, aunque no está de más recordarlo como muestra de la temprana preocupación que sintió Domingo de Guzmán por enseñar el poder de la oración para hablar con Dios: «*cum Deo vel de Deo semper loquebatur*».

Con siete años, se puso bajo la protección de su tío, el arcipreste Gumiel de Izán y hacia el 1185 llegó a la Escuela diocesana de Palencia, donde permaneció diez años dedicado al estudio y a la oración. En la que sería primera universidad española estudió Dialéctica, Teología y Sagrada Escritura, aunque también desarrolló esa personalidad tan humana y espiritual que siempre le definió. En 1196 Domingo ya había terminado sus estudios, por lo que marchó hacia Osma, donde conoció a su gran amigo y compañero el obispo Diego de Acebes (o Acebedo) y al obispo Martín de Bazán. Allí pasó los siguientes años, hasta 1203, ejerciendo de sacristán de cabildo, suprior y preparándose para la gran misión a la que estaba llamado.

El origen de la orden de los dominicos podemos situarlo en la primavera de 1203, cuando el rey castellano Alfonso VIII pidió al obispo Diego de Acebes que marchase hasta Dinamarca en una importante misión diplomática. Quiso Acebedo contar con la compañía de su fiel amigo Domingo, por lo que ambos emprendieron un largo viaje que los llevó a recorrer lejanas tierras y a adentrarse en un mundo desconocido. Durante sus infinitas horas de marcha, lejos de la tierra que los vio nacer, los dos religiosos tuvieron ocasión de comprobar la terrible situación en la que se encontraban los miles de cristianos, guiados por hombres sin formación, sin demasiados escrúpulos y, en definitiva, alejados del mensaje de Cristo. Tan estremecidos quedaron los religiosos españoles que decidieron informar al papa Inocencio III. Fue entonces cuando se produjo un acontecimiento que marcó su vida.

En su camino de regreso a España, pasó por el Mediodía francés, por una tierra que terminó cautivándole, donde proliferaba la herejía de los cátaros. Una noche, después de una larga jornada de viaje se hospedó en una posada cuyo dueño era cátaro. Lo que vamos a narrar ahora bien merece ser considerado como otro de esos momentos estelares en nuestra historia porque, tras toda una noche de diálogo razonado con el religioso español, el hospedero recuperó la fe antes de que el sol volviese a aparecer por el horizonte. Con la satisfacción del trabajo bien hecho, santo Domingo decidió consagrar su vida a luchar contra esa herejía cátara que había logrado prosperar entre las gentes del Languedoc. Domingo comprobó, para su desesperación, que los herejes cátaros estaban siendo utilizados (y no se equivocaba) por unos poderosos que utilizaron la religión como herramienta con la que aumentar sus privilegios terrenales. También se percató de los enormes errores doctrinales de los diáconos cátaros, los hombres buenos, que rechazaban la materia y todo lo creado por considerarlo pecaminoso y obra del Maligno. Los cátaros no eran más que unos simples gnósticos dualistas, incapaces de comprender la esencia del mensaje de Cristo; por eso, ambos frailes, Domingo y Acebedo, retrasaron su regreso a España para poder ayudar a estos pobres descarriados con la esperanza de que volviesen a abrazar la fe verdadera.

Santo Domingo de Guzmán siempre tuvo claro los pasos que debía dar. Para él, el problema fue la deficiente pedagogía con la que se había intentado convencer a los cátaros, por eso defendió la fórmula de llegar a su corazón actuando con la humildad de Cristo: «no llevéis con vosotros oro, ni plata, ni alforjas para el camino, ni dos túnicas, ni sandalias, ni bastón» (Mateo 10, 9-10). Desde ese momento, los castellanos consiguieron que las conversiones se multiplicasen, ya que su mensaje se empezó a extender por los hombres y mujeres de las principales ciudades de la región como Toulouse, Montpellier y Carcasona.

En 1207 se instaló en Prulla, donde el catarismo había arraigado con fuerza. Por desgracia su entusiasmo se vio ensombrecido por causa de acontecimientos sombríos que le causaron una honda conmoción, como fueron la muerte de su queridísimo amigo Diego y por el estallido de la terrorífica cruzada contra los cátaros en 1209. Con los ojos inundados en lágrimas, Domingo contempló como el brutal Simón de Monfort regaba con sangre los pueblos y ciudades de la región de Albi. Escandalizado por la actuación de los inmisericordes cruzados, Domingo puso el grito en el cielo y clamó para que se frenase la violencia desenfrenada. Terminada la pesadilla, Domingo permaneció en Prulla hasta 1213, dando forma a la idea de crear una orden religiosa, dedicada al estudio y a la evangelización, teniendo como modelo la experiencia de los apóstoles. En 1215, el obispo Fulco de Toulouse aprobó, por fin, la existencia de una primera comunidad dirigida por Domingo de Guzmán. El español estaba contento por lo conseguido, pero no del todo satisfecho, ya que su deseo siempre fue la predicación en el conjunto del mundo cristiano. La ocasión se presentó cuando Inocencio III convocó el IV Concilio de Letrán del que hablaremos en páginas venideras. Fulco y Domingo de Guzmán emprendieron la marcha para entrevistarse con el papa. Inocencio III no vio con malos ojos la propuesta de sus visitantes por lo que dio su visto bueno, no sin antes recomendarles que eligiesen una regla que, al final, fue la de san Agustín.

Con todo preparado, Domingo regresó a Roma, pero su llegada coincidió con la inoportuna muerte de Inocencio III. El religioso español se entrevistó entonces con el nuevo papa Honorio III que quedó encantado con el proyecto, por lo que el 21 de enero de 1217 confirmó la orden y le dio el título de predicadores:

> Aquel que insistentemente fecunda la Iglesia con nuevos hijos, queriendo asemejar los tiempos actuales a los primitivos y propagar la fe católica, os inspiró el piadoso propósito de abrazar la pobreza y profesar la vida regular para consagraros a la predicación de la palabra de Dios, evangelizando a través del mundo el nombre de nuestro Señor Jesucristo.

La Orden de Predicadores ya había sido fundada; el sueño se había hecho realidad. Ahora, el objetivo era expandirla, hacer que las palabras de Cristo llegasen a todos los reinos de Europa. La tarea no iba a resultar nada fácil, porque, a estas alturas de su vida, la salud del castellano empezó a ser más frágil, debido, en parte, a la rígida disciplina que se había impuesto desde su adolescencia. A pesar de todo, Domingo siempre fue un hombre con una voluntad de hierro y reacio a doblegarse ante las dificultades. Al ser consciente de que no le faltaban muchos años de vida, se empleó en cuerpo y alma para que la orden quedase implantada en los principales centros de estudios de Europa, entre ellos Oxford, París y Salamanca. Especial ilusión le hizo propagar la Orden de Predicadores en su tierra natal, en España, por eso, tras la fundación del convento de Bolonia en 1218, donde pocos años más tarde fue enterrado, se dirigió, siempre a pie, y mendigando el pan, hacia Castilla, donde Domingo fundó los conventos de Segovia, Brihuega, Vitoria y Salamanca.

Con el corazón henchido de gozo, y con la satisfacción del trabajo bien hecho, Domingo regresó a Francia, donde siguió fundando monasterios y conventos. El 17 de mayo de 1220, sintiéndose cada vez más débil, presidió el primer Capítulo General de la Orden en Bolonia donde se aprobaron las normas por las que se debían regir los frailes dominicos, siempre dejándose llevar por el estudio y la imitación de los apóstoles. El final se intuía cercano, por lo que el año siguiente, en medio de una profunda veneración, Domingo se recluyó en el convento de Bolonia y, rodeado por los suyos, entregó el espíritu el día 6 de agosto de 1221, Fiesta de la Transfiguración del Señor. Por fortuna, santo Domingo de Guzmán tuvo hábiles sucesores al frente de esta orden, que hicieron del estudio y la formación intelectual su seña de identidad. Este es el principal motivo por el que una buena parte de los grandes teólogos y pensadores católicos de los siglos posteriores naciesen en el seno de esta orden cuya influencia será fundamental para comprender el florecimiento cultural, filosófico y científico que preludia la llegada de una nueva época: el Renacimiento.

Santo Domingo de Guzmán nació hacia el 1170 en la pequeña villa de Caleruega, muy cerca de Silos. Sus biógrafos nos cuentan que fue un hombre reservado, estudioso y de carácter alegre y solidario. En una ocasión en la que Palencia sufría una terrible hambruna llegó a vender aquello que más apreciaba, sus libros, debido a su deseo de ayudar al prójimo, ya que, según él, no podía estudiar las pieles muertas de los pergaminos, mientras las vivas, las de sus vecinos, se morían de hambre. Es más, algo más tarde el religioso propuso ocupar el lugar de un hombre que había sido capturado y convertido en esclavo después de una incursión musulmana.

PADRES DE EUROPA

LA PORNOCRACIA Y LA «PAPISA» MAROZIA

Tras el fraccionamiento del Imperio romano, el Imperio oriental se alzó como el protector del papado cuya situación se tornó crítica con la irrupción de los díscolos longobardos. Debido a su debilidad interna, a los conflictos religiosos y al imparable avance de los ejércitos musulmanes, la protección bizantina se hizo menos eficaz, por lo que, cada vez más, tendieron a desentenderse de los problemas de Occidente. Esta era la situación del pontificado romano en el siglo VII, por lo que, necesitados de un brazo secular que garantizase su supervivencia, los papas volvieron los ojos hacia el único reino cristiano occidental, el de los francos, que estaba en condición de erigirse en el campeón del papado y cumplir la misión encomendada.

Por aquel entonces, la coyuntura del reino franco parecía la más adecuada para asumir dicha función. Desde Carlos Martel el poder del reino había caído en manos de los mayordomos de palacio, por lo que Pipino, uno de sus hijos, planteó el problema de la realeza al papa Zacarías: ¿quién era más digno de llamarse rey, el que lo era solo de nombre (en este caso se refería al último monarca merovingio) o aquel que detentaba el poder efectivo (el propio Pipino)? La respuesta del papa supuso el final de la prestigiosa dinastía merovingia y el nacimiento de la Francia carolingia.

La decisión abrió el camino para la proclamación de Pipino, mientras que el merovingio Childerico III terminó sus días en un monasterio. Por desgracia para el nuevo rey, el inicio de su etapa de gobierno no fue tranquilo, porque el papa Esteban

II (752-757) se presentó inmediatamente en su palacio para pedirle ayuda ante la amenaza longobarda. Sin pensárselo dos veces, el rey se comprometió a iniciar una campaña bélica, por lo que Esteban, encantado, le ofreció el título de *patricius romanorum* que implicaba la idea de soberanía y de protección al papado. Tras las victoriosas campañas de los años 754 y 756, y ante la incrédula mirada y las pertinentes protestas de los bizantinos, Pipino mandó restituir al papado el ducado de Roma, el exarcado de Rávena y la Pentápolis, en la costa adriática, siendo este el origen del Estado Pontificio.

Carlomagno, el nuevo David, fue un personaje fundamental para comprender la naturaleza de la Iglesia durante la Edad Media. Al tener una concepción teocrática del poder, se fijó como objetivo propagar la fe y llevar la civilización cristiana a los pueblos que logró someter durante su reinado.

El camino recorrido por Pipino lo completó su hijo Carlos, quien, llamado por el papa Adriano I, aplastó al ejército longobardo en Pavía en el año 774 y tomó para sí el título de rey de los longobardos. Para la consolidación del cristianismo tuvo una gran importancia la política de conquistas de Carlomagno, ya que terminó incorporando a su imperio no solo la Italia central y septentrional, sino también los territorios de los sajones, bávaros, eslavos y la Marca Hispánica (hasta el Ebro), unas regiones donde se impuso el cristianismo y las estructuras eclesiásticas. Carlos, el nuevo David, tal y como se le conocía en el círculo de amigos más cercano, tenía una concepción del poder de tipo teocrático, por lo que la propagación de la fe y de la civilización cristiana, con la mira puesta en la instauración de un tipo de sociedad cristiana, se convirtió en el objetivo principal de su política. Carlos, puesto al frente del pueblo de Dios, fijó su residencia en Aquisgrán, convertida en centro cultural de Occidente, en el que se dieron cita algunas de las mentes más preclaras del momento.

Al considerarse un elegido, Carlos se puso al frente de la Iglesia y se reservó el poder de disponer de los bienes eclesiásticos, de asignar obispados y monasterios y de designar cargos políticos y militares entre los miembros del alto clero, por lo que, en su época, no fue extraño encontrar hombres de la Iglesia al frente de poderosos ejércitos. Todo ello conllevó la relajación de las tareas espirituales de una buena parte del clero, por lo que podemos asegurar, sin riesgo a equivocarnos, que la futura crisis de la Iglesia se empezó a gestar en estos momentos de expansión. No nos adelantemos. Antes viajemos hasta el 799, cuando el papa León III fue atacado por sorpresa el día de la procesión de san Marcos. Aterrorizado por el desafío a su poder, el santo pontífice buscó la protección de Carlomagno, que mandó reponer al papa de forma inmediata para, después, viajar hasta Roma para ser coronado como emperador en la basílica de San Pedro en la noche de Navidad del año 800. La coronación encerraba una extraordinaria significación, ya que, tras un paréntesis de más de tres siglos, renacía la idea de un imperio occidental frente al poder del emperador de Constantinopla.

El nuevo Imperio carolingio iba a ser latino, germánico, cristiano y con la misión de defender la sede romana, pero, a pesar de su aparente fortaleza, adolecía de una fragilidad y debilidad congénita, por lo que, a la muerte de Carlomagno, se inició una vertiginosa decadencia caracterizada por el decaimiento de la autoridad, el fraccionamiento territorial y la crisis social. El orden imperial cedió ante la disgregación feudal y una de las principales perjudicadas fue la Iglesia, aunque, en un principio, demostró más capacidad de resistencia tal y como se pone de manifiesto en el Tratado de Verdún del 843 cuando los límites de las diócesis se mostraron más firmes que la propia organización estatal. A Luis el Germánico le correspondió la parte oriental del Imperio franco, mientras que Carlos el Calvo se hizo con el control de la región occidental y Lotario, hasta la fecha de su muerte en el 885, de la franja intermedia que iba desde Frisia hasta Italia. Con la desaparición del reino carolingio, la dignidad imperial recayó en soberanos no francos, en un primer momento incapaces de proteger los intereses del Estado Pontificio, por lo que la sede apostólica empezó a ser disputada por las principales facciones feudales dominantes en Roma como los Crescencios o los Tusculanos, quienes sometieron al papado a una tiránica opresión. Lo peor de todo es que por influencia de estas familias la sede romana pasó a estar ocupada, en muchas más ocasiones de las deseadas, por individuos de un nivel moral lamentable.

Son momentos de crisis. A los peligros por la anarquía reinante se le suman las amenazas de las nuevas invasiones de los sarracenos, normandos y magiares. El pueblo, incapaz de defenderse y sobrevivir en un ambiente de tanta inseguridad, buscó protección en la casta nobiliaria militar, sentando las bases de lo que fue la sociedad feudal. Como reflejo de esta situación adversa, de desmoronamiento de la Iglesia, que alcanzó proporciones dramáticas en el siglo x, tenemos la fábula de la papisa Juana que nos habla sobre una muchacha de enorme talento que, disfrazada de hombre, consiguió la dignidad papal y gobernó la Iglesia durante dos años. Al parecer, el engaño se habría descubierto durante una procesión, cuando la muchacha se puso de parto para monumental sorpresa de sus acompañantes. La leyenda de la papisa Juana nada tiene que ver con la realidad, pero nos ayuda a comprender la naturaleza de una época marcada por las luchas de poder, en la que la nobleza empieza a lucrarse con los bienes de la Iglesia y en la que los abusos de unos obispos indignos están a la orden del día. Es el *saeculum obscurum* o *saeculum ferreum* de los que habló Cesare Baronio para referirse al desmoronamiento de la Iglesia y el papado por la influencia de los poderes particulares.

El Concilio cadavérico de Formoso se produjo cuando el papa Esteban VI acusó al antiguo pontífice de haber accedido al papado ilegalmente. Al final del juicio, Formoso fue declarado culpable y su papado fue declarado nulo.

Los pontífices (entre el 880 y el 1046 se suceden cuarenta y ocho papas) cada vez vivían más inmersos en tareas mundanas y poco edificantes, incluida la guerra. Mientras tanto, el pueblo, asombrado, era testigo de las luchas y las ambiciones de las grandes familias y los grupos romanos de poder, que protagonizaron acontecimientos deshonrosos como las dobles elecciones papales. Entre los episodios menos edificantes tenemos el famoso juicio cadavérico del papa Formoso, un papa que coronó a Lamberto de Espoleto como emperador, pero que luego pidió ayuda al rey germano Arnulfo de Carintia, a quien también coronó. Después de la muerte de Formoso, el pontífice Esteban VI, favorable a Espoleto, organizó el terrorífico Concilio cadavérico en el 897, por el que el cadáver fue llevado al tribunal para ser juzgado, condenado y posteriormente arrojado a las aguas del Tíber.

A este *saeculum obscurum* se le ha llegado a denominar como el de la pornocracia romana, iniciada en 904 con la elección como papa de Sergio III gracias al apoyo de Teofilacto, senador romano, cuya hija, Marozia, dominó la política pontificia e influyó en la elección de distintos papas. Marozia, la papisa, se casó tres veces y fue amante de Sergio III. De ella se dice que tenía una gran belleza y que su madre, Teodora, le habría enseñado las artes amatorias, llegando incluso a participar, junto a su propia madre, en tórridos *ménage à trois*. Con este currículo no es de extrañar que Marozia participase en la elección de alguno de los papas más inmorales de toda la historia eclesiástica. Su propio hijo, fruto, supuestamente, de una relación con Sergio III, subió al solio pontificio con el nombre de Juan XI, pero fueron derrotados por Alberico II de Espoleto, bajo cuyo reinado mejoró la situación de la Iglesia. Como curiosidad cabe destacar que el hijo de Alberico, Octaviano, cambió su nombre por el de Juan XII y que, a partir de este siglo X, se generalizó la costumbre de tomar un nombre nuevo al ser elegido papa. Juan XII siempre ha sido considerado como uno de los peores papas de la historia, un ser sin principios y lujurioso, al que se le atribuyen todo tipo de violaciones e incluso prácticas incestuosas con sus hermanas. De él se dice que murió el 14 de mayo de 964 después de un certero martillazo en la cabeza, propiciado por un marido cuando sorprendió al papa en el lecho de su mujer. Otra versión asegura que la muerte se produjo de forma menos traumática y algo más placentera, como consecuencia de una apoplejía en pleno acto sexual.

El pontificado de Juan XII es uno de los más nefastos de la historia de la Iglesia. Al «Papa Fornicario», como se le conoció, se le han atribuido conspiraciones de asesinato, violaciones de peregrinas y relaciones pecaminosas con sus propias hermanas.

Ante esta situación no es extraño que muchos, cada vez más, reclamasen la aparición de un poderoso, de un hombre de hierro, capaz de volver a poner orden en la Iglesia. La situación vivida en Roma solo podía cambiar con la intervención de alguien que se hiciese respetar. Esa persona surgirá en el seno de la naciente dinastía germánica que, con el paso de los años, va a terminar dando forma al Sacro Imperio Romano Germánico.

Alemania a principios del siglo x se encontraba fragmentada en distintos ducados tribales, pero en el 936 empezaron a gobernar los primeros reyes de las dinastías sajonas, hombres con fuerza y gran determinación que supieron defender y ampliar las fronteras de su reino. Entre ellos destacó Otón I el Grande (936-973), al igual que Carlomagno, uno de los grandes constructores de la Europa cristiana. Hijo del fundador de la dinastía sajona, Otón fue el primer monarca que gobernó en toda Alemania, siendo un férreo defensor de la política emprendida por su padre: estamos hablando de la imposición del cristianismo a todos los pueblos vencidos o aliados. Fue, del mismo modo, un genial estratega que llevó a cabo victoriosas campañas militares contra eslavos y magiares, pero su gran éxito fue su coronación en Roma en febrero de 962 después de acudir en defensa del papa Juan XII, nieto de Marozia, debido a la invasión húngara. Por el *privilegio otoniano* (promesa de sometimiento de Roma y el papa al emperador), el Imperio germánico sucedió al carolingio como Imperio cristiano occidental, por lo que Otón asumió la responsabilidad de proteger los Estados Pontificios y el privilegio de controlar las elecciones papales. Efectivamente, al emperador ya no se le considera un simple defensor del papa, sino como un monarca que pretendía reducir la Iglesia a la condición de un simple protectorado imperial. De esta manera, el emperador quedaba con las manos abiertas para nombrar y deponer papas a su entera voluntad. La Iglesia totalmente sometida a los poderes temporales no tardará en reaccionar para reconquistar su libertad y luchar contra la degradación moral de parte de su jerarquía.

Esta situación de sumisión se prolongó durante los reinados de Otón II, mientras que con Otón III (983-1002) se intenta establecer un imperio universal en Occidente, heredero de Roma, en el que el papa sería una especie de primer sacerdote y Roma la más importante Iglesia privada del emperador. A

Otón III no le tembló el pulso cuando hizo y deshizo papas, pero su muerte prematura trató de ser aprovechada por las grandes familias romanas para recuperar su protagonismo en la elección del santo padre. De poco sirvió el intento, porque la intervención de Enrique III terminó poniendo fin al dominio feudal de dichas familias en los Estados Pontificios. La mano imperial se hizo cada vez más poderosa en Roma, aunque, durante su gobierno, el papa León IX llegó a imponer su voluntad de acceder al papado si su elección era confirmada por el clero y el pueblo de Roma. Fue un paso importante, pero habrá que esperar a la reforma gregoriana para detectar los primeros síntomas del intento serio de la Iglesia de recuperar sus libertades frente a las pretensiones de los poderes seculares.

EL ICONOCLASMO Y EL CISMA ORIENTAL

La división del Imperio romano puso al descubierto las diferencias entre Occidente y Oriente, no solo en lo que respecta a las estructuras socioeconómicas, sino también, y muy especialmente, en el terreno religioso y eclesiástico. Desde el 395, con Teodosio, la división política es definitiva, aunque se mantuvo la unidad eclesial. El emperador, al igual que sus sucesores, hicieron del cristianismo la religión oficial, por lo que los asuntos religiosos se fueron convirtiendo en contiendas políticas muy poco edificantes. Uno de los primeros problemas fue el de las diferencias doctrinales entre Roma y los patriarcados orientales, donde surgieron numerosas herejías y confesiones como la nestoriana y monofisita. La primera estuvo protagonizada por Nestorio, patriarca de Constantinopla, quien, movido por su deseo de no contrariar a los arrianos, evitó el tradicional título de María como Madre de Dios, generando un intenso debate que solo se cerró con la celebración del Concilio de Éfeso en 431. El otro frente está constituido por los monofisitas, defensores de la única naturaleza divina de Cristo, herejía que fue finalmente condenada en el Concilio de Calcedonia, en el 451. Por supuesto, estas contiendas doctrinales tuvieron influencia directa en la evolución política del Imperio bizantino y, de forma indirecta, en las relaciones con la parte occidental del antiguo Imperio romano.

Justiniano fue un emperador bizantino que buscó revivir la grandeza del Imperio romano. Bajo su gobierno se redactó el Corpus Iuris Civilis, el texto jurídico más influyente de toda la historia de la civilización occidental.

En el 474, el emperador Zenón se erigió como el gran defensor del partido calcedonense, pero, un año más tarde, el usurpador Basilisco se puso en contra de la ortodoxia y apoyó el credo monofisita, una actitud que provocó el rechazo frontal de Acacio, patriarca de Constantinopla y consejero del depuesto Zenón. El mandato de Basilisco fue efímero, ya que, inmediatamente, fue depuesto por el antiguo emperador que, para evitar problemas, promulgó un nuevo edicto en 482 en el que se prohibía hablar sobre los temas discutidos en Calcedonia. Muy probablemente Zenón y Acacio pensaron que, si no se hacía referencia a estas cuestiones, el problema terminaría por desaparecer. Por supuesto, se equivocaron, y no solo eso, porque dicha decisión terminó provocando importantes tensiones con Roma que terminaron en abierto enfrentamiento cuando el papa Félix III excomulgó al patriarca Acacio. Se inició, entonces, el cisma acaciano que duró treinta y cinco años hasta el 518, en el que Oriente quedó dividido entre monofisitas y cismáticos.

En este año se inició el reinado del emperador Justiniano, otro de los grandes personajes de nuestra historia. Al ser latino y católico, durante su reinado se recuperó la tan ansiada comunión con Occidente. Los inicios de su gobierno no dejaron lugar para la duda, porque el mismo día que fue aclamado pidió al patriarca que reconociera la ortodoxia de Calcedonia. Es más, para dejar las cosas claras, Justiniano publicó un edicto por el que se ordenaba a los obispos el reconocimiento de dicha ortodoxia bajo pena de exilio o confiscación. La política de unificación religiosa se llevó a cabo con el acuerdo de Roma, por lo que, al menos de forma temporal, se recuperó el entendimiento entre las dos sedes patriarcales más importantes, aunque, por desgracia, el acuerdo con Siria y Egipto resultó imposible, situación que provocó la debilidad de las fronteras imperiales y las posteriores vejaciones territoriales como consecuencia de la expansión islámica. Fijémonos ahora en la evolución política del imperio con Justiniano.

Como otros emperadores bizantinos, Justiniano se consideraba heredero de los ideales imperiales de Roma. Pensaba que su imperio era universal, de modo que todas las naciones debían obediencia a Constantinopla. También estaba imbuido de la idea helenista, según la cual los pueblos bárbaros debían plegarse ante una cultura superior. Por último, hizo suya la idea cristiana asumida por Constantino sobre la necesidad de evangelizar a todos los pueblos. Para llevar a cabo su acción de gobierno, Justiniano se dotó de una burocracia muy efectiva y un ejército poderoso con el que llegó a soñar con la reconstrucción del antiguo Imperio romano. A ello le sumamos la formulación de un credo y de un código legal que estaba llamado a convertirse en uno de los pilares de la civilización occidental. Como imaginará el lector, para llevar a término esta política ambiciosa, el emperador tuvo que aumentar la presión fiscal, por lo que el coste de las reformas significó el estallido de una sublevación popular que solo pudo ser domada después de un terrorífico baño de sangre en 532 que provocó unos cincuenta mil muertos. No fue su único error ni su última acción sanguinaria, porque poco después llevó a cabo una campaña contra los ostrogodos, a los que prácticamente exterminó, cuyas consecuencias políticas fueron negativas al provocar el fortalecimiento en Italia de los longobardos.

Justiniano, quien se percibía a sí mismo como un hombre predestinado para poner las bases de un nuevo imperio mediterráneo, hizo de Rávena su segunda capital, por detrás de Constantinopla, mientras que Roma sería el centro espiritual de un imperio teocrático cuya existencia solo sería posible si lograba fortalecer el poder central y recuperar la unidad eclesiástica. Para ello, era imprescindible una reforma legal concretada en el Corpus Iuris Civilis, obra legislativa llamada, como dijimos, a convertirse en una de las bases de nuestra civilización, ya que se incorporó al ordenamiento jurídico a partir de la Edad Media y porque anticipa el influjo de las concepciones cristianas en el sistema legal.

Al tener conciencia de estar inspirado por Dios, el emperador se preocupó por el buen gobierno de la Iglesia, tanto que llegó a asumir el rol de teólogo. Justiniano regentó la Iglesia, propuso edictos dogmáticos y dirigió controversias teológicas, como la cuestión origenista que mereció su atención al escribir su célebre *Tratado contra Orígenes* (543) con el que denunció los errores del pensador y lo emparejaba con los paganos y los arrianos. Para dirigir la Iglesia con puño de hierro, el emperador necesitó del apoyo de Roma, por lo que se preocupó por hacerse con un papa acomodaticio, de ahí la destitución de Silverio y la elección del que era embajador de Roma en Constantinopla, el diácono Vigilio (537-555). Del mismo modo, Justiniano publicó en forma de edicto una profesión de fe, en la que declaraba que el patriarca, el papa y el propio emperador eran los guardianes de la ortodoxia y, cuando lo tenía todo bien atado, convocó el II Concilio de Constantinopla. Por lo que acabamos de ver, en la biografía del emperador tenemos luces y sombras; su acción política y su obra debemos encuadrarla desde el punto de vista de la concepción oriental del poder. La legislación y el fortalecimiento del imperio son datos reales, que no podemos discutir, así como la proyección futura que tuvieron sus principales decisiones de gobierno, pero, por otro lado, debemos destacar la violencia empleada contra cualquier tipo de oposición a su persona. Así, de esta manera, en el 565 muere Justiniano dejando abierta la herida del cisma de la Iglesia oriental.

Las disputas no tardaron en volver a arreciar, ahora a raíz de la utilización del título de patriarca ecuménico por parte del obispo de Constantinopla. El papa Gregorio I, del que ya hablamos, lo consideró ofensivo al considerar que socavaba la autoridad del santo pontífice. El emperador Focas, en una carta al papa Bonifacio III, trató de limar asperezas y se comprometió a no utilizar más el título de ecuménico en relación con el patriarca, pero las buenas intenciones de Focas no sirvieron de mucho porque, tres años más tarde, en 610, los obispos de Constantinopla volvieron a utilizar el título, ahora de forma ininterrumpida hasta la actualidad. Los conflictos con Roma no fueron los únicos que debilitaron al Imperio bizantino; las luchas internas y las controversias doctrinales favorecieron la conquista por parte de los persas de una buena parte de los territorios orientales. Aunque Heraclio pudo solventar durante un tiempo el problema, esto no impidió las rápidas conquistas protagonizadas por los musulmanes que supusieron la pérdida definitiva de Egipto, Siria y Palestina, cuyos habitantes, en la mayor parte monofisitas, aceptaron de buen grado la ocupación islámica. La Iglesia oriental no solo tuvo que luchar contra el arrianismo, el nestorianismo y el monofisismo; también tuvo que hacer frente a nuevos errores doctrinales como el monotelismo y, muy especialmente, el iconoclasmo, lo cual hizo despertar en Oriente la *mística de la ortodoxia*.

No menos llamativa fue la insana costumbre de los emperadores orientales de aplicar los tormentos más espantosos contra los considerados enemigos del imperio. Entre los suplicios y las torturas más refinadas destacaron las mutilaciones, la ablación de la nariz, de las orejas, de la lengua y sacar o quemar los ojos. Una de las víctimas de estos procesos salvajes fue el papa Máximo el Confesor, muerto en el 662, llevado prisionero a Constantinopla por su defensa de la ortodoxia y rechazo al monotelismo defendido, en esta ocasión, por el emperador de turno. Al mantenerse firme en sus convicciones, el papa fue juzgado y declarado culpable, por lo que sufrió una inclemente tortura y fue condenado a perder la lengua, para no poder defender sus ideas, y su mano derecha, para no poder escribir nuevas cartas. Las aguas parecieron volver a su cauce cuando el monotelismo (que no es más que una simple desviación del monofisismo) fue condenado por el III Concilio de Constantinopla (680-681). A las contiendas teológicas pronto se le sumó la controversia del culto a las imágenes que dejó a la Iglesia oriental al borde del precipicio.

La tradición de los iconos se desarrolló especialmente en el Imperio bizantino. En los iconos se representaban imágenes de Jesús, María, los santos o eventos bíblicos de gran relevancia. Frente a ellos, el creyente oraba ante unos personajes sagrados que aparecían de frente, mirando directamente al espectador, ya que fueron diseñados para facilitar la comunicación con lo divino.

Las relaciones entre Oriente y Occidente se tensaron con el problema de la iconoclastia cuando en 726 León III el Isáurico prohibió la veneración de las imágenes sagradas y, poco más tarde, ordenó su destrucción. Por supuesto, el emperador bizantino pretendió que el papa sancionase sus medidas iconoclastas, pero, ante su negativa, se inició una lucha que se prolongó durante años. La cristiandad oriental quedó escindida en dos grandes bandos: uno, los iconoclastas, partidarios de la eliminación de las imágenes, y otro, los iconólatras, que sentían devoción hacia las mismas, entre ellos los monjes y la gran masa del pueblo que dirigió sus miradas hacia el papado, por lo que, frente a lo que pudo parecer al principio, el problema de las imágenes terminó reforzando la autoridad del santo pontífice en Oriente. Por el II Concilio de Nicea se sancionó el culto a las imágenes reconociéndolas como objeto de veneración relativa, aunque no de adoración, reservada únicamente a Dios. El icono se convierte, entonces, en una de las manifestaciones más características del culto y la liturgia oriental.

Mayor repercusión tuvo, si cabe, el problema búlgaro. En el 864, el príncipe Boris se convirtió al cristianismo, por lo que solicitó a Constantinopla el envío de misioneros para convertir a sus súbditos. No tardó mucho tiempo en cambiar de opinión, porque, poco después, Boris ofreció al papa Nicolás I la incorporación de su pueblo a la Iglesia latina, pero, debido a un malentendido con Roma, el príncipe volvió a solicitar, ahora de manera definitiva, la unión con el patriarcado de Constantinopla. Como entenderá el lector, los acontecimientos de Bulgaria contribuyeron a tensar, aún más, las relaciones entre las dos Iglesias, aunque la ruptura definitiva solo se produjo como consecuencia de los hechos acontecidos entre los patriarcas Ignacio y Focio.

Además de lidiar con el problema búlgaro, Nicolás I se vio obligado a intervenir en la disputa entre los patriarcas Ignacio y Focio. La decisión del papa de apoyar al primero trajo consigo una violenta reacción del segundo. En consecuencia, cuando Focio recuperó el poder patriarcal, las relaciones entre las Iglesias de Oriente y Occidente quedaron heridas de muerte. Focio convirtió en un arma arrojadiza la polémica cuestión del *filioque* y condenó su inclusión en el credo, por lo que lanzó una acusación de herejía sobre Roma. Las diferencias entre las dos Iglesias ya no eran, únicamente, disciplinares y litúrgicas. Ahora también eran dogmáticas, por lo que la unidad de la Iglesia y de los cristianos, querida por Jesús, quedó irremediablemente comprometida.

Pasaron los años, y el cisma llegó sin apenas dramatismo en época de la renovación gregoriana, de la que no tardaremos en hablar. En esta ocasión tenemos como protagonistas al patriarca Miguel Cerulario, indisimuladamente antilatino, y a los legados papales Humberto de Silva Candida y Federico Lorena, enviados para cerrar una paz eclesiástica, pero cuya incompetencia y mal hacer terminó provocando un incendio cuyas llamas aún no han sido apagadas. Ante la falta de resultados en las negociaciones, el incompetente Humberto no tuvo mejor idea que depositar una bula de excomunión en el altar de Santa Sofía el 16 de julio de 1054. Ante dicha ofensa, Cerulario respondió excomulgando a los legados y a quienes los habían enviado. Probablemente, ni tan siquiera los protagonistas de tan dramático episodio fueron conscientes de lo que estaba ocurriendo. Tal vez, solo tal vez, pensaron que este era un incidente más de los muchos registrados en la historia de las tensas relaciones en Roma y Constantinopla. Del mismo modo, podemos asegurar que el Cisma de Oriente pasó desapercibido para la enorme mayoría del pueblo cristiano. Desde entonces, la recuperación de la unidad se convirtió en un objetivo permanente de la cristiandad. Hubo momentos en los que el sueño de la unión pareció situarse a la vuelta de la esquina, sobre todo después de los Concilios de Lyon (1274) y de Florencia (1439), aunque, por desgracia, vanas fueron las esperanzas y aún hoy esperamos el momento del tan ansiado reencuentro.

LA CUESTIÓN DE LAS INVESTIDURAS

Durante los siglos centrales de la Edad Media, la Iglesia se vio en la necesidad de afrontar los múltiples problemas asociados con la imposición del feudalismo como nuevo modelo político y económico. Probablemente, el mayor desafío fue superar ese estado de servilismo que tuvo como consecuencia inmediata la pérdida de la libertad de la Iglesia al quedar los cargos eclesiásticos en manos de individuos plegados al poder temporal. Es en este contexto de lucha por la liberación de las intromisiones externas cuando asistimos al choque entre los dos grandes poderes del momento, el papa y el emperador (querella de las investiduras), y cuando encontramos a otro de los personajes fundamentales que es necesario conocer para comprender la historia de Occidente. Nos referimos al papa Gregorio VII, que da nombre al nuevo periodo de reformas.

Recordemos que los monarcas alemanes, entre ellos Otón I, se habían apoyado en el poder de los obispos para luchar contra las ambiciones de los señores feudales. Por esta razón, no es difícil imaginar los motivos por los que repartieron los episcopados a personajes de su entera confianza. El sistema podía funcionar si el emperador tenía el acierto de elegir a personas honestas, aunque, como habrá adivinado el lector, esto no solía ocurrir muy a menudo. Pero entonces, ¿qué era la investidura? Con este nombre conocemos al acto jurídico por el que el señor de una iglesia (muchas eran de propiedad privada) asignaba a un religioso la posibilidad de servir en ella. En muchas ocasiones, las plazas vacantes se asignaban a aquellos que podían ofrecer más dinero, por lo que la consecuencia lógica fue el desarrollo de la *simonía*, uno de los grandes males de la Iglesia en la Edad Media, cuyas repercusiones futuras resultaron desastrosas para la unidad del mundo cristiano. Cuando se trataba de un episcopado o de la dignidad del abad de un gran monasterio, los candidatos podían llegar a pagar cifras astronómicas, por lo que, para compensar sus pérdidas, empezaron a vender curatos y otros beneficios al mejor postor, desarrollándose una red de injusticias y de corrupción generalizada. Otro de los grandes pecados de la época fue el nicolaísmo, el matrimonio o amancebamiento de los clérigos, y la relajación de sus costumbres. La generalización de estas prácticas llevó a la Iglesia a tomar cartas en el asunto y legislar sobre la cuestión del celibato.

Nos desplazamos ahora hasta mediados del siglo XI, a tiempos del emperador Enrique III, un hombre de hierro que ejerce con extremado celo todos sus derechos sobre la Iglesia. Dispuesto a mostrar su autoridad, el emperador ordenó el destierro del papa Gregorio VI a Colonia, donde le acompañó el clérigo Hildebrando, futuro Gregorio VII. La designación de Nicolás II no fue bien vista por los reformistas que empiezan a clamar por un nuevo sistema de elección papal para evitar injerencias del poder laico. En 1059 se reunieron más de cien obispos en la basílica de Letrán; en este sínodo, además de prohibir la simonía, el concubinato y la posibilidad de que un eclesiástico recibiese cualquier tipo de investidura de manos de un laico, proclamaron un sistema por el que la decisión final de la elección quedaba en manos de los cardenales, representantes del clero romano. Uno de los obispos que estuvo detrás de las medidas aprobadas en Letrán fue el todopoderoso Hildebrando, un monje de enorme prestigio que procedía de los ambientes monásticos de Cluny.

Nacido en el bellísimo pueblo toscano de Sovana hacia el 1020, Hildebrando procedía de una familia modesta, por lo que fue confiado a su tío, abad del monasterio de Santa María en el Aventino, donde hizo los votos monásticos. Su carrera meteórica se inició en 1045 cuando fue nombrado secretario personal del papa Gregorio VI, pero, tras su muerte, Hildebrando ingresó en un monasterio de la orden de los monjes negros de Cluny, donde consolidó sus ideas reformistas que le acompañaron durante el resto de su vida. Antes de su elección papal ocupó nuevos cargos de responsabilidad con otros santos pontífices, uno fue con su predecesor Alejandro II que promovió la centralización del gobierno de la Iglesia. El 22 de abril de 1073 es una fecha clave en la historia de la Iglesia por ser elegido, por aclamación popular (*vox populi*), el monje Hildebrando. La elección suponía un quebranto de la legalidad establecida en 1059 por la que el papa solo podía resultar elegido por el Colegio Cardenalicio, pero, no obstante, Gregorio VII obtuvo, no sin dificultades, la consagración el 29 de junio de este mismo año. Sin tiempo que perder, el papa dio los primeros pasos para afrontar la tarea para la que había sido llamado: liberar a la Iglesia de las perniciosas intromisiones feudales.

El papa hizo suya la idea gelasiana de las dos espadas, favorable a crear las condiciones necesarias para una convivencia pacífica entre los dos poderes. La situación no invitaba al optimismo, ya que el emperador Enrique IV, rey de Alemania, había sido excomulgado por Alejandro II, por lo que el enfrentamiento se consideraba inevitable. Al menos en esta ocasión la suerte pareció sonreír al papa. La excomunión de Enrique IV fue una seria amenaza para el emperador, ahora enfrentado a los sajones y los turingios, por lo que se tuvo que tragar el orgullo y humillarse ante el santo pontífice. Gregorio VII optó por ser generoso y no hurgar en la herida; confió en la palabra de Enrique, en sus sentimientos y, sin pensárselo dos veces, levantó la excomunión. Ahora que las relaciones habían mejorado entre los dos poderes, era el momento de atajar los principales males que aquejaban a la Iglesia. A tal fin, organizó sínodos en los que quedaron perfiladas las líneas maestras de la reforma gregoriana: el dirigismo y el centralismo. En el sínodo de 1074 promulgó las primeras medidas: «Todo el que haya sido promovido a las órdenes por simonía

(...) no podrá ejercer ningún ministerio en la santa Iglesia (...). Los fornicarios no pueden celebrar en el altar».

Las disposiciones papales generaron malestar en algunos reinos cristianos. En España e Inglaterra fueron asumidas sin apenas problemas, pero chocaron en Francia, regida por el adúltero y simoníaco rey Felipe I. En Alemania, directamente, la disposición sobre la continencia clerical fue considerada herética, mientras que en Roma se hizo caso omiso de la reforma. Este no fue el único traspié del que se tuvo que sobreponer Gregorio VII durante su pontificado. La compraventa de cargos eclesiásticos y la deficiente formación moral del clero no eran, a pesar de lo dicho, el principal mal que afectaba a la Iglesia, sino el síntoma de un problema mucho más grave: el de la tutela laica que tenía su máxima expresión en el sistema de las investiduras, por lo que el papa tomó la decisión de extirpar el mal de raíz. En el fondo, de lo que se trataba era de evitar que fuesen los reyes y los señores feudales quienes eligieran a los obispos y les otorgasen la investidura del báculo y el anillo.

En 1075, con el fin de fundamentar los derechos del papado, ideó la elaboración de una colección canónica, el *Dictatus papae,* con veintisiete proposiciones que condensan la teoría sobre el poder pontificio y las relaciones con los poderes temporales, especialmente con el emperador del Sacro Imperio Romano Germánico. Gregorio VII parte del poder de Pedro, transmitido a sus sucesores, que es de origen divino. Por eso, el poder del papa está por encima del conjunto de los fieles, de los clérigos, de los obispos, de las Iglesias locales y nacionales, incluso por encima del poder de los concilios. Al ser el señor supremo del mundo, al que todos le deben sometimiento, tiene el poder de desligar a los súbditos del juramento de fidelidad a sus soberanos. Estamos, como el lector habrá podido comprobar, ante un ataque directo a las bases del sistema feudal, por lo que Enrique IV, en quien se condensan las ideas del cesaro-papismo otoniano, nunca pudo aceptar el control del papado.

GREGORIVS · VII · PAPA · SAONENSIS

Según Francisco José Delgado, el aspecto esencial de la reforma gregoriana en cuanto al orden político es que «la Iglesia tiene la misión de actuar como fuerza de control moral sobre el poder temporal, para lo que debe, por una parte, generar una sociedad cristiana y, por otra, mantener su independencia, que es en el fondo una superioridad de los poderes temporales».

En enero de 1076 el emperador convocó en Worms una asamblea de obispos alemanes que acusaron al papa de ser un perturbador de la paz, de arrogarse de unos poderes ilimitados y de sustraer al emperador la dignidad que había heredado. Uno tras otro, los obispos suscribieron el texto y negaron su sumisión y obediencia al papa, mientras que el emperador acusó a Gregorio VII de despreciar el orden establecido por Dios. El varapalo no fue fácil de digerir para un papa cada vez más aislado, porque a los problemas en Alemania se le sumaron los de Italia, donde aumentaron los contrarios a su ministerio. Es en estos momentos de debilidad cuando emergen los grandes hombres capaces de hacer variar, por sí mismos, los vientos de la historia, por lo que, lejos de dejarse intimidar, optó por tomar su medida más radical que anunció después de uno de sus discursos más recordados: «Substraigo al rey Enrique (…) del gobierno de Alemania e Italia; absuelvo a todos los cristianos del juramento de fidelidad a él prestado».

La sentencia tuvo el efecto deseado y la balanza se volvió a poner a favor del papa porque muchos señores y obispos, deseosos de deshacerse del despotismo imperial, terminaron dando la espalda al rey, quien, cuando lo vio todo perdido, emprendió viaje hacia Italia, vestido de penitente y casi sin escolta para suplicar su perdón al papa. El decisivo encuentro se produjo en enero de 1077 en el castillo de Canosa, pero, en esta ocasión, teniendo en cuenta los precedentes, nadie apostó por la reconciliación. Se equivocaron porque, ante la mirada de asombro de los presentes, Gregorio optó por no sacar tajada de la situación y levantó la excomunión de su adversario. Por desgracia para los intereses de Enrique, antes de la decisión de Canosa los príncipes alemanes habían maniobrado y elegido un nuevo emperador, Rodolfo de Suabia, con el convencimiento de que podrían manejarlo con facilidad. A pesar del peligro, el legítimo emperador se sintió fuerte y presentó batalla ante su rival, al que logró derrotar.

Todo parecía indicar que las aguas iban a volver a su cauce, pero tras la victoria Enrique sorprendió a propios y extraños y eligió al arzobispo de Rávena, Guiberto, como nuevo antipapa con el nombre de Clemente III. Poco después, las fuerzas imperiales entraron en Roma y obligaron a Gregorio a refugiarse en el castillo de Sant´Angelo. El 31 de marzo de 1084, Clemente colocó la corona imperial sobre las cabezas de Enrique y la reina Berta, pero la alegría no le duró mucho porque, casi inmediatamente, los normandos cayeron sobre Roma para provocar un baño de sangre en la ciudad milenaria.

El fin parecía cercano, los sueños del papa reformista llegaron a su fin. Desconsolado por la violencia de los normandos y el poder de los imperiales, el papa abandonó Roma y marchó hacia Salerno. Allí muere Gregorio VII en la más absoluta soledad, abandonado por muchos: «amé la justicia y odié la impiedad, por eso muero en el destierro». Su fallecimiento no implicó, en cambio, el final de su sueño reformista porque, con el paso de los años, el recuerdo y las ideas del papa provocaron la simpatía de muchos personajes que lucharon para atajar los males de la Iglesia, sobre todo del nicolaísmo y la simonía. En la mente de sus sucesores quedó el empeño de un hombre que luchó hasta la extenuación y con heroísmo por liberar a su querida Iglesia de los males de un sistema que, según él, atentaba contra el mensaje de Cristo.

GÜELFOS Y GIBELINOS

La reforma no desapareció con la muerte de Gregorio VII. En 1088 fue elegido Urbano II, un vigoroso gregoriano cuya primera acción de gobierno fue fortalecer la alianza con los normandos mientras que en el norte alienta el matrimonio de la condesa Matilde con el señor de Welf (de donde viene la palabra güelfo), defensor de la causa pontificia. Ante estos movimientos Enrique IV no se quedó con los brazos cruzados, por lo que marchó hacia los Alpes al frente de un poderoso ejército, pero, esta vez, para ser derrotado por las fuerzas coaligadas del papa y de la condesa, cerca del castillo de Canosa, en el 1092. Fortalecido por la victoria, el papa invirtió los siguientes años en recorrer el norte de Italia y el sur de Francia para defender los principios de la reforma gregoriana y para advertir sobre el peligro que se cernía sobre Europa como consecuencia del expansionismo turco. Fue entonces cuando empezó a gestarse el ideal de la cruzada, del que no tardaremos en hablar. En los albores del siglo xii todo parece a favor de la causa pontificia, tanto que, en 1122, por el Concordato de Worms entre el papa Calixto II y el emperador Enrique V, los señores feudales se comprometen a renunciar a investir con la cruz y el anillo a los prelados de sus dominios. Podríamos pensar que la querella de las investiduras había llegado a su final, pero el conflicto entre el trono y el altar renació, con más fuerza, con el emperador Federico Barbarroja (1152-1190).

Barbarroja se consideraba heredero de los otonianos, por lo que a mediados del siglo xii se reiniciaron las luchas entre el imperio y el papado, ahora en manos de Adriano IV (1154-1159). El motivo de la discordia giró, entonces, en torno a la interpretación del término *beneficium*. ¿Se podía interpretar el imperio como un *beneficium* a modo de feudo concedido por los papas? A favor de esta interpretación jugaba la certeza de que había sido el papado el que había transmitido el imperio, primero a los francos y después a los alemanes. Por supuesto, el emperador pensaba lo contrario porque, según él, fueron sus predecesores los que concedieron a los papas el *patrimonium Petri*. Cada uno defendió sus propias posturas, pero, en el fondo del debate, se encontraba la teoría del *dominium mundi*, la lucha por la primacía sobre la cristiandad.

El enfrentamiento alcanzó especial virulencia con la llegada al solio pontificio de Alejandro III en 1159. La situación para el papado se puso de cara cuando el ejército imperial se vio obligado a retirarse a Alemania en 1168 como consecuencia del estallido de un brote de peste. Las ciudades italianas del norte, con Milán a la cabeza, que en los últimos años había sufrido en sus carnes el rigor de la política imperial de los Staufen, se pusieron del lado del papa con el deseo de librarse de la presión de Barbarroja. Las ciudades lombardas, unidas en una confederación, expulsaron a los magistrados imperiales y se dispusieron a resistir. Alejandro III optó por no permanecer al margen, por lo que ordenó la fortificación de estos núcleos, una medida más que acertada porque cuando Barbarroja se presentó en Italia en 1174 se encontró con una gran resistencia. Dos años más tarde, en 1176, el ejército imperial sufrió una humillante derrota en Legnano, por lo que se firmó la tregua de Venecia que, poco después, se convirtió en paz firme. La paz supuso la claudicación de Barbarroja por su incapacidad de asumir el *dominium mundi*, aunque, contra todo pronóstico, la suerte del emperador empezó a cambiar después de la derrota, sobre todo gracias a la jugada maestra que supuso el matrimonio de su heredero Enrique con la heredera de la corona lombarda de Sicilia, Constanza. Fue en estos momentos cuando se empezaron a utilizar, de forma generalizada, los conceptos de güelfos y gibelinos. El primero, como ya sabemos, hacía referencia a los partidarios de defender el poder del papado, mientras que los segundos pretendían fortalecer la dignidad imperial.

No cabe duda de que Federico Barbarroja fue uno de los personajes históricos más sugestivos de la Edad Media europea, por lo que su final estuvo a la altura de las circunstancias de este gran hombre que siempre persiguió el sueño de restaurar el *honor imperii*. Durante los últimos años de su vida mantuvo buenas relaciones con los sucesores de Alejandro III, por lo que, con la paz garantizada, decidió tomar la cruz y marchar hacia Oriente después de la caída de la ciudad sagrada de Jerusalén en manos de Saladino. Por desgracia, el emperador no pudo cumplir este otro sueño porque murió ahogado en un riachuelo del Asia Menor, dejándonos a todos en la incertidumbre de quién habría sido el ganador en una hipotética batalla entre el máximo representante de la cristiandad, Federico Barbarroja, y su par del islam, el gran Saladino.

Federico Barbarroja fue uno de los personajes más sugestivos de la Edad Media. Su prestigio fue tan grande que en 1189 logró reunir bajo su mando un ejército de cien mil hombres que salió de Ratisbona en dirección a Oriente para luchar contra Saladino.

Aunque hasta ahora hemos centrado nuestra atención en Italia, no podemos olvidar que el proceso de reforma afectó a la práctica totalidad de los reinos europeos que, por lo tanto, se vieron obligados a tomar postura en favor o en contra de uno u otro bando. ¿Qué ocurre en Francia? Recordemos que la división del reino carolingio trajo consigo un debilitamiento del poder de la realeza, situación que fue aprovechada por el cuerpo episcopal para reforzar su influencia. En Inglaterra, por su parte, la querella de las investiduras se convirtió en un problema interno, casi personal, entre el rey Enrique II y Tomás Becket. Becket, amigo personal del rey y un brillante cortesano, elevado a la sede de Canterbury en 1162, fue un férreo defensor de los derechos de la Iglesia, por lo que terminó chocando con el monarca inglés debido a sus continuas injerencias en los asuntos eclesiásticos. La situación se complicó, aún más, en 1164 cuando Enrique promulgó sus *Constituciones de Clarendon*, por las que se establecían diversas formas de control de la monarquía sobre la Iglesia de Inglaterra, motivo por el cual, el arzobispo de Canterbury escogió el camino del exilio. Llegamos, de esta manera, al 1170, en el que la situación parece reconducirse por la aparente reconciliación de los antiguos amigos, pero, el 29 de diciembre de este mismo año se produjo el asesinato de Becket en extrañas circunstancias, por lo que el finado se terminó convirtiendo en un auténtico mártir de la causa pontificia. La victoria de la Iglesia de Inglaterra fue total porque, después de la intervención del papado, los culpables del asesinato fueron severamente castigados, mientras que el propio rey tuvo que hacer pública y humillante penitencia.

Nos dirigimos, ahora, hacia España, donde los reinos cristianos protagonizan una lucha a muerte con los musulmanes, fortalecidos por la llegada de los almorávides, primero, y de los almohades, después. Durante la Reconquista, la reorganización eclesiástica fue avanzando progresivamente, con una Iglesia cada vez más poderosa, tanto en Castilla como en Aragón, que en 1161 se puso del lado de Alejandro III en su enfrentamiento con Barbarroja. En el caso español, el fortalecimiento del poder del papado está relacionado, igualmente, con la evolución de la Reconquista. En 1195 los almohades derrotaron a Alfonso VIII en la batalla de Alarcos, por lo que, no sin motivos, cundió el pánico por media Europa, amenazada por la expansión y la fortaleza de los musulmanes en la península ibérica. Durante siglos, los reinos cristianos españoles habían parado los pies a los musulmanes en un terrible conflicto, durante el cual se fue gestando el carácter místico y guerrero de los castellanos. La derrota de Castilla y Aragón suponía una seria amenaza para el conjunto de la cristiandad, por lo que el papado instó a la unidad y llamó a la cruzada contra los invasores. El éxito de las armas cristianas en la batalla de las Navas de Tolosa en 1212 fue el puntal sobre el que se erigió el poderío castellano, pero, además, permitió al papado afirmar y consolidar su papel rector en la cristiandad, un poder que llegó a su punto álgido durante el papado de Inocencio III.

Lotario Segni pertenecía a una familia aristocrática romana y poseía una envidiable formación jurídica y teológica, por lo que, cuando fue nombrado papa con el nombre de Inocencio III, se dispuso a llevar una política tendente a la afirmación de la superioridad papal sobre el imperio, ya que, como «vicario de Jesucristo» debía poseer una primacía temporal sobre reyes y emperadores. Su ministerio se llevó a cabo en un contexto caracterizado por el interés de los emperadores de imponer su hegemonía sobre Italia. En 1195, Enrique VI, hijo de Barbarroja, se dispuso a hacer valer sus derechos como cabeza de una monarquía universal, pero su prematura muerte en 1197 impidió la culminación de esta empresa que, más tarde, fue asumida por su hijo Federico II que contaba con tres años cuando falleció su padre.

En 1198 llegó al solio pontificio Inocencio III, justo en el momento en el que Federico II quedaba huérfano de madre y bajo la tutela papal. A pesar de tenerlo bajo su protección, Inocencio III no apoyó la candidatura de Federico II como nuevo emperador, pero, en cambio, prestó su apoyo a Otón IV de Brunswick en 1202, una decisión controvertida porque Otón, a pesar del apoyo del papa, se terminó convirtiendo en uno de sus enemigos más encarnizados, por lo que, sin pensárselo dos veces, Inocencio reculó y apoyó a Federico II, ahora rey de Sicilia, para ocupar el trono imperial. El enfrentamiento entre ambos candidatos estaba servido y fue causa de una guerra en la que se vio involucrada media Europa. A favor de Federico se situó el papa y el rey francés Felipe II Augusto, mientras que Otón recibió el apoyo de su tío, el inglés Juan Sin Tierra. El choque definitivo entre ambos bloques se produjo en julio de 1214 en

Bouvines y terminó con una victoria total de Felipe II sobre el ejército inglés, mientras que el pretendiente Otón huyó con el rabo entre las piernas. Aparentemente, la victoria de Federico debería haber significado el fortalecimiento del poder del papa, pero la alianza entre la coalición triunfante del emperador y el rey de Francia supuso un nuevo peligro para Roma, especialmente después de la muerte de Inocencio III en 1216.

Federico II, imbuido de las ideas de la monarquía universal que había heredado tanto de su padre como de su abuelo, no renunció a la presencia del Imperio germánico en Italia e, incluso, llegó a considerar a los eclesiásticos como simples funcionarios religiosos. El pacífico y bondadoso Honorio II, sucesor de Inocencio III, optó por el entendimiento y la generosidad hacia su adversario, pero fue objeto de múltiples engaños y desplantes por parte del emperador. Mucho más combativo se mostró Gregorio IX, sobrino de Inocencio, cuando fue elegido papa en 1227. Con la intención de dejar claras sus intenciones, el papa publicó sus *Decretales* y fundó la Inquisición, todo ello para afianzar la doctrina sobre la sumisión de los poderes públicos al papado y, no contento con ello, predicó una cruzada contra el infame Federico II. Los peores momentos del enfrentamiento entre los máximos poderes de la cristiandad parecían darse cita en una Europa convulsa y sujeta a múltiples cambios políticos. La situación empeoró aún más con la muerte del papa en 1241. Ante la imposibilidad de elegir al sucesor llamado a ocupar la cátedra de Pedro, en parte por las presiones externas, se inauguró una costumbre que perdura hasta nuestros días, la de encerrar a los cardenales en cónclave (con llave) hasta finalizar el proceso para el que habían sido convocados. Finalmente se eligió a Inocencio IV en 1243, de orígenes gibelinos (esto hacía presagiar el buen entendimiento con el emperador), pero el papa sorprendió a propios y extraños cuando huyó a Lyon y denunció las cinco llagas del cristianismo: la inmoralidad del clero, el cisma oriental, las insolencias de los sarracenos, el peligro turco y, la más hiriente de todas, la inmoral persecución de Federico II contra la santa madre Iglesia.

Para frenar el avance de los almohades por la península ibérica, el papa Inocencio III proclamó el carácter de cruzada para unir a los reinos hispánicos que, no sin dificultades, lograron derrotar a los musulmanes en la épica batalla de las Navas de Tolosa acontecida en 1212. Cuando la batalla parecía perdida, los reyes Alfonso VIII de Castilla, Pedro II de Aragón y Sancho VII de Navarra ordenaron un nuevo ataque, la carga de los tres reyes, y para ello utilizaron las últimas reservas de caballería que tenían a su alcance. Frente a toda lógica (las líneas de infantería castellana se encontraban ya totalmente copadas), la caballería cristiana envolvió las líneas almohades, haciendo cundir el pánico entre los invasores, especialmente cuando observaron como los reyes de Castilla, Navarra y Aragón, seguidos por sus más leales, reducían la resistencia de la temible Guardia Negra, obligando a Muhammad an-Nasir a emprender una huida desesperada.

La larga y cruenta lucha de las investiduras provocó la debilidad, cada vez mayor, del imperio, pero también del papado, justo en un momento en el que los reinos europeos tomaban conciencia de su realidad nacional, especialmente en Francia. De igual forma, los laicos empezaron a cobrar más importancia dentro de la realidad social, política y cultural del momento, por lo que el clericalismo empezó a ceder terreno. El lector habrá adivinado que estamos a las puertas de un mundo nuevo, de una nueva realidad que logró transformar el viejo orden de la Europa medieval. Antes de pasar al siguiente capítulo, detengámonos, aunque sea brevemente, para analizar ese momento de esplendor artístico, teológico y científico que experimentó la cristiandad en este siglo XIII.

SCHOLA CHRISTI Y SCHOLA MAGISTRORUM

Si hay algo que caracteriza a la Iglesia medieval durante los siglos XII y XIII, a pesar de sus momentos de crisis y enfrentamientos con el emperador, es su tremenda vitalidad y el intento de renovar sus virtudes espirituales y humanas. Señal de esta prodigiosa fecundidad de la cristiandad medieval es la aparición de una época conciliar, con seis concilios universales celebrados en Occidente que, a diferencia de los anteriores, fueron convocados y presididos por el santo pontífice. El IV Concilio de Letrán, reunido por Inocencio III, es un fiel reflejo del poder de la Iglesia en este siglo XIII. Estamos hablando de un concilio que logró reunir a más de cuatrocientos obispos y a los más insignes representantes de los distintos reinos europeos; una gran asamblea en el mismo instante en el que la cristiandad medieval alcanzaba su cénit.

Otro de los signos que nos advierten sobre la fecunda vitalidad espiritual de estos siglos medievales es el florecimiento de la vida monástica. Dijimos que en el siglo X la renovación partió de los monjes cluniacenses y que en el XII el Císter nació con la aspiración de retornar a la primitiva simplicidad del cristianismo. Los monjes blancos otorgaron importancia al trabajo manual y reflejaron la sencillez de su espíritu con la construcción de las primeras abadías y templos de estilo gótico. En este contexto podemos ubicar la biografía de uno de estos personajes estelares de la Edad Media: nos referimos a san Bernardo de Claraval, un joven aristócrata de la Borgoña, con quien la Orden del Císter alcanzó un fabuloso desarrollo. Si los siglos XI y XII fueron tiempos monásticos, en la centuria siguiente el protagonismo lo asumieron los frailes. Llama la atención la circunstancia de que justo en el momento en el que el papado y la Iglesia alcanzaban su plenitud, y en el que se imponían los principios burgueses relacionados con el valor del trabajo y la acumulación de riquezas, aparecen en el seno de la Iglesia figuras de la talla de san Francisco y santo Domingo que reivindicaron la pobreza evangélica y renunciaron a la propiedad de los bienes materiales para vivir de la caridad de los fieles.

Precisamente, esta corriente de exaltación de la pobreza, aunque digna de alabanza por su significado e intenciones, provocó la aparición de grupos radicales como los humillados y los *fraticelli* que, en alguna ocasión, cayeron en la herejía o en la ruptura total con la Iglesia. La proliferación de la herejía dio lugar al nacimiento de la Inquisición como institución destinada a la defensa de la fe y la lucha contra los errores doctrinales. A pesar de los debates abiertos, en ocasiones protagonizados por individuos con una nula formación académica, la Inquisición solo podemos entenderla si huimos de juicios apriorísticos, de planteamientos presentistas y enfocamos su estudio dentro del contexto en el que aparece, el del endurecimiento de la vida jurídica y el fortalecimiento del derecho romano. Por supuesto, el trabajo de los inquisidores no sirvió para frenar la expansión de corrientes heréticas como la de Wiclef, en cuyos escritos detectamos ideas que después harán suyas los reformadores del siglo XVI, como la negación de la presencia real de Cristo en la eucaristía, la crítica al papado o el principio de la Sagrada Escritura como única fuente de la revelación.

Otro de los elementos que nos habla sobre la fecundidad de la Iglesia en la Edad Media es el desarrollo de la ciencia sagrada y el florecimiento de la teología escolástica, donde destacamos a personajes de la talla de san Anselmo y Pedro Lombardo. En el siglo XIII presenciamos la aparición del aristotelismo cristiano con pensadores cimeros en la historia de Occidente como san Alberto Magno y santo Tomás de Aquino, cuya obra sienta las bases del pensamiento católico hasta nuestros días.

Dentro de un contexto urbano y religioso, los siglos XII y XIII fueron, también, los del desarrollo de la educación en las pequeñas escuelas urbanas y, después, en las universidades. El crecimiento de la burguesía permitió el incremento de centros educativos debido a las necesidades de los burgueses y de las incipientes clases medias que hicieron uso de estas escuelas que sirvieron de base para el desarrollo de las primeras universidades. El término apareció, por vez primera, en París y con él se designó a la comunidad de maestros y estudiantes que formaban la *universitas magistrorum et scholarium*. Su nacimiento se explica por la conjunción de dos factores fundamentales. En primer lugar, cabe destacar la creciente afluencia de alumnos, deseosos de conocimientos e innovaciones, a las antiguas escuelas monásticas y episcopales. Por otra parte, destacamos el movimiento corporativo típico de los siglos bajomedievales que impulsó a los miembros de los distintos oficios a asociarse con el objetivo de defender sus derechos frente a las presiones e injerencias de la nobleza. Por eso, alumnos y profesores se unieron para formar la *universitas*, dependiente, directamente, de los reyes o del papa.

Las comunidades educativas estaban dirigidas por rectores elegidos por los propios profesores, pero vigilados por un canciller nombrado por el obispo. En general, se constituyeron según los estudios cursados en diferentes facultades, siendo las más importantes las de Teología, Derecho, Artes y Medicina. Ante el peligro de caer en doctrinas heréticas, las autoridades reales y pontificias estuvieron siempre muy atentas a la hora de conceder la *licentia docendi ubique*, que otorgaba el privilegio de enseñar en cualquier centro de la cristiandad. Una de las primeras universidades, propiamente dicha, fue la de Bolonia, especializada en derecho, a la que el emperador Barbarroja concedió sus privilegios en 1154, aunque la concesión de su estatuto se retrasó hasta casi cien años después. Además de la de Bolonia, encontramos dos centros, Salerno y Montpellier, especializados en Medicina, mientras que las Universidades de París y Palencia destacaron por el desarrollo de los conocimientos teológicos. Ya en el siglo XIII fueron fundadas las Universidades de Oxford, Cambridge y Salamanca.

La Universidad de Oxford es una de las más antiguas de la cristiandad. Durante la Edad Media, estos centros tenían como principal función la enseñanza y la investigación. Antes de iniciar los estudios superiores, el alumno debía formarse en las artes preparatorias o liberales: el *trivium*: gramática, retórica y lógica; y el *quadrivium*: aritmética, geometría, música y astronomía.

El desarrollo de los estudios universitarios tuvo una consecuencia realmente positiva en lo que fue el desarrollo de la cultura occidental, al fomentar el establecimiento de lazos que lograron acercar a los diversos reinos de Europa. Tengamos en cuenta que en estos momentos no era nada extraño, más bien todo lo contrario, encontrar a profesores y estudiantes universitarios recorriendo los largos y tortuosos caminos europeos en busca de una universidad de prestigio, por lo que, al final, dicha actividad terminó incrementando la movilidad de los contactos entre distintos territorios. Esto fue así, en parte, por la capacidad que tenían estos centros universitarios de conferir títulos válidos para todos los reinos del viejo continente, por lo que, según autores como el prestigioso medievalista Jacques Le Goff, la universidad, mirada en perspectiva, fue, a la larga, una de las bases más sólidas de la futura Europa.

Los orígenes lejanos de nuestro, ahora, degradado sistema educativo occidental, también lo observamos en el tipo de habilitación y diplomas que conseguía el estudiante después (a diferencia de la actualidad) de muchos años de disciplinado trabajo y de sacrificio. El primero de los títulos era el de *baccalauréat*, comparable al bachiller. Le seguía el diploma de *licentia docendi ubique* (licenciatura) que otorgaba el derecho a enseñar una disciplina. El último paso era el doctorado, que convertía al afortunado en el candidato más adecuado para enseñar en los centros superiores.

Como profesor descontento con las corrientes didácticas actuales, que han vaciado de conocimientos y capacidad crítica a los jóvenes europeos, creo que merece la pena detenerse en el estudio de la metodología escolástica que, por aquel entonces, imperaba en las universidades europeas, pobladas por estudiantes con una irrefrenable ansia de saber. En la Edad Media aparecieron dos corrientes de pensamiento, ambas inspiradas en la interpretación del ideal evangélico. La primera es la *schola Christi*, relacionada con el ámbito monástico, destinada a alimentar la vida espiritual y contemplativa de los monjes; la segunda es la *schola magistrorum*, desarrollada en las escuelas urbanas, catedralicias y palatinas, y en las nacientes universidades, con una vocación misionera y para alimentar la vida cristiana del pueblo.

Desde un punto de vista metodológico, la *schola Christi* iniciaba el proceso de aprendizaje con la lectura meditativa, a la que le seguía la meditación y la contemplación estática. En esta corriente, la razón era interpretada como un obstáculo para alcanzar el ideal evangélico, debido a la imposibilidad de alcanzar, mediante las facultades humanas, una correcta interpretación del misterio de Dios. La escala mística, como anticipo de la visión beatífica, comprendía la *lectio, meditatio* y *contemplatio*. ¿Qué ocurre con la escuela de los maestros, relacionada con el auge del método escolástico? En este caso, el método era sustancialmente distinto, ya que el objetivo no era fomentar la experiencia mística, sino iluminar al hombre en función de las nuevas circunstancias históricas y, por lo tanto, alimentar la fe de los creyentes ante las agresiones que sufrió la ortodoxia por la extensión de la herejía. A continuación, analizaremos las características del método escolástico que aplicaron los maestros, destacando la *lectio, quaestio* y *disputatio*, siempre teniendo en cuenta el argumento de autoridad, o *auctoritates* (punto de partida de la argumentación y ratificación de las conclusiones).

El método escolástico se refería tanto al sistema de enseñanza como a la forma de componer los distintos géneros literarios. A la *lectio* correspondían las glosas, las exposiciones o los comentarios; a la *quaestio* correspondían las *quaestiones*, piezas fundamentales de las sumas; a la *disputatio* correspondían las *quaestiones disputatae*. En lo referente al método de enseñanza, la *lectio*, como primera operación del maestro escolástico, consistía en leer los textos para que los alumnos adquiriesen información sobre la tradición y un tema determinado. Así empezaba la carrera de los futuros maestros, como lectores, en una actividad en la que debían ejercitarse durante años como simples bachilleres. Por supuesto, los textos que se trabajan en las aulas dependían del tipo de formación del alumno. En los estudios teológicos predominaba la Sagrada Escritura y el *Liber sententiarum* de Pedro Lombardo. Comprenderá el lector que el alumno, después de estudiar el significado literal y más profundo de los principales textos relacionados con un tema concreto, ya se encontraba preparado para seguir profundizando en sus conocimientos.

Recientemente, en el centro educativo en el que trabajo, uno de los profesores mandó a los alumnos de 1.º de la ESO la realización de un trabajo colaborativo con el que pretendían mostrar las formas de vida de los seres humanos durante el Paleolítico. Para la realización de dicha actividad los chavales emplearon varias semanas en las que pudieron hacer unos fantásticos murales, con maravillosos dibujos que después sirvieron para adornar las paredes de nuestro viejo instituto. El problema es que, después de tanto tiempo empleado, la mayor parte de los estudiantes no sabía ni tan siquiera lo que era un bifaz. Por supuesto, esto no ocurría con el método escolástico, ya que, por aquel entonces, existían otras prioridades. Después de empaparse de información con la *lectio*, llegaba la segunda operación del método escolástico que era la *quaestio*, en la que ya no bastaba la apelación y el conocimiento de las autoridades y los textos relacionados con el tema de estudio, ya que, ahora, era preciso aportar argumentos racionales especialmente cuando surgía alguna dificultad en la interpretación de un texto o discordancias entre las autoridades. Pero la *quaestio* no solo se refería a pasajes oscuros y difíciles de entender, sino que el maestro podía proponer dicho ejercicio de razonamiento en relación con cualquier tipo de aspecto relacionado con el medio social, cultural y religioso. Así, el alumno no solo acumulaba conocimientos de una materia determinada, ya que también aprendía a razonar y potenciaba su sentido crítico que es, por mucho que quieran disfrazarlo, lo contrario de lo que hoy se pretende.

Santo Tomás de Aquino es uno de los grandes representantes de la teología escolástica, que utiliza la filosofía clásica para comprender la revelación. Defiende la compatibilidad entre la fe y la razón, pero con una clara subordinación de la segunda respecto a la primera. San Juan Pablo II, al comienzo de su encíclica *Fides et ratio*, afirmó: «La fe y la razón son como las dos alas con las cuales el espíritu humano se eleva hacia la contemplación de la verdad».

Por si pudiese parecer poco, después de la *quaestio* venía la *disputatio*, la privada, entre el maestro y sus discípulos, y la *disputatio scholastica*, un debate sobre una cuestión determinada a la que acudían, libremente, los profesores y alumnos que deseasen participar en estos «enfrentamientos» tan enriquecedores y en la que se demostraba el altísimo nivel intelectual de los contendientes. La *disputatio* podía ser ordinaria (se celebraba cada quince días a lo largo del curso académico) o una disputa *quodlibetal*, en la que, incluso, se suspendían las clases para que pudiese acudir toda la comunidad educativa y poder exponer las objeciones, dar los argumentos a favor de un tema y asistir a las exposiciones doctrinales. Por supuesto, no todos los maestros se arriesgaban a exponerse en este tipo de disputas, sobre todo cuando el tema a debatir no estaba fijado previamente, por lo que muchos preferían quedar al margen.

El método escolástico de las universidades europeas del siglo XIII solo podemos entenderlo en el contexto histórico en el que se desarrolla, por lo que es muy complicado compararlo con otros modelos más cercanos a los nuestros, pero, al menos, podemos reconocer el extraordinario nivel de conocimientos que alcanzaron los alumnos que se sometieron a una disciplina tan rigurosa y que nos ayuda a comprender el extraordinario desarrollo cultural, filosófico y religioso de la cristiandad durante los siglos centrales de la Edad Media.

Algunas de las más célebres batallas de la Edad Media, como la de Covadonga, están revestidas de un halo espiritual y de un componente legendario que no ha logrado ocultar el trasfondo histórico de unos acontecimientos que, con el paso del tiempo, fueron adornados hasta el punto de que en la actualidad no resulta fácil diferenciar entre lo real y lo ficticio. Las batallas medievales estaban cargadas de un enorme componente ideológico y religioso, especialmente en lugares como la península ibérica, donde el conflicto entre el cristianismo y el islam se prolongó durante casi ochocientos años. En este contexto, no era extraña la creencia en la intervención de un personaje sagrado, como el apóstol Santiago, al que vemos en la imagen, y, por eso, para ganarse su favor, los ejércitos acudían a la batalla portando como estandartes todo tipo de objetos sagrados y reliquias.

LAS CRUZADAS

EL CRISTIANISMO DE GUERRA

El término cruzada hace referencia al conjunto de operaciones militares que los cristianos llevaron a cabo en Oriente entre los siglos XI y XIII, para arrebatar a los musulmanes el control de los Santos Lugares. La motivación ideológica y religiosa estuvo presente en la génesis de este proceso histórico que tanta atención ha despertado en los últimos años, pero, si queremos entender su origen, debemos de tener en cuenta otros muchos factores.

Tras la caída de Roma, el Imperio bizantino se alzó como el Estado cristiano más rico y poderoso. Sus emperadores dominaron extensos territorios situados entre Asia, África y Europa, e hicieron de Constantinopla la manifestación más visible del esplendor de un imperio que logró sobrevivir durante mil años. Por su parte, la nueva comunidad islámica inició, después de la muerte de Mahoma, una expansión territorial hasta forjar un imperio que se extendió entre la India e Hispania. Frente a la magnificencia y el esplendor de los bizantinos y los musulmanes, el occidente europeo se caracterizó por el nacimiento de una serie de reinos donde se desarrollaron nuevas formas económicas y sociales que dieron lugar a la aparición del feudalismo.

A partir del siglo X la aparente estabilidad política que mantenían los bizantinos, el islam y los reinos cristianos se vio quebrada por la entrada en escena de nuevos agentes. Por una parte, los pueblos normados, establecidos en Inglaterra y en la Bretaña francesa, se lanzaron a la conquista de algunas posesiones árabes y bizantinas en el Mediterráneo, especialmente Sicilia, mientras que los turcos seleúcidas, nómadas y belicosos, completaban, no sin esfuerzos, la conquista del califato abasí de Bagdad y de importantes territorios que hasta entonces habían estado en manos del Imperio romano de Oriente. En vísperas de las cruzadas tenemos a los bizantinos y a los árabes en franca decadencia, mientras que los reinos cristianos de Occidente inician un espectacular despegue social y económico que permitió la organización de expediciones militares de gran envergadura.

En lo que a la cristiandad se refiere, uno de los factores que nos ayudan a entender la existencia de las cruzadas es la aparición, en los albores del II milenio, del cristianismo de guerra. Recordemos que el cristianismo era, al principio, pacifista y contrario a la guerra, hasta tal punto que, cuando languidecía el Imperio romano, las autoridades no dudaron en perseguir a los creyentes en Cristo por su total oposición a cumplir con sus responsabilidades militares. La situación cambió a partir del siglo IV ante la necesidad de defender un imperio (ahora cristiano) amenazado por pueblos paganos (san Ambrosio llamó a la lucha contra los invasores). A pesar de todo, perduró la desconfianza y la repulsa hacia la guerra, por lo que el uso de las armas y el derramamiento de sangre quedó terminantemente prohibido para los eclesiásticos, con la única excepción de pequeños grupos de monjes guerreros que encontramos en la península ibérica y en Prusia.

Los planteamientos esenciales de la nueva concepción cristiana de la guerra fueron elaborados, mucho tiempo atrás, por san Agustín, precursor de las ideas de santo Tomás y del español Francisco de Vitoria, cuando defiende la idea de emprender la lucha armada solo en caso de haber sufrido una agresión previa o como respuesta a una agresión injustificada contra los reinos cristianos. La legitimidad de la guerra es superior, según el santo africano, si se lleva a cabo contra paganos y musulmanes, pero respetando la vida de los no combatientes y sin ánimo de lucro. A partir del siglo VII, la guerra contra el infiel se decoró con una liturgia precisa y, después, se empezó a encomendar a los ejércitos cristianos a la protección de un santo, como san Miguel o Santiago en España. Otro cambio sustancial para comprender la aparición del concepto de guerra santa, y muy en relación con ese proceso de fortalecimiento del poder papal que hemos visto hasta ahora, es la utilización por parte del pontífice de una fuerza militar para defender los territorios de la cristiandad. De igual forma, la aparición de la cruzada se entiende como el intento de pacificación que trató de imponer la Iglesia a partir del año 1000 para restablecer el orden entre los reinos cristianos, dirigiendo la violencia contra los musulmanes que seguían ejerciendo una fuerte presión militar sobre las fronteras de Europa, especialmente en la península Ibérica.

La lucha contra el infiel permitió al papado fortalecer su poder, ya que la cruzada requería la existencia de un jefe religioso supremo que no podría ser otro más que el papa. No es de extrañar, por lo tanto, que el sumo pontífice utilizase como símbolo de la guerra santa una cruz cosida en el pectoral de los primeros guerreros cruzados. Esto no nos debe hacer caer en planteamientos, tan del gusto de los autores seducidos por la corrección política, que tienden a cargar las tintas y convertir en único culpable de los males provocados por las cruzadas a los reinos cristianos, ya que, en lo que a la guerra santa se refiere, sabemos que la Europa cristiana se equiparó al islam que, desde sus mismos orígenes, había desarrollado el concepto de yihad como obligación fundamental de los creyentes y herramienta que nos ayuda a explicar la gran expansión militar árabe a partir del siglo VII.

Otro de los factores que contribuyeron, decisivamente, a la organización de las primeras cruzadas es el fuerte aumento demográfico y económico que experimentaron los reinos cristianos una vez superados los problemas más graves que se habían perpetuado durante una buena parte de la Alta Edad Media. Mención especial merece la inestabilidad provocada por la irrupción de los pueblos de las segundas invasiones sobre las debilitadas fronteras de la cristiandad. Según el medievalista Jacques Le Goff:

> El crecimiento demográfico se tradujo en un elevado número de muchachos, hijos de los medios caballerescos, que carecían de tierras y de mujeres (...) por otro lado, el enriquecimiento de la nobleza le proporcionaba los medios para armarse mejor y emprender expediciones militares.

Además del crecimiento demográfico, en el siglo XI se conjugan una serie de factores y condiciones favorables como un clima benigno, la introducción de nuevas técnicas de cultivo, la roturación de tierras arrebatadas al mar o a los bosques, el aumento de los rendimientos agrarios y artesanales y, por último, una cierta emancipación de los campesinos frente a la presión de la aristocracia latifundista.

No menos importante es la recuperación de la vida urbana, con un destacable aumento de las relaciones comerciales, sobre todo en Italia, donde vemos aparecer una serie de pequeñas repúblicas muy activas económicamente e interesadas en fortalecer su presencia en territorios estratégicos del Próximo Oriente, por lo que, como consecuencia lógica, tendrán un destacado protagonismo a la hora de financiar las primeras cruzadas y costear el mantenimiento de los Estados latinos como Jerusalén. En este recorrido que estamos haciendo para comprender las causas de las polémicas cruzadas, no podemos olvidarnos de la configuración del sistema feudal, que permitió la existencia de un nutrido grupo de caballeros feudales que engrosaron los ejércitos cristianos que marcharon a Tierra Santa, y el interés de la Iglesia de fomentar la piedad popular con el llamamiento a la peregrinación hacia los lugares más sagrados: Roma, Santiago de Compostela y, cómo no, la ciudad de Jerusalén.

La ciudad de Jerusalén fue, durante siglos, el lugar de destino de miles de peregrinos que marcharon hacia Tierra Santa para visitar los lugares por donde había predicado y sufrido martirio el Hijo de Dios. El objetivo de los cruzados fue recuperar estos territorios, especialmente cuando los turcos seléucidas empezaron a emplear una violencia extrema contra los peregrinos cristianos.

A modo de resumen: la primera cruzada terminó con la conquista de Jerusalén en 1099 y la formación de los Estados cruzados palestinos. Embriagados por el éxito, los cruzados se durmieron en los laureles, por lo que los musulmanes conquistaron Edesa en 1144, una acción que fue contestada con la organización de una nueva cruzada, convocada por el papa Eugenio III y con el liderazgo del emperador Conrado II y del rey francés Luis VII, que terminó con una sonada derrota. Más tarde, en 1187, el laureado sultán Saladino destrozó al ejército cristiano en la batalla de los Cuernos de Hattin y, posteriormente, conquistó Jerusalén y todo el reino circundante con la excepción de Tiro. Ya sabemos que nuestro viejo conocido, Federico Barbarroja, ante lo delicado de la situación, emprendió una cruzada con el apoyo del inglés Ricardo Corazón de León y del rey francés Felipe Augusto, pero el fracaso de la expedición después de la muerte accidental del emperador en un río anatolio supuso la renuncia al control de Jerusalén que, desde entonces, quedó en manos de los musulmanes. En tiempos posteriores, un anacrónico fervor de cruzada animó a miles de cristianos a ponerse en marcha para formar parte de expediciones militares que terminaron en el más absoluto fracaso. Estas continuaron hasta la caída de las últimas fortalezas controladas por los cristianos en Tierra Santa: Trípoli cayó en 1289 y Acra y Tiro en 1291.

A pesar del penoso resultado final, el sentimiento de cruzada sigue despertando, en nuestros días, un enorme poder de fascinación e, incluso, vuelve a estar de plena actualidad debido a los lamentables conflictos religiosos que sacuden al mundo en las últimas décadas. Hace unos años tuve el placer de dirigir un número especial de la revista *Clío Historia* dedicado a las cruzadas. En uno de los artículos hablábamos sobre las distintas valoraciones que los historiadores contemporáneos han hecho sobre este proceso histórico. Uno de estos autores, Jean Flori, destacó las múltiples paradojas que caracterizan a las cruzadas:

La primera de estas paradojas hace referencia al hecho de estar dirigidas por miembros de una religión como la cristiana, en su origen pacífica, contra la religión musulmana que incorporaba la *yihad* como una de las principales obligaciones de sus fieles. Con la segunda paradoja, Jean Flori pone el acento en el origen de las cruzadas que él sitúa en la reconquista española, donde observamos los primeros rasgos de sacralización de la guerra contra el islam, como paso previo a la idea de reconquista de los Santos Lugares. Frente a lo que ocurre en España, donde el proceso de reconquista triunfa plenamente, en Oriente esta reconquista no solo fracasa, sino que suscita un devastador contraataque musulmán que termina con la toma de Constantinopla en 1453 y la amenaza otomana sobre toda la Europa oriental, a la que poco después tendrá que hacer frente la todopoderosa monarquía hispánica. Con la tercera paradoja el historiador francés nos recuerda que la cruzada tenía por objetivo socorrer a los cristianos de Oriente y muy especialmente al imperio bizantino, en una situación crítica debido al imparable avance de los turcos seléucidas. Ahora bien, los cruzados no solo fueron incapaces de lograr este objetivo, sino que acentuaron la desunión entre los católicos y los cristianos orientales. Finalmente, con la cuarta paradoja especifica que la intención de Urbano II era la liberación de Tierra Santa y asegurar la peregrinación hasta Jerusalén, pero, tras su fracaso, el papado desvió la lucha contra los «enemigos» interiores: heréticos y cismáticos.

El Oriente Próximo ha sido y sigue siendo escenario de violentos enfrentamientos entre cristianos, judíos y musulmanes. Uno de estos enfrentamientos, el de las cruzadas, siempre ha llamado la atención por ser uno de los acontecimientos más apasionantes de la Edad Media. La comprensión de este proceso histórico se nos antoja complicada, no solo por la evidente controversia que ha generado entre los autores musulmanes y occidentales, sino también por la enorme cantidad de variables que intervienen en su desarrollo. Aun así, consideramos más necesario que nunca aproximarnos a unos hechos que marcaron el futuro de la región para, de esta forma, entender las motivaciones y el impulso que llevó a ambas comunidades a enfrentarse en una lucha que, en determinados contextos, sigue latente.

PRIMER ACTO. *DEUS VULT*

Hasta el siglo xi, los cristianos, obsesionados por expiar sus pecados, habían podido peregrinar hasta Tierra Santa con relativa facilidad, pero la aparición de los turcos en la zona hizo cambiar drásticamente la situación. Desde entonces las peregrinaciones se vieron dificultadas, especialmente cuando empezaron a llegar hasta los oídos de los europeos espeluznantes noticias sobre todo tipo de matanzas y calamidades sufridas por los peregrinos en sus viajes hacia la ciudad santa. A finales de este siglo se inició una guerra de religión, cuyas consecuencias han perdurado en el tiempo hasta generar una desconfianza mutua y una fractura difícilmente reparable entre ambas orillas del Mediterráneo. Con esta idea en su cabeza, Urbano II preparó un gran concilio en la ciudad de Clermont entre los días 18 y 27 de noviembre del año 1095. Allí, el papa pronunció un encendido discurso en el que llamó a todos los cristianos a tomar las armas en el nombre de Dios.

La petición del papa fue acogida con enorme entusiasmo por los asistentes al concilio. Entre estruendosas aclamaciones, Urbano II se dispuso a bendecir las crucecillas de tela roja que los soldados cristianos mandaron coser sobre sus túnicas antes de ponerse en camino para luchar contra los infieles. Los más impacientes se tuvieron que desesperar porque la partida se retrasó hasta el 15 de agosto del año siguiente, por lo que, durante todo ese tiempo, cientos de predicadores llevaron el mensaje del papa por todos los rincones de Europa, desde España hasta Escandinavia, mientras que los caballeros, príncipes, señores y los simples campesinos se preparaban para iniciar la marcha al grito de *Deus vult* (Dios lo quiere). El fervor religioso desatado en Clermont fue el caldo de cultivo perfecto para la aparición de algunos predicadores fanáticos que, por desgracia, fueron capaces de fascinar a unas muchedumbres seducidas por las proclamas de tipos como Pedro el Ermitaño. El éxito de su predicación tuvo como consecuencia la formación de un movimiento espontáneo, formado por hombres y adolescentes sin ningún tipo de formación en el noble arte de la guerra, que dejaron todo de lado para embarcarse en una particular aventura cuyo destino estaba escrito con sangre.

En marzo del 1096, una cruzada popular, integrada por campesinos, trabajadores urbanos, desempleados sin ningún tipo de esperanza, bandoleros y segundones de la nobleza, encabezados por Pedro el Ermitaño, salió de Lorena en dirección a Jerusalén. Después de unas semanas de pesada travesía llegaron a Colonia y, una vez allí, se dividieron en dos grandes grupos: uno dirigido por Pedro y el otro, por Gualterio Sans Avoir. Sin ningún tipo de organización, y confiando en la providencia del Altísimo, la muchedumbre avanzó siguiendo el curso del Danubio, provocando todo tipo de calamidades entre las gentes de los pueblos y ciudades que tuvieron la poca fortuna de presenciar a estos peculiares soldados. Al no tener ni un mendrugo de pan para echarse a la boca, el recurso al saqueo pasó a ser habitual, por lo que, desde el principio, se produjeron roces con las autoridades locales. Las huestes de el Ermitaño tomaron, a sangre y fuego, la ciudad de Semlin, mientras que, en el interior del Imperio romano de Oriente, incendiaron Belgrado, provocando las iras de Alejandro Comneno, hasta tal punto que el emperador bizantino ayudó a los cruzados a pasar el estrecho para asentarse en el golfo de Nicodemia y, así, quitarse a tan incómodos visitantes de encima. Una vez allí, la más absoluta incapacidad de Pedro el Ermitaño se puso de manifiesto al exponer sus tropas ante un enemigo curtido en mil batallas. En Nicea, los turcos emboscaron a miles de hombres armados con guadañas, mazas y garrotes que fueron exterminados sin ningún tipo de compasión. En cuanto a la segunda ola del movimiento que formó la malhadada cruzada popular, no llegó tan lejos, ya que el rey húngaro Colomán, harto de los desmanes provocados por los hombres dirigidos bajo las órdenes de Gottschalk, Volkmar y Emich de Leisingen en las ciudades de Colonia, Espira, Worms, Metz, Praga o Latisbona, optó por terminar con ellos por la vía rápida.

La primera cruzada, propiamente dicha, no fue tan caótica como las populares. Mientras los campesinos eran masacrados en Oriente, los caballeros convocaban a sus huestes antes de partir hacia Constantinopla. En esta ocasión sí podemos hablar de un verdadero ejército, con unos hombres preparados para la guerra, cuyo equipo incluía la típica cota de mallas, el casco, el yelmo, un escudo, la espada y, en su caso, el arco. A todo ello añadimos el equipamiento del caballo, con sus herraduras y el caparazón de cuero con placas de metal que cubrían el pecho y los costados de los animales. Como comprenderá el lector, estamos hablando de una auténtica fortuna que solo podía ser costeada por los caballeros con más recursos. Frente a ellos, los soldados de infantería y los arqueros tenían un equipo mucho más pobre, con lanzas, cuchillos y casi ningún elemento defensivo.

Como dijimos, Constantinopla se convirtió en el lugar de destino de numerosos grupos de combatientes llamados a luchar por la recuperación de Jerusalén. Entre ellos había loreneses, flamencos y alemanes al mando de Godofredo de Bouillon y su hermano Balduino; también llegaron normandos con Bohemundo de Tarento; provenzales acaudillados por Raimundo de Tolosa y franceses e ingleses liderados por Roberto de Normandía. La presencia de este gran contingente provocó una honda preocupación en el emperador Alejo Commeno, por lo que para evitar futuros problemas exigió a los líderes de la Cruzada de los Caballeros un juramento de fidelidad. Después de tensas negociaciones, el ejército cristiano partió hacia el Asia Menor en la primavera del 1097, donde les esperaba una peligrosa marcha por un territorio dominado por los turcos seleúcidas. Durante el trayecto, los cruzados no solo tuvieron que preocuparse por sus peligrosos enemigos, también sufrieron las consecuencias de un clima caluroso y desértico, en el que resultaba casi imposible abastecerse, sobre todo de agua y alimentos.

En esta miniatura medieval observamos una escena del asedio de Antioquía durante la primera cruzada. La captura de esta histórica ciudad, que tanta importancia tuvo durante los momentos iniciales de la historia de la Iglesia, abrió el camino para la conquista de Jerusalén.

El primer enfrentamiento serio se produjo en Nicea, ciudad que siglos atrás había presenciado el primer gran concilio en la historia de la Iglesia. Tras su conquista, el ejército cruzado siguió avanzando hasta llegar a Cesarea. Allí, las tropas se dividieron; el grupo principal marchó hacia Antioquía, el resto, bajo las órdenes de Balduino y Tancredo, atravesaron Cilicia para atacar Edesa que, tras su caída en marzo de 1098, se convirtió en el primer Estado cruzado de Oriente. Mientras

Balduino tomaba Edesa, el resto del ejército se enfrentaba, a cara de perro, contra los turcos durante su trayecto hacia Antioquía. Tras una serie de victorias militares se plantaron, en octubre de 1098, a las puertas de esta ciudad que tanta importancia tuvo a la hora de explicar el nacimiento y éxito de comunidad de creyentes en Jesús, durante las primeras fases de la historia del cristianismo. A las dificultades ya mencionadas, debemos añadir las rivalidades y desconfianzas entre los propios cruzados. Pese a su prestigio y el reconocimiento moral como jefe de la expedición, el legado pontificio, Ademaro de Monteil, poco pudo hacer para imponer su voluntad, por lo que, poco a poco, algunos líderes cristianos empezaron a actuar por su cuenta. A pesar de las dificultades, Antioquía fue tomada después de un largo asedio, abriendo las puertas a la conquista de Jerusalén.

En junio de 1099, la avanzadilla cruzada llegaba a la ciudad santa. Nos imaginamos la escena, con miles de soldados incapaces de ocultar la emoción ante la posibilidad de recuperar aquello que, ahora mismo, tenían casi al alcance de sus manos. Frente a ellos, los fatimíes empezaban a temer por su futuro, sobre todo cuando vieron que unos doce mil soldados cristianos (entre ellos mil caballeros) empezaban a tomar posiciones alrededor de la ciudad. Para los musulmanes no todo estaba perdido porque el gobernador Iftikhar-ad-Dawla había empleado los meses anteriores en preparar la defensa ante la más que previsible llegada de un ejército conquistador. Una de sus primeras actuaciones fue expulsar a la población cristiana de Jerusalén y, para impedir un asedio largo, ordenó cegar los pozos y hacer desaparecer los rebaños y las cosechas almacenadas de la región, mientras él se aprovisionaba hasta los topes. ¿Qué ocurre en el campamento cristiano?

A pesar de que la moral era alta, no todo pintaba de color de rosa, porque los comandantes se dieron cuenta de la escasez de efectivos para completar el asedio y, aún peor, no contaban con armas de asedio necesarias para la toma la ciudad. Más preocupación provocaba la posible llegada de un ejército fatimí desde Egipto y, sobre todo, las disputas entre los líderes cruzados debido a la ausencia del legado Ademaro, un hombre equilibrado y flexible cuya presencia habría servido para evitar los futuros excesos protagonizados por los cruzados. Lo peor de todo llegó tras el establecimiento del cerco porque, conforme fue avanzando el verano, el calor y la sed empezaron a hacer estragos entre los cristianos, obligados a sobrevivir, sin apenas recursos hídricos, y con unas temperaturas que solían superar los cuarenta grados. Ante esta situación, y para evitar que cundiese el desánimo entre los sitiadores, se planteó una primera intentona, pero la falta de máquinas de asalto hizo inevitable la derrota.

La moral empezaba a estar por los suelos, por lo que el 8 de julio de 1099 los comandantes cruzados organizaron una procesión encabezada por sacerdotes y obispos, acompañados de reliquias sagradas. Mientras los cristianos recorrían el perímetro de la ciudad entonando salmos y oraciones, en lo más alto de las murallas, los fatimíes organizaron otra procesión, esta burlesca, para mofarse de sus enemigos. Las súplicas de los cristianos encontraron respuesta porque, poco después, llegó al campamento cruzado un grupo de soldados genoveses cargados con pertrechos y los elementos necesarios para construir las máquinas de asedio necesarias para iniciar un ataque con garantías de éxito. El 14 de julio dio comienzo la batalla y, tras unas horas de feroz combate, el gobernador Iftikhar, refugiado en la torre de David, ofrecía la ciudad a cambio de salvar su vida y la de los miembros de su guardia personal. La primera cruzada terminó con una gran victoria, porque los europeos no solo lograron recuperar una amplia franja de tierra situada entre Siria y Egipto, sino que también se hicieron con algunas de las reliquias más preciadas y buscadas por la cristiandad, como la vera cruz, la sábana santa o la lanza del destino. Cuentan las leyendas que, en su recuperación, tuvieron un especial protagonismo los templarios, unos caballeros que, bajo el pretexto de vigilar el territorio hostil que separaba el puerto de Jaffa de Jerusalén, protagonizaron uno de los episodios más extraños y enigmáticos de la historia de la Iglesia.

SALADINO Y LA BATALLA DE LOS CUERNOS DE HATTIN

A partir del 1130 asistimos al despertar de la yihad entre los fieles musulmanes, especialmente durante el mandato del gobernador turco Zengi, cuyo primer objetivo fue la lucha contra los cristianos y la reconquista de todos y cada uno de los Estados cruzados de Oriente. La contracruzada islámica comenzó con la conquista de la estratégica plaza de Alepo. Para ello, Zengi aprovechó las disputas entre los bizantinos y los nuevos Estados cruzados surgidos a raíz de la primera cruzada y, por eso, no tuvo demasiadas dificultades para arrebatar territorios en el principado de Antioquía y en el condado de Trípoli. La gran victoria del turco se produjo en 1144 cuando, al mando de un numeroso ejército, conquistó y arrasó la ciudad de Edesa, provocando un auténtico baño de sangre entre la población cristiana que se encontraba atrincherada detrás de las murallas de la ciudadela. La derrota provocó una honda preocupación, por lo que Eugenio III llamó a una nueva cruzada. Desde Vézelay, san Bernardo de Claraval empezó a predicar con un espíritu fervoroso y la respuesta no se hizo esperar. Miles de cristianos se unieron ante la posibilidad de tomar la cruz y marchar hacia Oriente para luchar por su religión y, así, redimir sus pecados.

La batalla de los Cuernos de Hattin fue una resonante victoria de Saladino contra un ejército cristiano, en inferioridad numérica, condenado a morir de sed mientras combatía. Hattin marcó un punto de inflexión en la historia de las cruzadas. Jerusalén cayó poco después de la batalla y le siguieron otras muchas ciudades y fortalezas.

En esta ocasión, los principales protagonistas fueron Conrado III de Alemania y Luis VII de Francia. Como cuarenta años atrás, miles de cruzados se echaron a los caminos y atravesaron Europa para llegar a Oriente, donde los ejércitos cristianos fueron emboscados y diezmados hasta perder una buena parte de sus efectivos. Solo unos pocos llegaron a Jerusalén, donde se unieron a un ejército cansado y desmoralizado que sufrió una estrepitosa derrota en Damasco. El fracaso de la segunda cruzada demostraba que, en Oriente, el equilibrio de fuerzas se empezaba a romper en favor de los musulmanes. Con los cristianos a la defensiva, tras la muerte de Zengi el protagonismo pasó a manos de uno de sus hijos, Nûr al-Dîn, gobernador de Alepo y Edesa, un hombre voluntarioso y totalmente decidido a imponer la unidad política en Oriente bajo el poder del islam. Nûr al-Dîn enarboló la bandera de la yihad y, al frente de un ejército de enardecidos guerreros musulmanes, se lanzó a la conquista de Antioquía. Después de esta demostración de fuerza, los musulmanes ocuparon las tierras a la derecha del Orontes y, poco después, tomaban Tortosa, cortando las líneas de comunicación entre Trípoli y Antioquía. Su carrera de victorias alcanzó un punto álgido en 1154, cuando Nûr al-Dîn entraba triunfal en la poderosa ciudad de Damasco consiguiendo la tan deseada unificación de Oriente (con la excepción de las cada vez más escasas posesiones de los cristianos).

Mientras todo esto ocurría, el rey Balduino III de Jerusalén sacaba fuerza de flaqueza, emprendía la guerra contra los egipcios y ponía contra las cuerdas a los fatimíes, quienes, bajo el reinado de Amalarico I de Jerusalén, estrecharon alianzas con los cristianos ante el avance de Nûr al-Dîn. Desgraciadamente la codicia enturbió el buen juicio del rey de Jerusalén, ya que, cuando marchó hacia Alejandría para ayudar a sus nuevos aliados frente a los sirios, quedó impresionado por las riquezas que encontró a su alrededor y, de forma absurda y temeraria, se lanzó a la conquista de la ciudad que logró resistir aun a costa de entregar un espectacular botín a Amalarico. La jugada no le salió bien al rey porque su acción favoreció el acercamiento de los fatimíes con Nûr al-Dîn, terminando, de esta manera, con la esperanza de mantener fragmentado el mundo musulmán en dos grandes bloques. Tras la muerte del gobernador turco en 1174, se inició un periodo de lucha entre los sucesores, entre los que destacó Yûsuf-Salah al-Dîn, Saladino, que logró imponer su poder en Egipto y convertirse en uno de los caudillos más aclamados del mundo islámico.

Saladino empezó a labrar su futuro desde el principio. Desde Egipto llamó a los fieles del islam a reemprender la lucha a muerte contra los cristianos. Con el ánimo enaltecido por la intensa propaganda religiosa de su líder, el ejército de Saladino salió de Egipto hacia la conquista de Siria y Mesopotamia, consiguiendo imponer su dominio sobre un territorio amplio entre el Tigris y la Cirenaica. El siguiente objetivo no podía ser otro más que Jerusalén, donde, por aquel entonces, reinaba Balduino IV, el Rey Leproso, o Cara Cerdo como se le conoció debido a las numerosas deformidades físicas provocadas por la enfermedad. El primer intento de conquista se saldó con una estrepitosa derrota para el ejército de Saladino en la batalla de Montgisard, en la que un pequeño ejército cristiano formado por cerca de cuatro mil infantes y unos trescientos cincuenta caballeros (entre ellos ochenta templarios que tuvieron un enorme protagonismo en el choque) puso en fuga a un ejército de cerca de treinta mil hombres. Durante toda su vida, Balduino IV emprendió una lucha heroica contra fuerzas muy superiores, por lo que Saladino terminó aceptando la realidad y firmó una paz que fue muy bien acogida por los cristianos. Lamentablemente, el nefasto Reinaldo de Chatillon, príncipe de Antioquía, cometió el garrafal error de atacar una caravana musulmana que hacía el recorrido entre Siria y la Meca, por lo que Saladino, con la excusa perfecta, consideró rota la precaria paz religiosa y se lanzó de nuevo a la guerra al mando de un ejército compuesto por unos cincuenta mil hombres. Para los cristianos no parecía existir ningún tipo de esperanza, pero, a pesar de todo, los cruzados marcharon hacia el mar de Tiberíades, guiados por el nuevo rey de Jerusalén, Guido de Lusignan.

El 3 de julio de 1187, los cristianos acamparon en Hattin, una planicie coronada con dos picos de más de cien metros de altura. Después de una tensa noche, la mañana siguiente descubrieron que estaban totalmente rodeados por las tropas de Saladino. Al tener una aplastante superioridad numérica, los musulmanes no tuvieron dificultades para lanzar una carga tras otra que fueron rechazadas, no sin dificultades, por unos cristianos que empezaron a luchar a la desesperada, como gato panza arriba. Conforme fue pasando el día, el calor y el cansancio hicieron mella en los cristianos, por lo que después de una feroz e inmisericorde batalla fueron finalmente aniquilados. La suerte de los supervivientes fue terrible, ya que los caballeros del Temple y del Hospital fueron inmediatamente asesinados, mientras que el resto de los combatientes fueron vendidos como esclavos. El camino hacia Jerusalén quedó abierto, por lo que Saladino reemprendió la marcha y sitió la ciudad en septiembre de este mismo año. La población, aterrorizada, se rindió incondicionalmente y abrieron las puertas para ver como los nuevos conquistadores los convertían en sus esclavos. Casi cien años después de su conquista, Jerusalén volvía a manos del islam. La caída de Jerusalén cayó como un jarro de agua fría sobre toda la cristiandad.

Ricardo Corazón de León fue uno de los grandes protagonistas de las cruzadas, prototipo de caballero que puso su espada al servicio de la Iglesia y motivo de inspiración de la literatura épica que empezó a florecer en estos siglos.

Como en otras ocasiones, miles de voces de clérigos llamando a una nueva cruzada volvieron a escucharse desde España hasta las interminables estepas de la Europa oriental. Por desgracia para los cristianos, el extraordinario entusiasmo con el que fue acogida la primera cruzada en tiempos de Urbano II era algo del pasado. Aunque la llamada del papa no tuvo el efecto deseado, la gravedad de la situación hizo que Ricardo Corazón de León, Felipe Augusto de Francia y Federico I Barbarroja diesen un paso adelante y optasen por tomar la cruz para ponerse en camino y protagonizar la tercera cruzada, cuyos principales acontecimientos quedaron grabados en la memoria de los europeos. La principal esperanza reposaba en el ejército de Federico que tomó la ruta terrestre hasta llegar a la región de Cilicia, donde se produjo la desgracia porque, poco antes de llegar a su meta, tuvo la mala suerte de morir ahogado en junio de 1190, después de sufrir una aparatosa caída mientras atravesaba las aguas del río Saleph, en Anatolia. Dejamos de lado la historia, por unos momentos, para sumergirnos en el mundo de la leyenda.

Cuentan las tradiciones que los súbditos del emperador intentaron conservar su cuerpo en una especie de barril repleto de vinagre. Al fracasar, optaron por enterrar parte de sus restos en la iglesia de San Pedro de Antioquía, sus huesos en Tiro y su corazón y el resto de los órganos en Tarso. Otra teoría, esta mucho más atractiva, asegura que el cuerpo nunca fue encontrado, y eso hizo aumentar el número de leyendas relacionadas con su muerte y el destino de su espíritu, que según los más imaginativos habría permanecido vivo en el interior de una estatua de piedra oculta en una cueva desconocida en la Turingia alemana. Por si pudiese parecer poco, estas mismas leyendas aseguraban que la barba de Barbarroja no había dejado nunca de crecer, mientras su estatua esperaba pacientemente, sentada frente a una mesa y con su espada debidamente ceñida al cinto, el momento esperado en el que un nuevo héroe de raza germánica se presentase ante ella y se mostrase digno de empuñar el arma para ponerse al frente de la nación alemana y llevarla al lugar que le correspondía. Para convertir esta leyenda en el perfecto argumento de una película de aventuras al más puro estilo Indiana Jones, hay quien dice que los miembros de la Ahnenerbe nazi habrían buscado la espada de Turingia para entregársela al dictador debido a su supuesto interés por hacerse con este tipo de objetos mágicos y de poder. ¡Ahí es nada!

Con la muerte del emperador, la tercera cruzada había sufrido un revés que no pocos consideraron definitivo. ¿Qué hacían, mientras tanto, los otros protagonistas? El rey francés logró desembarcar en Tiro y, por su parte, los ingleses se apoderaban de la isla de Chipre, donde se hicieron con un suculento botín. Desde estos lugares, franceses e ingleses unieron sus fuerzas y marcharon contra Acre, una ciudad estratégica que cayó después de un largo de asedio. A pesar de la muerte de Barbarroja, el inicio de la tercera cruzada se antojaba prometedor, pero las cosas empezaron a torcerse cuando Felipe Augusto, acuciado por problemas internos, se vio obligado a reembarcar sus tropas y dejar solo a Ricardo Corazón de León, quien ganó fama merecida por su valentía, su talento estratégico y tenaz resistencia contra Saladino. Con el paso de los meses, el cansancio se apoderó de cristianos y musulmanes, por lo que el rey inglés y el sultán negociaron un tratado por el que los cristianos se aseguraron una estrecha franja costera entre Tiro y Jaffa. Aunque Jerusalén quedaba en manos musulmanas, Saladino se comprometió a ofrecer protección a los peregrinos que decidiesen visitar la ciudad santa durante los siguientes años. No podemos negar la valentía y el buen hacer de Ricardo Corazón de León a la hora de frenar a Saladino, pero en general los resultados de la tercera cruzada fueron negativos porque, desde ese momento, los cristianos empezaron a cuestionarse la conveniencia de sostener ese enorme esfuerzo para conservar una franja de tierra tan limitada, amenazada constantemente por un enemigo infinitamente superior en número.

LAS CRUZADAS MENORES

Dijimos que el papa Inocencio III fue uno de los sumos pontífices que más alabanzas han recibido, especialmente por su habilidad política y por ser un hombre de elevada cultura, aunque tampoco han faltado las críticas por su intención de utilizar el movimiento cruzado en su propio beneficio, o lo que es lo mismo: para imponer la supremacía papal en una Europa aún fragmentada por el feudalismo y por la constante lucha entre el papado y el imperio. Para tal fin, Inocencio III organizó una cruzada, la cuarta, con el objetivo de conquistar Egipto y después marchar sobre Jerusalén. Como en ocasiones anteriores, miles de cristianos de Francia, Alemania e Italia acudieron a la llamada, pero en esta ocasión la marcha de los acontecimientos dejó a la cristiandad totalmente consternada.

Para llegar a Oriente, los cruzados debían contar con la ayuda de la República de Venecia, cuya flota era necesaria si se quería transportar un descomunal ejército compuesto por miles de caballeros e infantes. Al no poder reunir el dinero suficiente, el poco escrupuloso *dux* de Venecia, Enrico Dandolo, propuso a los dirigentes de la cruzada rebajar el precio a cambio de que le ayudasen a conquistar Zara, en la actual Croacia (por aquel entonces bajo la soberanía del rey de Hungría). Después de no pocas vacilaciones (debemos recordar que hasta ese momento la cruzada se hacía para combatir al infiel), los cruzados hicieron de tripas corazón y partieron hacia la conquista de la plaza. Después de cinco días de combates, Zara cayó en manos de los invasores, quienes no dudaron en destruir palacios e iglesias y apoderarse de un buen botín.

Aunque las cruzadas se idearon para arrebatar Tierra Santa a los musulmanes, la cuarta cruzada terminó con el saqueo y la parcial destrucción de Constantinopla. Este episodio provocó un mayor distanciamiento entre los cristianos occidentales y los orientales.

Mientras pasaban el invierno en esta bella ciudad, bañada por las aguas del mar Adriático, los cruzados recibieron la petición de ayuda de Alejo, hijo del emperador bizantino Isaac II el Ángel, que había sido destronado, cegado y encerrado por el usurpador Alejo III. A cambio de su ayuda, el joven príncipe prometió un cuantioso botín, su ayuda para reconquistar Jerusalén y, aún más importante, subordinar la Iglesia ortodoxa al papado. Lógicamente, los cristianos empezaron a frotarse las manos ante una propuesta tan generosa. Si todo salía bien, y la debilidad de los bizantinos contribuía a ello, los venecianos podrían recuperar los privilegios comerciales en Oriente, el papa Inocencio conseguiría la tan ansiada reunificación de la cristiandad y los caballeros cruzados un nuevo botín. La decisión estaba tomada. El objetivo de la cuarta cruzada debía ser la ciudad de Constantinopla. Cuando los barcos cruzados empezaron a dejarse ver por la línea del horizonte, los bizantinos cerraron las puertas de la ciudad en apoyo del usurpador, por lo que los recién llegados decidieron pasar a la acción.

La conquista se llevó a cabo sin demasiados problemas, por lo que Isaac II fue liberado y su hijo, con el nombre de Alejo IV, coronado como nuevo emperador. El problema fue que la situación económica de Constantinopla era peor de lo esperado, con las arcas totalmente vacías, situación que hizo imposible el pago de lo estipulado en Zara. Para complicar aún más las cosas, el pueblo y los representantes de la Iglesia ortodoxa recibieron a los cruzados de mala manera, no como libertadores y protectores, sino como conquistadores, por lo que, de forma casi inmediata, se produjeron altercados y episodios violentos como el incendio del barrio donde tenían sus negocios los mercaderes italianos. La desconfianza se convirtió en abierta hostilidad cuando Alejo Murzuflo (llamado así por sus pobladas cejas) se puso al frente de la revuelta y obligó a los cruzados a abandonar la urbe.

La ofensa no fue fácil de digerir, por lo que los cruzados no perdieron el tiempo y empezaron a preparar la contraofensiva para recuperar Constantinopla. La batalla final se inició con un ataque dirigido hacia las murallas del Cuerno de Oro, mientras los zapadores minaban los muros bajo una continua lluvia de proyectiles. El 12 de abril de 1204 las defensas de Constantinopla colapsaron y los cruzados entraron a sangre y fuego en la ciudad. Según el cronista Nicetas Coniata:

> Destrozaron las santas imágenes y arrojaron las sagradas reliquias de los mártires a lugares que me avergüenza mencionar, esparciendo por doquier el cuerpo y la sangre del Salvador (…). En cuanto a la profanación de la Gran Iglesia, destruyeron el altar mayor y repartieron los trozos entre ellos (…). Tampoco mostraron misericordia con las matronas virtuosas, las doncellas inocentes e incluso las vírgenes consagradas a Dios.

Los venecianos, entre otros excesos, robaron preciadas obras de arte como la cuadriga que en la actualidad los turistas siguen presenciando en la fachada de la iglesia de San Marcos, además de no pocos tesoros de Santa Sofía e, incluso, las tumbas de los antiguos emperadores y las estatuas de bronce que encontraban en calles y plazas. Tras el saqueo, los conquistadores establecieron el Imperio latino que se prolongó durante cerca de medio siglo, el tiempo suficiente para que la ciudad decayese, tanto material como demográficamente, hasta que, en 1261, Miguel VIII Paleólogo se apoderó de la urbe con la ayuda de una escuadra genovesa. Bizancio volvía a ser griega, pero el esplendor ya solo era, a estas alturas de su historia, un vago recuerdo del pasado.

No todas las cruzadas tuvieron por protagonistas a poderosos reyes, príncipes, nobles y afamados hombres de armas. Ya vimos el caso de Pedro el Ermitaño, cuyo sueño de conquistar Jerusalén terminó en tragedia, pero esta no fue la única de las denominadas cruzadas populares. Según las fuentes, después de la cuarta cruzada, en Europa se organizaron nuevas expediciones compuestas por gente humilde (incluso niños y adolescentes) que, supuestamente, habrían partido hacia Tierra Santa con la intención de recuperar los Santos Lugares. Decimos supuestamente porque detrás de estos hechos se entremezclan acontecimientos reales y otros ficticios que no siempre resultan fáciles de distinguir.

Cuentan diversas tradiciones que hacia el 1212 un joven iluminado, Esteban de Cloyes, tuvo una serie de visiones y decidió marchar por los pueblos de media Francia invitando a los niños más crédulos a seguirle en una temeraria cruzada. Su carisma, unido al poco sentido común de aquellos que tuvieron la poca fortuna de toparse con él, hizo que veinte mil jóvenes se uniesen a la causa de este chico que, de forma machacona, aseguraba haber recibido un mensaje de Dios: partir hacia el este y liberar, costase lo que costase, Tierra

Santa y, lo más difícil todavía, contando solo con la ayuda de los niños. Sin armas, sin mapas, sin experiencia y sin ningún tipo de formación emprendieron su marcha hacia el sur, pero las adversas condiciones meteorológicas, al hambre y al cansancio terminaron haciendo mella y provocaron la muerte de casi la mitad del contingente, mientras que otros muchos terminaron desertando. Al parecer, solo dos mil chavales llegaron hasta Niza, en el sur de Francia, donde les esperaban unos mercaderes sin escrúpulos que les ofrecieron unos barcos en penoso estado para iniciar viaje hacia Oriente sin saber que estaban cayendo en una trampa. Dos de los barcos naufragaron cerca de la isla de Cerdeña, llevándose hasta el fondo del mar los cuerpos sin vida de varios cientos de jóvenes, mientras que los barcos restantes llegaron hasta el puerto de Alejandría, donde los niños fueron vendidos como esclavos.

No todos saben que *El flautista de Hamelín* es una leyenda alemana, documentada por los Hermanos Grimm, que pudo estar inspirada en la famosa cruzada de los niños.

No fue esta la única cruzada de los niños. Otra leyenda nos cuenta que un joven pastor, Nicolás de Colonia, sorprendió a propios y extraños al presentarse como un elegido de Dios para guiar a un contingente de jóvenes hasta Jerusalén. Como ocurrió con Esteban de Cloyes, una buena parte de los niños reclutados murió por el camino, pero, en esta ocasión, y por fortuna, cuando la comitiva atravesó los Alpes y se internó en tierras italianas, le salió al paso un obispo con sentido común que logró convencerles de la inutilidad de su empresa, por lo que los supervivientes optaron por dar media vuelta y regresar a la seguridad de sus hogares. Ahora viene lo realmente asombroso, porque cuando llegaron a sus casas (la mayor parte en Alemania) los niños narraron sus aventuras y peripecias, unos relatos que habrían quedado grabados en la memoria colectiva hasta adoptar forma de leyenda. Mucho después, la historia fue puesta por escrito por los hermanos Grimm en un cuento llamado *El flautista de Hamelín*.

Antes de terminar este apartado, regresemos hasta los albores del siglo XIII, momento en el que, como ya tuvimos ocasión de comprobar, se empezó a detectar, con toda crudeza, la crisis del movimiento cruzado. Después de la canallada pertrechada contra Constantinopla, el papa Inocencio III volvió a convocar la cruzada en el Concilio de Letrán de 1215. De nuevo la respuesta de los poderosos fue poco entusiasta, ya que solo unos pocos príncipes alemanes y Andrés de Hungría decidieron unir sus fuerzas y marchar hacia Acre, donde permanecieron cerca de un año hasta que, cansados de la espera, decidieron regresar a Occidente. Algunos cruzados, con ganas de emociones fuertes, permanecieron junto al rey de Jerusalén, cuyo principal objetivo era atacar Egipto. En mayo de 1218, un ejército cristiano desembarcó en Damietta y comenzó un largo asedio que concluyó el 5 de noviembre de 1219 con la conquista de la plaza. La victoria en Egipto fue un espejismo porque, inmediatamente, el ejército cruzado fue derrotado tras ser rodeados por la caballería turca y la implacable infantería nubia. En Occidente, la derrota fue asumida con profundo pesar y con resignación.

A estas alturas muy pocos confiaban en la victoria, por eso los europeos volvieron a encomendarse a Dios y, sobre todo, al emperador alemán Federico II, quien respondió al llamamiento de cruzada del papa Honorio II en 1223. Los problemas se repitieron; otra vez surgió la desconfianza y la rivalidad entre los principales líderes de la cristiandad. La cruzada se retrasó una y otra vez, provocando las iras de Gregorio IX que, cansado de tanta espera, no tuvo mejor idea que excomulgar a Federico II, mientras los musulmanes, cada vez más fuertes, se frotaban las manos ante la total incapacidad de los cristianos para ponerse de acuerdo. Por fin, en 1228 el emperador embarcó a sus hombres con dirección a Siria y llegó en septiembre de ese mismo año, pero para encontrarse con la firme oposición, ahora, de los barones y las órdenes militares que se negaron a colaborar con un excomulgado.

A pesar de los problemas, la actuación de Federico II fue muy positiva, al conseguir cerrar un tratado muy favorable con el sultán egipcio Al-Kamil, por el que consiguió, sin derramar una gota de sangre, recuperar una buena parte de los territorios perdidos, incluida Jerusalén, después del fracaso de Hattin. En 1229, Federico II entraba en la ciudad santa y se hacía coronar rey de Jerusalén en la basílica del Santo Sepulcro. Como imaginará el lector, la alegría duró poco, ya que, debido a los egoísmos personales y el ansia de riqueza de unos pocos, la efectiva política de centralización propuesta por el emperador encontró una radical oposición por parte de los barones empeñados en mantener los privilegios, por lo que, otra vez, el reino de Jerusalén fue debilitándose hasta ser incapaz de ofrecer una mínima resistencia ante el ataque llevado a cabo por los turcos, aliados del sultán egipcio, en 1244. En junio, la ciudad fue ocupada y sus habitantes víctimas de un terrorífico baño de sangre. La última página de esta larga historia de las cruzadas, que llega a su fin, se escribió con el advenimiento de los mamelucos en Egipto. El sultán, Baibars, redobló los ataques y, entre 1263 y 1268, fue sometiendo de forma implacable las últimas poblaciones en manos cristianas: Nazaret, Cesarea, Jaffa y Antioquía. En 1289, caía Trípoli después de un largo asedio y en 1291 San Juan de Acre, cuya derrota frente a los mamelucos ha sido interpretada como el final de la época de las cruzadas, entendido el fenómeno como un reflejo de las profundas transformaciones que sufría Europa entre los siglos XI y XIII.

En su día, las murallas de San Juan de Acre, junto a la costa, fue lo primero que vieron los miles de peregrinos que llegaron a Tierra Santa para peregrinar hasta Jerusalén. La caída de esta ciudad marcó el final de las cruzadas.

Hasta ahora hemos insistido en el carácter negativo que tuvo el movimiento cruzado. ¿Encontramos aspectos positivos? Para contestar a esta pregunta debemos tener en cuenta que las cruzadas solo deben entenderse en el contexto de la fe medieval y en la idea de la lucha contra el infiel que había dado tan buenos resultados en la España de la Reconquista. Aunque terminaron en un fracaso militar, es cierto que, en algunas ocasiones, contribuyeron a extender la idea de unidad en Occidente e, incluso, sirvieron como válvula de escape para rebajar tensión en el enfrentamiento entre el pontificado y el imperio. Otro elemento para destacar fue que facilitó el proceso centralizador de las monarquías europeas, mientras que las gestas de alguno de sus protagonistas, como Ricardo Corazón de León, sirvieron de modelo de la literatura épica que empezó a florecer en estos siglos.

NON NOBIS, DOMINE, NON NOBIS

En el siglo XII, ante la necesidad de hacer frente a las segundas invasiones, la caballería terminó convirtiéndose en una formidable fuerza militar, con unos ideales que empezaron a ser ensalzados por todos los rincones de Europa. Dentro del mundo de la caballería destacamos las órdenes religiosas y militares, formadas por unos individuos dispuestos a defender su religión con la espada en una mano y un crucifijo en la otra. Entre las órdenes militares más afamadas destacamos la de los hospitalarios, la de los templarios y los teutones, mientras que, en España, encontramos nuevas órdenes que surgieron en el contexto de la Reconquista, siendo las más importantes las de Santiago, Alcántara y Calatrava. La Edad Media es una época evocadora para todos los que nos sentimos atraídos por el estudio de nuestro pasado. En nuestra imaginación, al igual que en el recuerdo de las generaciones pasadas, quedó grabada la existencia de grandes castillos, de poderosas reliquias y afamados caballeros cabalgando a lomos de hermosos corceles que mostraron su valor en el campo de batalla. En esta visión, por supuesto estereotipada de lo que fue la Edad Media, no podían faltar las órdenes militares y, dentro de ellas, los templarios por haberse relacionado con la práctica totalidad de los enigmas más fascinantes de los tiempos medios, aunque también por las extrañas circunstancias en las que se produjo su desaparición. ¿Qué eran las órdenes monásticas?

La característica que mejor las define es la combinación de modos de vida militares y religiosos. En sus orígenes, surgieron como reacción de un grupo de caballeros, que después adquirieron un enorme prestigio en sus respectivos reinos, decididos a arriesgar sus vidas para proteger a los peregrinos y las recientemente conquistadas tierras de Oriente. Los miembros de las órdenes monásticas tenían la obligación de asistir a los servicios conventuales y acatar los votos de pobreza, castidad y obediencia, y, del mismo modo, eran guerreros perfectamente adiestrados para la guerra, por lo que su presencia en el campo de batalla fue, en muchas ocasiones, determinante. La Orden de los Caballeros del Templo, o templarios, fue una de las primeras en fundarse, en 1118. Según José Luis Martín, en su libro *Cruzadas*, publicado en 1985, la aparición de la orden se debió a Hugo de Payns:

> Un cruzado procedente de Champagne, que con ocho compañeros fundó una cofradía para proteger a los peregrinos que se dirigían a los Santos Lugares; su labor fue reconocida por el rey de Jerusalén que les cedió una parte de las dependencias del palacio real, el antiguo templo de Salomón, del que tomaron el nombre.

A los caballeros del Temple se les reconocía fácilmente por vestir una capa blanca sobre la que destacaba una llamativa cruz roja y por sus austeras costumbres. Como tendremos ocasión de ver, a estos Pobres Caballeros de Cristo se los relacionó con la posesión de las reliquias crísticas más importantes y, de igual forma, con una enorme riqueza que hizo despertar la codicia del rey francés Felipe IV.

La Orden del Temple, formada por aguerridos monjes-guerreros, tuvo un especial protagonismo en los sucesivos enfrentamientos entre las tropas cristianas y los ejércitos islámicos tanto en el Próximo Oriente como en la península ibérica. Los templarios destacaron por su inquebrantable disciplina, por su valor en el combate y por su capacidad de adaptación para luchar en todo tipo de situaciones.

Otra de las grandes órdenes de la cristiandad fue la Soberana y Militar Orden Hospitalaria de San Juan de Jerusalén de Rodas y de Malta (Orden de Malta) creada para atender a los peregrinos enfermos y necesitados que, movidos por la devoción, y después de recorrer miles de kilómetros, llegaban a Jerusalén para visitar los Santos Lugares. Al igual que ocurrió con los templarios, asumieron funciones militares (su vestimenta constaba de una capa roja con cruz blanca). Los caballeros de la Orden de Malta tuvieron un enorme protagonismo en la defensa de los Estados cruzados, pero tras la pérdida de su gran bastión, el castillo del Crac de los Caballeros, se retiraron a Rodas y después a Malta, gracias a la donación que les hizo el rey Carlos I. La tercera gran orden, la de los Caballeros Teutónicos, se fundó en 1190 para proteger a los peregrinos alemanes que viajaban hacia Tierra Santa, aunque después centraron sus esfuerzos en la conversión de los paganos del Báltico y Prusia, por lo que su labor en la cristianización de las tierras más septentrionales del continente europeo resultó definitiva.

Entre todas ellas, la Orden del Temple nos sigue llamando más la atención debido a la aureola romántica que adquirieron los caballeros, sobre todo a partir del siglo XIX. De ellos decía san Bernardo que en la batalla cubrían su cuerpo con una armadura de hierro, y su espíritu de fe, por lo que, desde muy pronto, se terminaron convirtiendo en las tropas de élite del rey de Jerusalén. Estaban organizados en función de la jerarquía feudal imperante, con los caballeros en la cúspide como encargados de proteger, con su fuerza, a los otros miembros de la orden y de luchar contra los enemigos de la fe (equivalente a los *bellatores* de Adalberón de Laon). Los capellanes se dedicaban, por su parte, a la oración, mientras que los hermanos de oficio eran los encargados del trabajo cotidiano. Desde el punto de vista territorial, la encomienda era la unidad básica y estaba formada por la casa madre y dependencias anexas. Las encomiendas se agrupaban en provincias que, en su momento de máximo esplendor, se extendieron por toda Europa hasta tejer una red cuyo poder llegó a suponer una amenaza para las principales monarquías, especialmente para Francia.

Al frente de la orden estaba el maestre, apoyado por el Gran Consejo, entre los que destacaban el senescal y el mariscal. El senescal estaba considerado como la segunda autoridad por lo que sustituía al maestre durante sus ausencias. El mariscal era el comandante militar, máximo responsable del entrenamiento y la disciplina, un hombre que debía gozar de la total confianza de los caballeros; en combate llevaba el *baussant*, el estandarte que señalaba el lugar donde debía reagruparse la temida caballería templaria para cargar contra el enemigo. Para demostrar su valentía, el mariscal cabalgaba al frente de sus hombres, ya que le correspondía el honor de actuar como punta de lanza.

Ingresar en la orden no estaba al alcance de todos y, aún

menos, superar el duro entrenamiento, tras el cual el aspirante recibía del maestre la capa blanca que lo identificaba. Desde ese momento, su vida, su día a día, pasaba a estar regida por la rígida regla, similar a la del Císter, que había sido otorgada por san Bernardo de Claraval. La vida del caballero templario no se distinguía mucho de la de los otros monjes, ya que pasaba una buena parte de la jornada asistiendo a los distintos oficios durante las horas canónicas. Recordemos que en los monasterios medievales la vida estaba totalmente regulada y que la disciplina podía llegar a ser espartana. Con los templarios ocurría lo mismo; durante las comidas no podían hablar entre ellos, ya que, durante todo este tiempo, permanecían en silencio y escuchando, con atención, la voz de uno de los hermanos que, desde el púlpito, leía algún pasaje en el que se recordaba la vida de un monje ejemplar. La dieta era muy austera, como austera era su vida, al estar sometido a todo tipo de prohibiciones como la de no jugar al ajedrez, hacer regalos, comer y beber fuera de las horas establecidas y, por supuesto, mantenerse alejado de las mujeres. Como prueba de humildad, y para dar ejemplo, entre sus obligaciones destacaban dar la comida a los pobres y ofrecer hospitalidad al caminante.

El caballero templario no solo tenía que cumplir con sus obligaciones religiosas, tampoco podía descuidar la que siempre fue su gran vocación (especialmente en los primeros momentos): su formación militar para poner su espada al servicio de la Iglesia. Aún podemos imaginar a los templarios formando en el campo de batalla, donde debían presentar un aspecto sobrecogedor. Vestidos con sus cotas de malla, con su típica túnica blanca con la cruz roja, los caballeros se agrupaban en escuadrones dirigidos por el comendador. Al frente de todos ellos se situaba el mariscal, portador del estandarte, protegido por diez caballeros. Para el templario no existía alternativa a la derrota, ya que la regla le obligaba a luchar hasta la muerte al no tener derecho a huir de la batalla ni a renegar de su fe o pagar un rescate si eran capturados. No fueron pocas las ocasiones en las que los caballeros tuvieron la oportunidad de demostrar su heroicidad en el campo de batalla, como en los Cuernos de Hattin.

Para ser sinceros, y no caer en la tentación de la idealización, debemos de reconocer que los templarios no siempre dieron ejemplo de lealtad a sus principios, sobre todo en lo que a voto de pobreza se refiere. Tanto es así que, durante su época de esplendor, se convirtieron en auténticos banqueros. En las encomiendas, no era infrecuente la acumulación de grandes cantidades de monedas y joyas que los más afortunados les confiaban para que quedasen a buen recaudo y bajo la estricta vigilancia del tesorero de la orden. La confianza que despertaban contribuyó a que los templarios empezasen a negociar con todas estas riquezas y a conceder préstamos que les generaron enormes beneficios hasta amasar una gran fortuna. Su presencia, así como su poder, se extendió por todos los reinos cristianos del Occidente europeo, entre ellos los de la península ibérica, donde podemos encontrar una enorme cantidad de lugares en donde sigue palpitando el recuerdo del pasado templario (para saber más sobre este tema puede consultar el libro que publiqué en esta misma editorial: *Eso no estaba en mi libro de historia de la Edad Media*).

Ahora que llegamos al final de este capítulo y que nos acercamos al final de la historia medieval de la Iglesia, creemos llegado el momento de ponernos, de nuevo, la chaqueta de explorador y recorrer un trepidante viaje para tratar de comprender todos los enigmas relacionados con la Orden del Temple. Como tendrá ocasión de comprobar, la mayor parte de estos relatos tienen un carácter legendario, sobre todo los que relacionan a los Pobres Caballeros de Cristo con la posesión de los más mediáticos objetos de poder, como el santo grial, el arca de la alianza o la santa cruz, con su presencia en tierras americanas antes del descubrimiento oficial o la vinculación de la orden con lugares cargados de misterio como la capilla Rosslyn o Rennes-le-Château, uno de los lugares más decepcionantes de los que he podido visitar.

TRAS LAS HUELLAS DEL TESORO TEMPLARIO

Dijimos que el origen del Temple, y del resto de las órdenes militares no puede entenderse sin tener en cuenta el fenómeno de las cruzadas. Recordará el lector que, desde el principio, los reyes de los Estados cruzados fueron conscientes de la necesidad de contar con hombres de armas para defender sus territorios y a los cientos de peregrinos que volvían a poblar los caminos que marchaban hacia los Santos Lugares. La ocasión no la dejó escapar Hugo de Payns, a quien el rey Balduino le ofreció el privilegio de encabezar una nueva orden, compuesta por un puñado de hombres a los que, de forma sorprendente, les ofreció la mezquita de Al-Aqsa (uno de los lugares más sagrados de Jerusalén al estar sobre la colina del templo) como su base de operaciones. Aquí tenemos el primer gran misterio, porque a los historiadores nunca les ha resultado fácil explicar los motivos por los que una orden, en un principio, tan poco poderosa tuvo la oportunidad de ocupar este espacio privilegiado.

Para tratar de encontrar respuesta a este primer interrogante, los autores más atraídos por este tipo de temas, como Josep Guijarro en *El tesoro oculto de los templarios,* han llamado la atención sobre las actividades que habrían llevado a cabo los templarios durante los primeros años de su historia, cuando, al parecer, habrían permanecido encerrados en el interior de la mezquita de Al-Aqsa excavando, con total secretismo, una serie de túneles en las entrañas de la colina. Algunos historiadores han propuesto la posibilidad de que estas excavaciones respondiesen a la necesidad de contar con unos lugares donde albergar los pocos caballos con los que contaba la orden, al menos en un principio. Por supuesto, esta hipótesis ha generado muchas dudas y no ha podido ser corroborada. Existen otras explicaciones, tal vez más coherentes, para explicar el extraño comportamiento de los caballeros del Temple durante los momentos iniciales de su historia.

Hoy resulta difícil rebatir la creencia de que la conquista de los Santos Lugares vino acompañada por un interés sincero de encontrar las reliquias de la pasión que, según distintas tradiciones, debían seguir ocultas en Tierra Santa. Siendo así, y teniendo en cuenta el lugar en el que la orden ubicó su base de operaciones, no sería descabellado asegurar que los templarios, como hombres de fe y de armas, se sintiesen interesados por encontrar dichas reliquias. Este, y no otro, habría sido el motivo por el que los caballeros se habrían asentado en el lugar. ¿Encontraron algo? No lo podemos saber, al menos por ahora, pero eso no significa que, al menos, lo intentasen, ya que el origen de la orden coincide en el tiempo con el despertar del interés por las reliquias. Al no contar con ningún documento que lo confirme, esta hipótesis no deja de ser una simple conjetura, pero, aun así, investigadores como Michel Lamy, en *La otra historia de los templarios*, hablan sobre uno de los manuscritos del mar Muerto que hacía referencia a la existencia de una enorme cantidad de oro y vasijas sagradas escondidas en la colina del Templo y sobre la posibilidad de que esta historia hubiese sido transmitida mediante la tradición oral hasta llegar a los Pobres Caballeros de Cristo y, por eso, su obsesión por excavar en este mismo lugar. Para regocijo de los enamorados de los misterios históricos, existen otros muchos enigmas que han despertado la curiosidad de los estudiosos más románticos. ¿A qué nos estamos refiriendo?

En los momentos iniciales, la situación económica de la orden no era muy boyante, pero todo cambió después del primer viaje a Europa de Hugo Payns para ganar adeptos a la causa. La gran oportunidad llegó con el apoyo del tantas veces mencionado san Bernardo de Claraval, determinante para comprender el éxito de los monjes-guerreros. Casi del día a la mañana, los templarios se convirtieron en una poderosa organización, independientes de los poderes temporales, y sujetos, únicamente, a la autoridad del sumo pontífice. Desde ese momento, sus bienes y sus privilegios se multiplicaron de forma asombrosa. ¿De dónde procedía todo ese oro, esas increíbles riquezas que despertaron la codicia y la envidia de sus contemporáneos?

A los caballeros templarios se les ha relacionado con todo tipo de misterios y con la posesión de distintas reliquias y objetos de poder como el santo grial y el arca de la alianza. Existen leyendas, por supuesto sin ningún tipo de credibilidad, que hablan sobre la posibilidad de que el arca se encuentre escondida en alguna gruta bajo este castillo de Ponferrada.

Puestos a elucubrar, algunos autores han llegado a proponer la existencia de unos documentos comprometedores que los templarios habrían encontrado en la colina del Templo. Otros, no menos imaginativos, relacionaron sus riquezas con el hallazgo de todo tipo de reliquias y objetos de poder. Según Michel Lamy, existen distintos pasajes en Crónicas y en el Libro de los Reyes referidos al arca de la alianza bajo las ruinas del Templo de Salomón. En este mismo sentido, otra tradición rabínica, citada por el rabino Mannaseh ben Israel, del siglo xvii, afirma que el rey Salomón ordenó construir un escondrijo debajo del Templo cuando fue consciente del peligro al que estaba sometido su reino, al estar rodeado de enemigos mucho más poderosos. ¿Conocieron los templarios estas tradiciones y las utilizaron para buscar el gran objeto de poder de la religión yahvista? No lo sabemos, pero de lo que sí estamos seguros es de que, al margen de este tipo de historias, los templarios siempre fueron unos excelentes administradores cuya pericia los llevó a desarrollar el embrión de lo que después será el sistema financiero que se impuso en Europa en tiempos modernos.

La riqueza acumulada por la orden es la excusa perfecta para hablar del último gran enigma sobre los templarios que trataremos en este apartado. En los albores del siglo xiv, una vez finalizado el periodo de las cruzadas, el rey francés Felipe IV proyectó una endiablada maniobra para terminar con la orden. Los motivos que empujaron al francés a tomar tan drástica decisión han sido analizados desde distintos puntos de vista y en numerosos ensayos. En términos generales, casi todos suelen coincidir en la pésima situación económica por la que atravesaba el reino de Francia, motivo por el cual el rey habría decidido intervenir para hacerse con las riquezas que él, presuntamente, habría observado en la sede de la Orden de París durante una visita previa. En este contexto, en 1305 el avaro Felipe IV empezó a tramar un bochornoso plan aprovechando el aumento de las críticas contra los monjes-guerreros después de la pérdida de sus últimas posesiones en Tierra Santa. El proceso de difamación contribuyó a extender la imagen de los templarios como unos seres depravados, adoradores de ídolos, blasfemos y sodomitas. Con todo a su favor, el francés ordenó a sus consejeros que reuniesen pruebas incriminatorias y, cuando lo tuvieron todo listo, asestaron el golpe mortal a la orden para hacerla desaparecer de la historia.

El viernes 13 de octubre de 1307, cientos de oficiales del rey francés abrieron un misterioso sobre con unas instrucciones muy precisas. Los miembros de la orden, sobre todo sus dirigentes más destacados, debían ser capturados y sus bienes confiscados. Las detenciones se iniciaron en la imponente Torre del Temple de París, donde se cobijaba gran parte del tesoro templario, y por ser el lugar donde se alojaba Jacques de Molay, último gran maestre de la orden. Dijimos que, supuestamente, el rey de Francia había visto en el interior del edificio, con sus propios ojos, las enormes riquezas cuya cuantía podría haber servido para salvar la grave situación financiera del reino. Según los historiadores románticos, a los que hemos hecho referencia, las cosas no salieron como se había planificado, ya que, pese a que la mayor parte de los caballeros cayeron en manos de los oficiales, ese gran tesoro nunca fue encontrado. ¿Qué había ocurrido? Es posible, que los servicios de espionaje de los templarios hubiesen descubierto los planes del pérfido rey francés, por lo que tuvieron tiempo de sobra para evacuar su tesoro y ocultarlo en algún lugar secreto para que, de esta forma, no cayera en manos de sus enemigos. También existe la posibilidad de que Felipe IV no ambicionase ningún tesoro, por el simple motivo de que este no existiese, sino que la maniobra se realizó, únicamente, para no tener que hacer frente a la cuantiosa deuda que la monarquía había contraído con la orden durante los años anteriores.

Para terminar, recordemos una antigua leyenda, según la cual, una noche, antes de aquel fatídico 13 de octubre, se vieron unas carretas perfectamente camufladas y escoltadas por guerreros saliendo de la Torre del Temple de París sin rumbo conocido. Aunque no hubo muchos testigos, la acción dio pábulo a la aparición de todo tipo de habladurías sobre lo que pudieron llevar esas carretas y hacia donde pudieron dirigirse. Esta leyenda puede o no basarse en hechos históricos, eso nunca podremos saberlo, pero refleja una idea que siempre ha estado presente en la mente de muchos aventureros obsesionados con la búsqueda del lugar donde fue escondido el famoso tesoro de los enigmáticos monjes-guerreros.

LA REFORMA TRIDENTINA

LA CAUTIVIDAD DE BABILONIA

Los violentos enfrentamientos entre el papado y el imperio provocaron el debilitamiento del régimen de la cristiandad medieval. El declive de los dos grandes poderes coincidió con el auge de las monarquías europeas, entre ellas Francia, y el auge de los nacionalismos eclesiásticos, por lo que el sentido de unidad, característico de la Edad Media, llegó a su fin para dejar a Europa fragmentada en distintos reinos que terminaron recurriendo a la guerra para tratar de afianzar sus posiciones hegemónicas. Estamos a las puertas de la reforma protestante, con unos pueblos germánicos en los que empieza a latir un indisimulado odio hacia Roma, mientras que muchos sectores de la Iglesia claman por un pontificado más espiritual y alejado de los negocios terrenales. Fruto de estas ensoñaciones renovadoras fue la elección como papa del ermitaño Pedro Morone, que tomó el nombre de Celestino V, un hombre honesto y bondadoso que hasta ese momento había vivido en soledad en una cueva de los Abruzzos. Al verse incapaz de lidiar con los turbios problemas de la Iglesia, el *papa angélico* terminó renunciando cinco meses después de su elección.

Le sucedió Bonifacio VIII, un jurista apasionado con la idea de la supremacía papal, famoso por su energía y rigorismo, cuyo pontificado abrió una de las crisis más dramáticas en la historia de la Iglesia. Frente al talante pacificador y bondadoso de Celestino, Bonifacio VIII, el papa blasfemo, como se lo conoció, pasó a la historia como uno de los más inmorales por su desprecio a las cuestiones de fe, hasta tal punto que no fueron pocos los que le acusaron de ser el Anticristo encarnado. Si Celestino fue un hombre comprometido con sus deberes espirituales, de Bonifacio VIII se cuenta que no le hacía ascos a ningún tipo de placer. Mantenía relaciones sexuales tanto con hombres como con mujeres; tenía innumerables amantes y se le acusaba de ser un pedófilo. Uno de sus grandes placeres era la comida y la bebida, tanto que en una ocasión llegó a agredir a un monje por servirle, únicamente, seis platos durante un día de ayuno. Era, igualmente, amante del buen vestir y del lujo desmedido, hasta tal punto que se hizo fabricar unos curiosos dados de oro para jugar con sus amigos.

Bonifacio VIII fue uno de los papas más nefastos e inmorales en la historia de la Iglesia. De él se dice que su antecesor, el papa Celestino V, un hombre de gran virtud, oía la voz de un ángel que, en mitad de la noche, le despertaba para pedirle que renunciara a su cargo. Pues bien, no pocos pensaban que ese ángel era, en realidad, Gaetani, el futuro Bonifacio VIII, quien le hablaba a través de un agujero en la pared.

El desdén que sentía por las cuestiones religiosas contrastaba con su anhelo de liderar el mundo cristiano, por lo que el enfrentamiento con el rey francés Felipe el Hermoso, igual de crápula que Bonifacio, no tardó en producirse. El francés era un personaje sin escrúpulos cuya política expansiva, al considerarse emperador en su propio reino, le llevó a conquistar nuevos feudos en el sur de Francia y a imponer nuevos impuestos al clero. Bonifacio VIII no se dejó amedrentar, por lo que prohibió pagar los diezmos iniciándose una lucha entre ambos poderes que duró hasta el 1297, año en el que el papa canonizó a Luis IX, abuelo de Felipe el Hermoso. Se suceden, entonces, unos años de paz y entendimiento, incluso de concordia, pero en 1301, un incidente muy concreto (la concesión del patronato de la ciudad de Pamiers al conde de Foix) provocó la ruptura de las hostilidades. En este mismo año el papa publicaba la bula *Ausculta fili carissime*, en la que insta al francés a someterse a la Iglesia. La respuesta no tardó en llegar cuando el Hermoso convocó Estados Generales para acusar al papa de usurpación y herejía. Con las espadas en alto, el papa convocó un sínodo en Roma y aprobó la bula *Unam sanctam*, según la cual para controlar el mundo existen dos espadas, y las dos pertenecían a la Iglesia: manejaba la espada espiritual y cedía la temporal al rey que la debía utilizar según las instrucciones del sumo pontífice. La bula, considerada como la mejor expresión de la teocracia pontificia de la Baja Edad Media, fue rechazada por el rey que mandó a su consejero Guillermo de Nogaret a Agnani, donde se encontraba el papa, que fue capturado y afrentado públicamente (al parecer abofeteado por Sciarra Colonna).

El pueblo de Agnani no se dejó intimidar y se alzó en armas para liberar al papa, al mismo tiempo que ponía en fuga a los invasores. Un año después, el 11 de octubre de 1303 fallecía Bonifacio VIII y su puesto lo ocupaba Benedicto XI, cuyo pontificado duró ochos meses, lo suficiente para abandonar Roma y trasladarse a Perusia. Desde este momento, y durante setenta años, ningún papa volvió a pisar la Ciudad Eterna.

El 5 junio de 1305 la elección papal recayó en el obispo de

Burdeos, Clemente V, totalmente dominado por los franceses, que se hizo coronar en Lyon y, cuatro años más tarde, se asentó en Aviñón, iniciándose un periodo que muchos han denominado como la «cautividad de Babilonia». En Aviñón, el pontificado se afrancesó (los siguientes papas y el 90 % de los cardenales fueron todos franceses) y continuó con la obra centralizadora típica de la reforma gregoriana, mientras que Roma caía en la anarquía. Movidos por las necesidades financieras y por el ansia de riquezas (una costumbre muy francesa), los papas de Aviñón crearon uno de los sistemas fiscales más perfeccionados de la época, con el que consiguieron exprimir a sus súbditos. Por supuesto, esta acción dañó, irreparablemente, el prestigio del papado, siendo esta otra de las fatales causas de la reforma luterana del siglo XVI. Un paso más hacia la ruptura fue la aparición de prestigiosos juristas y teólogos antipapales que se dieron cita en la corte del emperador Luis II de Baviera. Este momento histórico, en el que podemos contextualizar la trama de la prestigiosa novela *El nombre de la Rosa*, de Umberto Eco, fue especialmente crítico para la unidad de los cristianos porque en la corte del emperador también se dieron cita los principales cabecillas de los espirituales franciscanos, enfrentados con el papa por la cuestión de la pobreza. Entre ellos destacó Miguel de Cesena y el inglés Guillermo de Ockham, defensor de un régimen democrático dentro de la Iglesia. Más relevancia tuvo, si cabe, Marsilio de Padua, autor del *Defensor Pacis*, en el que defiende que el papa no debía gozar de ninguna potestad especial, mientras que la Iglesia debía quedar supeditada a los poderes estatales. El *Defensor Pacis* ha sido considerado como la quintaesencia del doctrinarismo antipapal, como un fiel reflejo del espíritu laico y la consolidación de las monarquías nacionales a partir del siglo XIV. La nueva política proclamaba la incuestionable soberanía de los Estados europeos, sin dependencia alguna respecto al pontificado. En Inglaterra, por poner un ejemplo, se empiezan a poner los cimentos, mucho antes del reinado del sádico Enrique VIII, de una Iglesia anglicana sometida a la monarquía.

La debilidad ideológica del papado se hace evidente. Juan XXII condenó la obra de Marsilio, pero Luis de Baviera respondió nombrando antipapa a Nicolás V. La inesperada muerte del emperador en 1347, interpretada en su momento como un signo providencial para devolver el poder al papa, supuso una relativa vuelta a la normalidad que duró poco, porque tras la elección de Carlos IV se promulgó la *Bula de Oro*, en la que el emperador reivindica su pleno poder temporal y establece la elección imperial por siete príncipes alemanes, sin que fuera necesaria la intervención del papa. Mientras todo esto ocurría, Europa se enfrentaba a una de las pruebas más dramáticas de su historia, porque en 1348 se extendió la peste negra que llevó a la tumba a un altísimo porcentaje de los europeos (se calcula que en algunas regiones los porcentajes superaron el 50 %). En medio de tanta inestabilidad y crisis moral, el papa Clemente VI (1342-1352) se erigió como un hombre de Dios y digno de la misión para la que había sido llamado. Clemente, no solo contribuyó con los bienes de la Iglesia a la atención y curación de los enfermos, sino que puso su vida en peligro al acudir personalmente a interesarse por aquellos para los que ya no existía, apenas, ningún tipo de esperanza.

Mientras tanto, en Roma seguían clamando por la vuelta del papa. Es lo que defienden, entre otros, santa Catalina de Siena o santa Brígida. La ocasión se presentó favorable gracias a la pacificación de los Estados Pontificios a manos del cardenal español Gil de Albornoz, por lo que en 1367 Urbano V vuelve a Roma y permanece tres años, pero debido a la presión de los cardenales decidió regresar a Aviñón en 1370, donde murió tal y como había profetizado santa Brígida. En este mismo año fue elegido Gregorio XI (1370-1378) y en 1377, por mediación de Catalina de Siena, vuelve a Roma, pero con su muerte en 1378 se abre un nuevo capítulo en la tormentosa historia de la Iglesia bajomedieval.

Santa Catalina de Siena fue uno de esos grandes personajes cuya vida sirvió para llevar la esperanza a los católicos incluso en los momentos de mayor dificultad. Nació en 1347 y a los dieciséis años entró en la tercera orden dominicana, donde pudo dedicarse a la oración y a las obras de caridad en beneficio de los pobres y los enfermos. Santa Catalina fue una mujer que no se cansó de viajar y de solicitar la reforma de una Iglesia en crisis, por lo que Juan Pablo II la declaró copatrona de Europa. Uno de los aspectos más interesantes de la espiritualidad de la santa fue el cristocentrismo, ya que, para ella, Cristo era como el esposo, el bien amado con quien el cristiano tiene que vivir una relación de intimidad y fidelidad.

Dos fueron los protagonistas en la elección del sucesor: el Colegio Cardenalicio y el pueblo de Roma. Por supuesto, la responsabilidad cayó sobre el sacro colegio, el cual contaba con una aplastante mayoría de miembros franceses, pero el pueblo romano clamaba por la elección de un papa italiano ante el temor, justificado, de un nuevo retorno del pontificado a Aviñón. La elección se produjo, entonces, en un clima de tensión y tumultos callejeros, por lo que, al final, resultó elegido el 8 de abril de 1378 el italiano Bartolomé Prignano, que asumió el nombre de Urbano VI. Unos meses después, cuando el pueblo romano pensaba que todo parecía volver a la normalidad, los cardenales del sacro colegio abandonaron la ciudad del Tíber y denunciaron haber sufrido presiones y amenazas en el proceso de elección, por lo que, reunidos en Fondi, en septiembre de ese mismo año, excomulgaron al papa Urbano VI y eligieron a Gregorio XI, desde ese momento asentado en Aviñón.

Comenzaba así el Cisma de Occidente, con la cristiandad fragmentada por la existencia de dos papas y con los distintos reinos tomando posiciones en función de sus intereses individuales. La mayor parte de los monarcas permanecieron fieles a Urbano, entre ellos el imperio; Francia, lógicamente, declaró su obediencia aviñonesa. Los santos también se vieron obligados a pronunciarse. Santa Catalina de Siena declaró su obediencia a Roma, mientras que san Vicente Ferrer eligió la opción de Aviñón.

La ruptura se prolongó, todo ello a pesar de los deseos de unidad de los fieles cristianos. En 1408 ya se habían sucedido distintos papas; Gregorio XII estaba al frente de la sede romana, mientras que Benedicto XIII, Pedro de Luna, encabezaba a los partidarios de Aviñón. Un grupo de cardenales aviñoneses y otros romanos, suponemos que con las mejores intenciones posibles, se pusieron de acuerdo para celebrar un concilio y poner fin a la fractura. En 1409, el concilio, reunido en Pisa, optó por deponer a los dos pontífices y eligieron a un nuevo papa, Alejandro V. La idea parecía buena, pero, en esta ocasión, el tiro les salió por la culata, porque los papas de Roma y Aviñón, lejos de dejarse avasallar, se negaron a renunciar, por lo que la Iglesia quedó dividida, no en dos, sino en tres obediencias. La situación no podía ser más adversa. Había llegado el momento de convocar un concilio universal para resolver, de una vez por todas, los principales problemas del orbe católico. El concilio ecuménico se celebró en Constanza, una ciudad que vio pasear por sus calles a las principales lumbreras de Europa.

Para facilitar la elección de un nuevo papa y conseguir un cierto consenso, se decidió modificar el antiguo sistema de votación, hasta ese momento por cabezas. Ahora se elegiría por «naciones». Como curiosidad, cabe destacar que, en Constanza, España quedó definida como nación por primera vez en la historia. En 1415 se promulgó el decreto *Sacrosancta*, por el que el concilio se proclamaba a sí mismo como la instancia suprema de la Iglesia, por encima del papa, haciendo suya la doctrina conciliarista, que afirmaba la superioridad del concilio universal sobre el sumo pontífice.

El conciliarismo solo puede entenderse dentro del convulso contexto histórico que supuso el Cisma de Occidente. No fue la primera vez que se presentaban este tipo de teorías, pero, ahora, se hacía dentro de un clima de máxima tensión y de encendidos debates. Según José Orlandis:

> El Concilio de Constanza no se conformó con formular la doctrina en el plano de los principios, sino que trató de establecer un régimen definitivo de normal participación sinodal en el supremo gobierno eclesiástico. A este propósito respondió el decreto *Frequens*, de 9 de octubre de 1417, que hizo del concilio ecuménico una institución permanente en la Iglesia: el concilio universal volvería a celebrarse al cabo de cinco años, luego a los siete y finalmente cada diez años.

Por fin, llegó el momento de votar, y los electores eligieron al cardenal Otón Colonna, con el nombre Martín V, reconocido por todos. El cisma había acabado, pero no así los problemas, porque los últimos decretos aprobados generaron inmediatos recelos entre una buena parte la Iglesia, por lo que el papa no los confirmó. El choque entre los conciliaristas y el papado estaba servido. Tras la elección de Eugenio VI (1431-1447), durante las sesiones del Concilio de Basilea, los conciliares rompieron con el papa y eligieron a Amadeo de Saboya, pero, abandonados por todos los cristianos que no estaban dispuestos a iniciar otra etapa de enfrentamientos, los conciliaristas acabaron desintegrándose y el papa recuperó todo su poder.

LA PUTA DEL DIABLO

El éxito de la reforma protestante no podemos entenderlo sin tener en cuenta la capacidad de Lutero para dar respuesta a las aspiraciones religiosas de una parte del pueblo cristiano y, aún más, a las ambiciones políticas de las clases privilegiadas de la Europa septentrional. Pero la Reforma no sería comprensible sin la presencia de otros factores, ya que muchas de las causas que la provocaron se habían ido gestando, a fuego lento, desde mucho tiempo atrás. Ya hemos hablado sobre las doctrinas conciliaristas, sobre la excesiva presión tributaria de los codiciosos papas de Aviñón, de las luchas entre el papado y el imperio o sobre el auge de los nacionalismos eclesiásticos en las distintas monarquías del Viejo Continente. Además de estas causas generales, encontramos otras relacionadas con la situación peculiar de la realidad alemana como la decadencia moral del clero, el resentimiento contra Roma y, muy especialmente, el interés de la nobleza germana de controlar la Iglesia para reforzar su poder político y económico. Esta era la situación en la que se encontraba la cristiandad cuando Lutero empezó a dar los primeros pasos que desembocarían en la Reforma, que supuso la gran fragmentación del mundo cristiano después del Cisma de Oriente de 1054. Los historiadores no dudan de la importancia de estas anomalías a la hora de explicar el éxito de Lutero, aunque debemos señalar que, cuando irrumpió el movimiento rupturista, alguno de estos problemas se estaba solucionando gracias a los pasos dados por la Iglesia para evitar que fuesen a más.

¿A qué nos referimos cuando hablamos de reforma? Como ya hemos visto, el término no era excesivamente novedoso, ya que se había utilizado, en no pocas ocasiones, durante la Edad Media. Así fue con figuras como Francisco de Asís, Juan Hus, Savonarola o durante concilios como los de Constanza o Basilea, que entendieron la Reforma como un movimiento de purificación de la Iglesia y de vuelta a los orígenes del cristianismo. En un sentido más técnico, entendemos Reforma como el movimiento nacido con Lutero que desembocó en la división de la Iglesia.

Lutero era un monje agustino con una angustiosa ansiedad por conocer el destino de su alma y por asegurar su salvación. Nació el 10 de noviembre de 1483 en Eisleben, pero se crio en Mansfeld. La educación que recibió, tanto por parte de sus padres como de la escuela a la que acudió durante sus primeros años de vida, fue muy severa, rígida, algo que nos puede ayudar a comprender su mentalidad adulta. Él mismo aseguró: «Desde mi infancia estuve acostumbrado a la idea de que tenía que palidecer y aterrorizarme simplemente con oír el nombre de Cristo». En Mansfeld asistió a la escuela de latín, mientras que el resto de su formación escolar la recibió en Magdeburgo. Finalmente accedió a la Universidad de Erfurt y, por deseo paterno, empezó a estudiar Derecho, una carrera que no fue del agrado del futuro reformador. Se cuenta que un día, después de pasar unas vacaciones en su hogar, emprendió el camino de retorno a la universidad, pero, a mitad de trayecto, en Stotternheim, le sorprendió una de esas tormentas que hacen historia. Era el 2 de julio de 1505. Al parecer, eso es al menos lo que él aseguró, un rayo impactó cerca de él y lo derribó al suelo, por lo que, totalmente aterrado, pidió ayuda a santa Ana a cambio de hacerse monje. Las plegarias fueron escuchadas, porque poco después, y a pesar de las protestas de su severo y germánico padre, Martín entró en el convento de los agustinos eremitas de Erfurt.

Según la historiadora italiana Angela Pellicciari, experta en la biografía de Lutero, el reformador alemán sentía un indisimulado odio hacia los católicos y trató por todos los medios de «romper con la universalidad de la iglesia de Roma, tratando de que Alemania tomara ese papel». También insiste la italiana en el antisemitismo del alemán, y cómo «en los juicios de Nuremberg muchos nazis reivindicaron la figura de Lutero».

Atendiendo a las reglas de la orden, Lutero empezó a leer la Biblia a diario por lo que llegó a tener un gran conocimiento de las Escrituras. Dos años duró su noviciado y, en abril de 1507, consiguió la ordenación sacerdotal, tras la cual continuó en Erfurt estudiando Teología. En 1512 obtuvo el doctorado en la Universidad de Wittenberg, con el consecuente juramento de fidelidad y obediencia a la Iglesia de Roma e, inmediatamente, fue nombrado profesor de Sagrada Escritura. Por estas mismas fechas se produjo su «vivencia de la torre» (en su caldeado cuarto de trabajo que tenía en una de las torres del convento de Wittenberg), por la que entiende que la justicia de Dios es aquella que nos hace justos y nos regala gratuitamente, no aquella con la que nos juzga, por lo que da los primeros pasos hacia la negación de las obras como elemento positivo de la salvación. Según Maximilian Liebmann en *Historia de la Iglesia católica* (1989) Lutero comprende que «la afirmación de que el hombre con sus propias fuerzas puede amar a Dios sobre todas las cosas es pura fantasía»; y defiende ya la tesis de que «el hombre sin la gracia solo puede querer lo malo».

Frente a la teología ockhamista en la que se había formado, y que defendía la libre voluntad del ser humano para salvarse, él consideraba al hombre incapaz de superar el mal con sus propias fuerzas y, por lo tanto, de alcanzar la anhelada seguridad de su salvación. Teniendo en cuenta las repercusiones que el pecado original tuvo en el ser humano y su propia debilidad para vencer las debilidades a las que se veía expuesto, Lutero empezó a reflexionar sobre las palabras del versículo 17 del capítulo primero de la Epístola a los romanos («el justo vive de la fe») y comprendió que esta era la única esperanza del hombre si quería abandonar su profunda angustia debido a su incapacidad para salvarse. Tras la lectura de estas palabras, el monje agustino creyó entender que solo Dios, en su infinita misericordia, era capaz de justificar al hombre a través de su fe. Sobre este convencimiento, el monje agustino empezó a erigir un nuevo sistema doctrinal opuesto al defendido por el magisterio de la Iglesia. La naturaleza humana había quedado corrompida por el pecado original y, por ello, también la razón, que ya no tendría ninguna validez para comprender el misterio de Dios y la revelación.

La razón se opone directamente a la fe, y deberían dejarla que se vaya; en los creyentes hay que matarla y enterrarla (...). La razón es la puta del diablo. Solo es capaz de blasfemar y de deshonrar todo cuanto Dios ha dicho o hecho.

En cuanto a la inteligencia, la interpreta como un simple atributo:

Dios nos ha concedido para que gobierne el mundo, es decir, a ella corresponde el poder dictar leyes y ordenar principalmente lo que respecta a esta vida, como el beber, el comer, el vestir, así como lo referente a la disciplina exterior y a una vida honesta (...) (pero en lo espiritual es) ciega y anda en tinieblas.

Por supuesto, este pensamiento tuvo un impacto directo en la teología protestante, ya que se opone a aquellos que han utilizado la razón para dar respuesta a las preguntas que el hombre se ha hecho a lo largo del tiempo, como santo Tomás o Aristóteles:

Aristóteles es el reducto impío de los papistas. Es para la teología lo que las tinieblas son para la luz. Su ética es la mayor enemiga de la gracia (...) es un filósofo rancio, un pillo digno de ser encerrado en el chiquero o en el establo de los asnos (...) un calumniador desvergonzado, un comediante, el más astuto corrompedor de los espíritus. Si no hubiera existido en carne y hueso, no sentiría el menor escrúpulo en tenerlo por un verdadero diablo.

Si la naturaleza humana nos impide salvarnos por nosotros mismos, pensaba Lutero, las obras no tendrían ningún valor, tampoco el sacerdocio, ni los sacramentos ni los votos monásticos y, menos aún, el papado, que Lutero llegó a considerar como una invención del Anticristo (a Lutero, entre cuyas virtudes no estaba la moderación, no le tembló el pulso a la hora de relacionar a todos sus oponentes espirituales con el mismísimo Satanás). Si la razón y las virtudes del ser humano no tenían para él ningún tipo de validez para asegurar la salvación, el concepto de Iglesia debía cambiar, eliminando todo elemento constitucional para avanzar hacia un tipo de comunidad puramente interior. La Iglesia no sería depositaria e intérprete de la revelación, siendo las Sagradas Escrituras (sola Escritura) la única fuente de revelación, por lo que su interpretación correspondería a cada fiel, directamente inspirado por el Espíritu Santo (como veremos, la interpretación literal del pensamiento luterano provocó una fragmentación imparable de las Iglesias reformadas). Otros atributos que contribuyeron al éxito de su revolución religiosa fueron la personalidad avasalladora del propio Lutero y la atracción de los fieles hacia su religiosidad obsesiva, su radicalismo en un contexto de enfrentamiento social, político y religioso (son famosos sus múltiples insultos al papa) y, a su vez, la devoción y la tierna piedad con la que se refería a Cristo. Pero, sobre todo, el éxito de la Reforma habría resultado imposible si sus doctrinas no hubiesen sido recibidas con complacencia por los príncipes alemanes y por parte del clero. ¿A qué nos estamos refiriendo?

En primer lugar, la doctrina de Lutero y sus ataques a la Iglesia despertaron la codicia de los aristócratas alemanes, interesados en adueñarse de los bienes eclesiásticos, y de los príncipes deseosos de aumentar su poder temporal frente a las injerencias del papado. Otros aspectos para destacar fue la supresión del celibato, muy bien acogida por algunos sacerdotes, y la de los votos monásticos, que supuso una auténtica liberación en este contexto de bajo nivel moral del clero.

Por supuesto, la idea de la justificación por la fe, sin tener en cuenta las obras, tranquilizó a muchos individuos incapaces de refrenar sus pecados y sus vidas licenciosas. Por último, debemos recordar que Lutero fue un espléndido propagandista, que sacó partido a los nuevos inventos como la imprenta para extender su doctrina por toda Europa y, también, para calumniar a sus enemigos; una circunstancia que contribuyó a acentuar el extremismo en una Europa que estaba a punto de presenciar un auténtico baño de sangre como consecuencia del estallido de las guerras de religión.

El punto de arranque de la reforma protestante lo podemos ubicar en el 1517, justo en el momento en el que los monjes dominicos empiezan a predicar indulgencias para financiar las obras de construcción de la basílica de San Pedro. Las prédicas causaron una comprensible indignación en Alemania, sobre todo cuando el monje Johannes Tetzel alabó la importancia de las indulgencias con estas polémicas palabras: «Tan pronto como el dinero resuena en la caja, sale el alma del fuego». Lutero, presa de la indignación, aprovechó la ocasión y realizó dos acciones que tuvieron un gran impacto: la publicación, el 4 de septiembre de 1517, de las tesis contra la teología escolástica y el envío al arzobispo de Maguncia de las noventa y cinco tesis sobre las indulgencias, la víspera de Todos los Santos. Este incidente puso en marcha la reforma protestante. ¿Qué decían estas tesis? Para que nos hagamos una idea: la tesis 13 afirmaba que «tras el pecado original, la voluntad libre es solo un puro nombre, y aunque el hombre haga cuanto está en su mano, comete pecado mortal». La 25, a su vez, decía: «No es justo aquel que hace obras perseverantes, sino el que, sin obras, cree de forma perseverante en Cristo».

Desde entonces, el prestigio del profesor de Wittenberg empezó a extenderse por el imperio, por lo que, seguro de sí mismo, rehusó presentarse en Roma cuando fue llamado para dar explicaciones y acudió, en cambio, a las dietas imperiales de Augsburgo, en 1518, y Leipzig, en 1519, cuyos asistentes no supieron ver el peligro que representaba la incipiente revolución religiosa del monje agustino. Llegamos, de esta manera, a los albores de 1519, al momento de la muerte del emperador Maximiliano que abre el inicio del proceso de elección de Carlos I de España. En estos mismos momentos, Lutero se enfrentaba al conocido controversista Johannes Eck, una disputa que estuvo marcada por las discusiones en torno a la autoridad y al carácter vinculante de las decisiones del papa y los concilios. Según Lutero, en contra de lo establecido en las Escrituras, la Iglesia no necesitaba una cabeza terrenal, porque Cristo era su verdadera cabeza. De esta manera nacía el principio formal de la reforma, el principio de la sola Escritura a la que hacíamos referencia, como única fuente para interpretar la ortodoxia. En este momento de máxima tensión, se reanudó el proceso contra Lutero y Roma amenazó con la excomunión mediante la bula *Exsurge Domine*, por sus afirmaciones «heréticas, escandalosas, erróneas y ofensivas para los oídos piadosos».

En 1520, mientras Roma recapacita sobre la forma de terminar con el peligro de ruptura, Lutero escribió sus obras fundamentales. En *Del papado de Roma contra los famosos romanistas de Leipzig*, vuelve a recordar que solo Cristo es la única cabeza de la Iglesia; en *Manifiesto a la nobleza cristiana de Alemania*, afirma que el poder espiritual no goza de ninguna superioridad; en *La cautividad de Babilonia*, asegura que solo existen dos sacramentos, el bautismo y la eucaristía; por último, en *La libertad del cristiano*, trata de convencer al papa de su buena voluntad y, de forma machacona, culpa de todos los males a Johannes Eck, al que, como a otros, vuelve a acusar de ser un servidor del Maligno. Para complicar aún más las cosas, el 10 de diciembre de 1520, en Wittenberg, los estudiantes seguidores de Lutero arrojaron al fuego libros de derecho canónico mientras que el propio Lutero arrojó una copia de la bula *Exsurge Domine*, consumándose la plena ruptura con la Iglesia. Mientras media Europa clamaba por la celebración de un concilio para solucionar el problema, se aprueba el 3 de enero de 1521 la bula de excomunión *Decet romanum pontificem*. ¿Qué hace, mientras tanto, el emperador?

Al comprender que el diálogo con Lutero para salvar la unidad de la Iglesia católica era imposible, Carlos V recurrió a las armas y presentó batalla a los príncipes protestantes de la Liga de Esmalcalda, a los que derrotó en Mühlberg el 24 de abril de 1547.

Carlos I de España fue elegido por unanimidad el 28 de junio de 1519 y coronado en Aquisgrán el 26 de octubre de 1520. Poco después, invitó al monje agustino a la Dieta de Worms. En el escrito de invitación, el emperador trató a Lutero con suma cortesía, por lo que el reformador se puso en camino y llegó a Worms el 16 de abril para ser recibido por las gentes de la ciudad alemana entre aclamaciones de júbilo. Los dos días siguientes, dialogó con el emperador, totalmente consciente de la gravedad de la situación. Al no retractarse de sus errores, el emperador presentó ante la dieta un documento, escrito de su puño y letra, en el que mostraba su determinación de «emplear mis reinos y mis señoríos, mis amigos, mi cuerpo, mi sangre, mi vida y mi alma» en su lucha contra el iniciador de la Reforma para que el cáncer no se extendiese por Europa. No lo tuvo fácil, porque el agustino fue adquiriendo más fama y poder en los principados y ciudades alemanas, sobre todo después de tomar partido por los príncipes durante las convulsiones sociales que provocaron la guerra de los campesinos. Su apoyo a los señores tuvo su máxima expresión en la recomendación de Lutero a los príncipes alemanes de asumir el poder eclesiástico en sus propios territorios y en la formación de una liga confesional integrada por todos aquellos que hubiesen asumido los fundamentos de la reforma.

Durante los siguientes años el protestantismo fue cobrando más fuerza, hasta tal punto que, en 1546, año de la muerte de Lutero, ya se había extendido por media Alemania. Para tratar de afrontar el problema y salvaguardar la unidad de la Iglesia, se abría el Concilio de Trento que tanto había reclamado el emperador; al mismo tiempo, Carlos V mostraba su disposición a dar una solución militar al conflicto, por lo que, al frente de sus tropas, derrotaba a los príncipes alemanes, coaligados en la Liga Esmalcalda, en la batalla de Mühlberg, pero la traición de Mauricio de Sajonia obligó al emperador a ofrecer libertad religiosa a los luteranos. Cansado, desmoralizado por la derrota de su política religiosa, Carlos V sancionó la Paz de Augsburgo, que otorgaba igualdad de derechos a católicos y protestantes (*cuius regio eius religio*) y marchó voluntariamente hacia el monasterio de Yuste para pasar los últimos años de su vida en un ambiente de relativa tranquilidad.

LOS CRÍMENES DE LA REINA ESTÉRIL

La reforma protestante saltó las fronteras del imperio y contagió a una buena parte del Occidente europeo, tanto en su forma luterana como en otras doctrinas que, a pesar de las diferencias, coincidían entre sí en la necesidad de romper con la ortodoxia católica. La revolución protestante fragmentó la Iglesia en dos partes que se terminaron enfrentando entre sí durante las guerras de religión iniciadas en 1524, con la guerra de los campesinos alemanes, y que se prolongaron hasta finales del siglo XVII. El luteranismo se hizo fuerte en Alemania y no tuvo demasiados problemas para extenderse por el mundo escandinavo, cuyos monarcas vieron con muy buenos ojos la posibilidad de secundar la Reforma para apropiarse de los bienes eclesiásticos y contar con Iglesias nacionales sometidas a la voluntad del poder temporal. En Suiza, Ulrico Zuinglio fue protagonista de su propia reforma religiosa, caracterizada por un radicalismo tan extremo que llegó a escandalizar al mismísimo Lutero.

Miembro de una familia de campesinos acomodados, Zuinglio recibió formación humanística y fue ordenado sacerdote en 1506. Al principio, nada parecía presagiar que fuese el protagonista de otro proceso reformista, pero su contacto con los escritos de Lutero tuvo un impacto de enorme trascendencia en su posicionamiento teológico. En enero de 1523, en Zúrich, Zuinglio dio a conocer sus tesis que después reflejó en su *Exposición y razones de las tesis*, donde rechaza la autoridad del papa, la súplica a los santos, la existencia de las órdenes monásticas, el celibato y el sacrificio de la misa. El concejo de Zúrich asumió las ideas del nuevo reformador y se inició un movimiento radical de destrucción de imágenes, de altares e, incluso, se hizo burla del agua bendita. Más impacto tuvo, aún, su negación de la presencia real y física de Cristo en la eucaristía, un pensamiento que le enfrentó directamente con Lutero, quien llegó a calificar, en 1531, la doctrina de la eucaristía de Zuinglio, otra vez, como obra del Anticristo. El trasfondo político de la reforma protestante se hace evidente en este conflicto entre Lutero y Zuinglio, que despertó honda preocupación entre los príncipes alemanes interesados en hacer un frente común contra los Habsburgo y los católicos.

Analicemos ahora la reforma del francés Juan Calvino, que abrió nuevos caminos al protestantismo. Nació en Noyon, el 10 de julio de 1509, y recibió una educación tan severa como la de Lutero, al que nunca conoció. En 1528, tras completar sus estudios en París, Orleans y Bourges, consiguió su licenciatura en Artes Liberales y, en 1532, en Derecho. Fue entonces cuando se produjo su repentina conversión (muy probablemente en el invierno de 1533-1534), la *subita conversio*, y en 1536 publica la *Institutio christianiae religionis*, la obra que sirvió de base de la dogmática fundamental del calvinismo. Ese mismo año marchó hacia Ginebra, movido por un intenso ardor religioso, e intentó establecer una forma de gobierno basada en los principios de su doctrina, pero, debido a su radicalismo y a su severidad, se vio obligado a abandonar la ciudad hasta septiembre de 1541, cuando fue llamado para imponer un férreo estado teocrático después del éxito del partido calvinista en la ciudad suiza.

Calvino tenía una personalidad más fría y calculadora que la del impulsivo y vehemente Lutero, por eso elaboró una doctrina con la que llevó, hasta sus últimas consecuencias, la doctrina de la predestinación basada en una particular interpretación de las Sagradas Escrituras y en el convencimiento de la irreme- diable corrupción del hombre y su incapacidad para salvarse. Según Calvino, solo Dios, en base a su arbitrio insondable, predestinaría a algunos hombres al cielo y a otros al infierno, a una condenación inevitable, por lo que su verdadera Iglesia estaría formada por una congregación de predestinados. ¿Por qué decimos que esta postura presenta contradicciones con las

Escrituras? Fundamentalmente porque el centro del mensaje evangélico reside en la idea de que el Padre envió al Hijo porque quería que todos se salvasen por medio de Jesús: «porque tanto amó Dios al mundo que dio a su Hijo único, para que todo el mundo que crea en él no perezca, sino que tenga vida eterna». Además de esta Iglesia de predestinados, el calvinismo supone la existencia de otra Iglesia, más visible, compuesta por los fieles que habían recibido el bautismo y participaban de la eucaristía, aunque esta situación no implicase su salvación. Debido a la naturaleza corrompida del hombre, y teniendo en cuenta que la doctrina calvinista servía para ensalzar los valores de la burguesía, el creyente debía someterse a una vida de estricta moralidad y laboriosidad, símbolo de favor divino y, por lo tanto, de predestinación, que sería recompensada en la vida terrenal con la prosperidad en los negocios temporales. No hace falta advertir que el calvinismo tuvo una importancia fundamental en la aparición del capitalismo moderno.

El carácter autocrático y radical de Calvino se observa, con toda su intensidad, en Ginebra. Calvino gobernó la ciudad con el apoyo de un grupo de pastores formados en los seminarios de los que saldrán los principales líderes de las comunidades calvinistas de Europa. La censura y la persecución a cualquier tipo de oposición a la doctrina calvinista tiene un fiel reflejo en la condena y muerte en la hoguera del célebre médico español Miguel de Servet, por su interpretación del misterio de la Santísima Trinidad. Merece la pena que nos detengamos, aunque sea brevemente, en este episodio que nos ilustra sobre la auténtica naturaleza del reformista francés.

De Miguel de Servet no conocemos ni la fecha ni el lugar de su nacimiento, aunque todo parece indicar que fue en Villanueva de Sigena (Huesca) entre 1509 y 1511. Sus primeros estudios los realizó en esta localidad aragonesa, pero, a edad muy temprana, fue llevado hasta Montearagón donde dio muestras de su talento y sus dotes para las lenguas clásicas, la historia, las matemáticas y la teología. Desde allí marchó a Toulouse para cursar estudios de Derecho y en 1530 emprendió una serie de viajes por media Europa que le permitieron entrar en contacto con algunos líderes reformistas, con los que estableció tensas relaciones que llegaron a desembocar en un abierto enfrentamiento. En estos primeros años escribió dos obras polémicas que le generaron algún que otro problema: *De Trinitatis erroribus* y *Dialogorum de Trinitate*. Con la primera llegaba a la conclusión de que el dogma de la Trinidad era fruto de meras elucubraciones filosóficas, por lo que él lo interpreta como la manifestación del espíritu de Dios que actúa en el mundo a través del ser humano. En cuanto a Jesús, por ser nacido de mujer, lo consideraba hombre aunque, por ser fecundado por el logos divino, era también Dios. En la segunda obra, matizaba algunas de las cuestiones que no habían quedado claras en el tratado anterior, según Servet debido a su poca pericia y también por el mal hacer del tipógrafo de turno. Además, junto a *Dialogorum de Trinitate* se publicó una pequeña obra suplementaria, *De Iustitia Regni Christi*, en la que defiende la complementariedad de la fe y la caridad, ya que las buenas obras complacían a Dios. El lector comprenderá que este texto causó malestar en Lutero y otros reformadores protestantes.

Cuando Servet llegó a Lyon ya se había ganado la enemistad de los grandes líderes protestantes, pero eso no le impidió entablar una relación epistolar con Calvino, aunque con sus debidas precauciones, porque para evitar problemas adoptó una nueva identidad, Michel de Villeneuve. En 1541 entró al servicio de Pedro Palmier, arzobispo de Viena, por lo que tuvo más tiempo para escribir la que será su obra cumbre, *Christianismi restitutio*, que al final le llevará a la hoguera. ¿Por qué? Porque en 1546 cometió el error de enviarle un ejemplar al intransigente Calvino, quien quedó escandalizado cuando observó lo que solo él consideró una posición cercana al panteísmo del español sobre la religión cristiana porque Servet defendía que Dios estaba en todas las cosas y el mundo impregnado con la esencia de Cristo. Curiosamente, en *Christianismi restitutio* el médico aragonés expuso la función de la circulación pulmonar que, por supuesto, no tuvo nada que ver con su condena.

Después de la muerte en la hoguera de Miguel de Servet por la injusta acusación del extremista Calvino, el sabio español empezó a ser reivindicado como un adalid del librepensamiento, mientras su ejecución fue interpretada como muestra de los peligros que conlleva el fanatismo ideológico. En fechas recientes, el filósofo, teólogo y científico Marian Hillar, estudioso de la obra del aragonés, destacó que su muerte «fue el punto de inflexión en la ideología y mentalidad dominantes. Con la muerte de Servet, la libertad de conciencia acabó convirtiéndose en un derecho civil en la sociedad moderna».

Cuando Calvino terminó de leer la obra, envió a su «amigo» una copia de su *Institutio christianae religionis*, para que Servet la leyese con atención y fuese consciente de sus errores. Lo que no pudo imaginar el francés fue que el orgulloso aragonés no se dejó amedrentar y poco después le devolvió el libro con una serie de anotaciones en las que destacaba las enormes contradicciones en el pensamiento de Calvino. Cuando recibió su libro corregido, el francés puso el grito en el cielo y amenazó con condenar a muerte a Servet si ponía los pies en Ginebra (tal y como confesó al predicador Guillaume Farel). La pérfida traición del protestante llegó en 1553, fecha de publicación de *Christianismi restitutio* bajo el pseudónimo de Villeneuve, que fue el momento esperado por Calvino para mandar a la Inquisición las cartas que intercambió con el español y demostrar que detrás de ese nombre ficticio se encontraba Servet.

En este mismo año Servet fue detenido por la Inquisición y encarcelado en Vienne, de donde logró escapar, pero para ser nuevamente apresado en Ginebra, al ser reconocido por los calvinistas y juzgado por herejía por su interpretación de la Santísima Trinidad. Durante los meses que duró el proceso, sufrió grandes penalidades, pero, a pesar de todo, se vio con fuerzas para entablar encendidos debates teológicos con los miembros del tribunal. El 22 de septiembre hizo un famoso alegato contra el cobarde Calvino que no aceptó el reto de debatir cara a cara con el español. Terminado el juicio, las Iglesias calvinistas de Zúrich, Berna, Basilea y Schaffhausen fueron consultadas y dictaron sentencia:

> ... contra Miguel de Servet, del Reino de Aragón, en España, porque su libro llama a la Trinidad demonio y bestia de tres cabezas; porque contraría a las Escrituras decir que Jesús Cristo es un hijo de David; y por decir que el bautismo de los más pequeños es una obra de brujería... por estas y otras razones te condenamos, Miguel de Servet, a que te aten y te quemen vivo, junto a tu libro impreso, hasta que tu cuerpo quede reducido a cenizas, y así termines tus días para que quedes como ejemplo para otros que quieran cometer lo mismo.

La condena se cumplió el 27 de octubre de 1553.

Si el luteranismo no rebasó las fronteras de Alemania y los países nórdicos, no podemos decir lo mismo sobre el calvinismo, cuya influencia resultó decisiva en muchos países europeos. La doctrina de Calvino se hizo fuerte, desde el principio, en países como Hungría, Polonia o Bohemia, mientras que, en los Países Bajos, Guillermo de Orange creó un reducto calvinista en lo que después será Holanda, que encabezó la lucha contra Felipe II y los católicos. En Escocia, de la mano del fanático John Knox, se configuró un calvinismo en forma de presbiterianismo, mientras que, en Francia, la revolución protestante se desarrolló en forma calvinista.

Durante el siglo XVI, los reyes franceses acogieron a los príncipes protestantes alemanes para ganarse un aliado contra España, cuya situación hegemónica seguirá siendo incontestable durante el resto de la centuria. Del mismo modo, Francisco I estableció una alianza con el Imperio otomano de Solimán el Magnífico, pero, en el interior, los reyes galos se mostraron como fieles católicos, hasta tal punto que adoptaron medidas muy severas para combatir la expansión de la herejía por el interior del reino. A pesar del rigor empleado por Francisco I y Enrique II, el calvinismo ganó posiciones y un gran número de adeptos entre las clases más privilegiadas, hasta tal punto que, con el paso de los años, se crearon dos partidos: uno católico, dirigido por los Guisa, y otro protestante, cuyos líderes más destacados fueron el almirante Coligny y el príncipe Enrique de Borbón-Navarra. En pocos lugares, el enfrentamiento entre católicos y protestantes adquirió tintes tan dramáticos como en Francia, con episodios de desatada violencia, como los asesinatos del rey Enrique III y el duque de Guisa y la célebre noche de San Bartolomé, que se desarrollaron durante las guerras de religión que asolaron el país durante tres décadas.

Viajamos hasta Inglaterra, donde el proceso reformista sigue una trayectoria peculiar que obedeció, aún más, a los intereses de la realeza. Seguimos asociando la aparición del anglicanismo con la figura controvertida del rey Enrique VIII, pero antes, durante el siglo XV, bajo la dinastía Tudor, ya encontramos rasgos anglicanos, con una legislación favorable a los intereses de la monarquía que luego utilizará Enrique en su política de sojuzgamiento religioso. Aunque pueda parecer lo contrario, el rey fue uno de los paladines del papado durante los momentos iniciales de la Reforma, siendo autor de un documento dirigido contra Lutero, *Defensa de los siete sacramentos*, que le valió el reconocimiento, por parte del papa León X, del título de *defensor fidei*. Todo cambió por la negativa del papa a conceder al rey el divorcio de Catalina de Aragón para contraer matrimonio con Ana Bolena, actuación que llevó al cisma, al proclamarse Enrique VIII cabeza suprema de la Iglesia católica de Inglaterra (Acta de Supremacía del 3 de noviembre de 1534) y al exigir el reconocimiento jurado de lealtad por parte de sus súbditos, prohibiendo dicho juramento a autoridades extranjeras (entiéndase juramento al papa). La resistencia a la supremacía del rey la encarnaron las órdenes monásticas, entre ellas la de los franciscanos, los cartujos y los agustinos, por lo que muchos conventos fueron suprimidos (hacia el 1540 la supresión era total), pero la medida fue muy bien acogida por parte de la burguesía, interesada en la posibilidad de invertir parte de sus ganancias en las tierras enajenadas a los monjes.

La degradación moral de la Iglesia inglesa en el siglo XVI hizo que una buena parte de la jerarquía eclesiástica se plegase a la voluntad del rey, aunque hubo excepciones notables que merece la pena recordar. Es el caso de los dieciocho monjes de la Cartuja de Londres que, en 1535, fueron ahorcados y descuartizados por los anglicanos, alentados por el rey, en la plaza de Tyburn. Después de la orgía de terror, dos años más tarde, en 1537, se condenó de forma inmisericorde a doscientos dieciséis religiosos por negarse a acatar el Acta de Supremacía. Entre los casos más llamativos tenemos a dos personajes que no claudicaron y dieron testimonio de su fe eligiendo el camino del martirio como san Juan Fisher y el canciller santo Tomás Moro, una de las grandes figuras de la historia del cristianismo cuyo pensamiento sigue siendo atractivo por recordar unos valores que hoy parecen olvidados.

Enrique VIII no solo fue un rey inglés que rompió con la Iglesia y que mandó asesinar a dos de sus esposas, sino que también inició una de las persecuciones más sanguinarias contra los católicos que, después, continuó Isabel I.

Con María Tudor, la situación de los católicos mejoró ostensiblemente, pero la llegada al trono de Isabel I, la Reina Virgen (una forma amable de referirse a su esterilidad), supuso el reinicio de la violencia desatada contra los católicos. Durante su gobierno, Isabel se convirtió en la directora de orquesta de un proceso de represión que se extendió por todos los rincones de su reino. Se calcula que la represión provocó la muerte de, al menos, unos mil católicos, entre religiosos y seglares. Para extender aún más el terror entre los opositores a la reina estéril, el Estado promocionó un inmoral sistema de delaciones mientras que aquellos que optaban por no denunciar a sus vecinos eran conducidos a prisión o al cadalso. En apenas diez años, la reina había logrado borrar el catolicismo de Inglaterra e Isabel empezaba a dar nuevos pasos para convertir a Inglaterra en un reino monolítico y completamente cohesionado para hacer frente a su gran competidora, la España de Felipe II. Según Manuel Lucena Samoral, Inglaterra era, en 1568, un país dotado de una buena infraestructura marítima, con una nobleza enriquecida gracias a las confiscaciones a la Iglesia católica, con un pueblo enfervorecido por los problemas religiosos e infinidad de marineros sin oficio. La reina decidió, entonces, embarcar a toda la canalla en unos barcos adquiridos con malas artes, con la misión de luchar y fustigar las posesiones del rey español papista.

En la segunda obra que publiqué en esta colección, *Eso no estaba en mi libro de historia de la piratería*, llamamos la atención sobre la necesidad de desmitificar la imagen de estos «aventureros del mar» que, durante años, nos ha transmitido la literatura, el cine y, ahora, los medios de comunicación. En el libro sometimos a crítica esta visión para mostrar las atrocidades de unos individuos como Henry Morgan, el Olonés o Roque el Brasiliano que hicieron del asesinato, el crimen, la violación y la tortura su forma de vida más característica y, en la mayor parte de las ocasiones, en connivencia con la reina de Inglaterra que envió a estos psicópatas, incluso en tiempos de paz, para regar con sangre las villas y los pueblos de los territorios españoles en América. Pues bien, tal y como vimos, una de las causas que propició el auge de la piratería en América fue el extremismo religioso de los corsarios anglicanos, hugonotes o calvinistas contra los católicos hispanoportugueses. Entre los excesos detectamos la profanación de iglesias, destrucción de imágenes y el asesinato indiscriminado de religiosos. Podemos asegurar que el conocimiento de dichas atrocidades pertrechadas por estos piratas no dejará al lector indiferente y, como muestra, le recordamos una acción protagonizada por el infame Henry Morgan, un monstruo al servicio de

Inglaterra. Nos cuenta Exquemelin, testigo presencial de estos macabros acontecimientos, que después de la toma de Panamá Morgan redujo a cenizas esta bella ciudad caribeña que, en la segunda mitad del siglo XVII, contaba con un gran palacio, una iglesia episcopal y varios conventos. Las escenas se repitieron, con cientos de violaciones, asesinatos y torturas, como la que padeció un pobre sirviente que encontraron en la casa de su señor:

> ... le estropearon los brazos de tal modo, que se le tornaron y descoyuntaron; y no contento con ello, le agarrotaron una cuerda a la cabeza, tan apretadamente, que casi le hicieron saltar los ojos, que se pusieron tan hinchados como grandes huevos; pero (¡o inhumana crueldad!) no oyendo aún con todo eso más clara confesión de lo que le proponían, siéndole imposible el responder otra cosa más positiva a sus deseos, le colgaron de los testículos; en cuyo insufrible dolor y postura, le dieron infinitos golpes, y le cortaron la nariz y las orejas; y finalmente, cogieron puñados de paja que le incendiaron contra su inocente cara, y cuando no pudo hablar, ni aquellos tiranos tuvieron más crueldades que ejecutar, mandaron a un negro le diese una lanzada, con que así tuvo fin a su martirio.

EL CONCILIO DE TRENTO

El acontecimiento más importante de la Contrarreforma es la convocatoria y celebración del Concilio de Trento entre 1545 y 1563. Tras muchas vacilaciones, el papado decidió, con algo de retraso, convocar un concilio para tratar de definir el dogma y evitar la expansión de la herejía protestante. Lamentablemente, la desconfianza y los recelos mutuos generó un retraso que, al final, resultó definitivo para evitar llevar hasta buen puerto la pretensión de reintegrar a los protestantes en el seno de la Iglesia común deseada por Jesús y los primeros apóstoles. Las vacilaciones partieron de la misma Roma, totalmente preocupada por la posibilidad de que un sínodo de estas características provocase un rebrote del conciliarismo. Por su parte, el emperador Carlos, auténtico impulsor del Concilio de Trento, tuvo que afrontar la oposición del otro gran monarca católico en esta primera mitad del siglo XVI: el rey francés Francisco I. Poco a poco, y a pesar de todas las dudas, el papa Paulo III, totalmente convencido de que la única vía para emprender la reforma de la Iglesia era la celebración de un concilio ecuménico, tomó la decisión de convocarlo en la ciudad de Trento, una ciudad italiana, pero en la órbita del emperador, por lo que se trató de una solución de compromiso para contentar a todas las partes, incluidos los protestantes, que nunca habrían aceptado su celebración en territorio papal. Las polémicas también surgieron a la hora de discutir lo que se debía tratar en las sesiones del concilio. El papa deseaba tratar temas doctrinales, pero el emperador, preocupado por tender puentes hacia sus súbditos protestantes, insistía en la necesidad de tratar temas disciplinares de reforma eclesiástica. De nuevo, fue necesario tomar decisiones de compromiso, por lo que se optó por el tratamiento simultáneo de las dos cuestiones, alternando decretos relativos al dogma y otros centrados en la reforma eclesiástica.

Con todo decidido se llevó a cabo la inauguración, fechada el día 19 de diciembre de 1545, pero los problemas no tardaron en aparecer. En marzo de 1547, los legados papales, con la excusa de la propagación de una epidemia, trasladaron el concilio a Bolonia, por supuesto con la intención de erosionar el poder del emperador cuyas relaciones con el papado eran cada vez más tensas. Tanto es así que la decisiva victoria de las armas católicas en Mühlberg fue recibida con más preocupación que alegría por la curia romana. El problema no parecía tener solución porque, durante esta etapa boloñesa, los obispos leales al emperador continuaron sus sesiones en Trento hasta que, en enero de 1548, Carlos presentó una protesta formal que provocó la suspensión de las sesiones conciliares en septiembre de 1549. La segunda etapa del concilio se inició el 1 de mayo de 1551, ahora bajo el pontificado de Julio III, pero fue cancelado el año siguiente como consecuencia de la traición de Mauricio de Sajonia al emperador, un acontecimiento que hizo más difícil, si no imposible, la restauración de la unidad cristiana. La nueva interrupción se prolongó durante diez años, hasta que Pío IV ordenó la reanudación de los trabajos el 18 de enero de 1562. En esta tercera fase, que se extendió hasta el 4 de diciembre de 1563, se llevó a cabo la gran empresa reformadora por la que Trento ha pasado a considerarse como uno de los concilios ecuménicos más influyentes de la historia eclesial. Por la bula *Benedictus Deus*, del 26 de enero de 1564, el papa confirmó todos los decretos aprobados durante las sesiones conciliares.

Dijimos que, por desgracia, Trento no logró su objetivo unionista, pero los resultados en materia doctrinal y disciplinar fueron extraordinarios, en muy buena medida gracias al buen hacer de los teólogos españoles (no tardaremos en verlo). Desde el punto de vista de la doctrina se confirmó que la revelación de Dios se transmitió por medio de la Sagrada Escritura y la Tradición apostólica (los Concilios Vaticano I y II siguieron la misma línea). Desde el punto de vista de la justificación, frente a los errores calvinistas y luteranos, declaró la importancia de la gracia divina, pero, también, el papel de la voluntad humana y las obras de cara a la salvación del hombre. En Trento se definió la doctrina de los siete sacramentos para evitar la confusión generada por los protestantes. No menos importantes fueron las reformas en el plano disciplinar. El principal objetivo fue la lucha contra todo tipo de abusos en la vida eclesiástica y la necesidad de contar con un clero bien formado y elevada moralidad. Entre las medidas destacamos la prohibición de acumular riquezas y beneficios, la obligatoriedad de reunir concilios provinciales y la necesidad de formar al clero en los seminarios. La existencia de un clero más instruido, plenamente dedicado a su ministerio, se tradujo en la mejor instrucción de los niños en las catequesis y de la instrucción religiosa de los fieles en general.

Más importante aún fue la capacidad que tuvo la Iglesia de poner en práctica lo acordado en Trento, por lo que el concilio tuvo como consecuencia inmediata el inicio de una nueva etapa de esplendor del catolicismo que se reflejó en todos los ámbitos, especialmente en el mundo de la cultura. La renovación de la vida católica se vio impulsada por una serie de papas comprometidos y obispos ejemplares como san Carlos Borromeo. Entre los personajes de renombre que aparecen en dicho contexto y que terminarán convirtiéndose en lumbreras del catolicismo tenemos a san Felipe Neri, que contribuyó decisivamente a la renovación del cristianismo en Roma, o san José de Calasanz, del que destacamos su labor educativa entre las clases más populares, motivo por el cual fundó las Escuelas Pías.

Dijimos que Trento tiene un impacto directo y es condición necesaria para comprender el auge del arte y la cultura católicos a partir de la segunda mitad del siglo XVI. El Barroco se convirtió en el estilo artístico propio de la Contrarreforma, con la aparición de alguna de las figuras más importantes de la historia del arte. En Italia destacaron Bernini y Caravaggio, mientras que en España ubicamos a artistas de la talla de Zurbarán, Murillo o al que nos atrevemos a considerar como el más grande pintor de nuestro pasado: Velázquez. La literatura también se dejó seducir por el nuevo espíritu tridentino, con la aparición de los famosos autos sacramentales, piezas teatrales de argumento teológico, o con la obra de autores considerados cumbre de la mística experimental cristiana como san Juan de la Cruz y santa Teresa de Jesús.

La celebración del Concilio de Trento supuso la existencia de un clero más cultivado por la apertura de seminarios en los que debían formarse los nuevos sacerdotes. En este contexto de preocupación por la formación del pueblo situamos a san José de Calasanz, fundador de la primera escuela pública gratuita, origen de las Escuelas Pías, siendo este el primer paso para la educación general igualitaria.

El Concilio de Trento, como expresión del interés por recuperar la unidad del catolicismo, impulsó la constitución de alianzas como la patrocinada por Pío V, la Liga Santa, liderada por la monarquía hispánica, que recuperó el espíritu de cruzada y venció en la batalla de Lepanto a un Imperio turco (aliado con Francia) que en el siglo XVI llegó a amenazar el corazón del continente europeo. Si el catolicismo se expandió, de la mano de los españoles, por tierras del Nuevo Mundo, también lo hizo por las regiones germánicas más meridionales como Austria y Baviera, al igual que por Polonia. ¿Qué ocurre con Francia? El final de las guerras de religión significó que este reino, que estaba llamado a tener un gran protagonismo en el siglo XVII, continuase siendo católico.

LA REFORMA ESPAÑOLA

EL HUMANISMO CATÓLICO

A pesar de que la Contrarreforma es posterior a la aparición del protestantismo, los anhelos de cambio se habían ido gestando desde mucho tiempo atrás, sobre todo en España. Según Jorge Fernández Díaz, antiguo ministro de Interior en España, en 2015, el papa Benedicto XVI le reconoció que «el diablo sabe los servicios prestados por España a la Iglesia de Cristo, conoce la misión de España, la evangelización de América por España, el papel de España durante la Contrarreforma, la persecución religiosa de los años treinta (…). El diablo ataca más a los mejores y por eso ataca especialmente a España y la quiere destruir».

Pues bien, entre los servicios de la monarquía católica a la Iglesia debemos destacar su papel fundamental en la reforma a partir de la segunda mitad del siglo xv. España, que nace de la unión de los reinos de Castilla y Aragón con los Reyes Católicos, tuvo en la reforma eclesiástica uno de sus pilares fundamentales en la obra general de restauración del poder del Estado. Isabel y Fernando, en su empeño por reducir el poder de la díscola aristocracia peninsular, sustrajeron a la nobleza la capacidad de elegir cargos eclesiásticos, por lo que la monarquía se reservó el derecho de elegir a los obispos. Debemos de reconocer que, en general, los reyes hicieron bien su trabajo porque optaron por individuos seducidos por los principios del humanismo cristiano, con una profunda formación teológica y una irrefrenable voluntad de cambio.

Recordemos que el humanismo europeo fue un movimiento intelectual, filosófico, cultural y religioso estrechamente ligado al Renacimiento, cuyo origen podemos situar en la Italia del siglo xv donde emergieron personajes brillantes como Dante, Petrarca o Bocaccio, pero en última instancia bebe de los grandes autores de la Antigüedad clásica, cuya herencia pudo conservarse gracias al trabajo desarrollado en las bibliotecas monásticas por monjes eruditos humanistas, que recopilaron, estudiaron, conservaron y tradujeron unos manuscritos que, de otra forma, se hubieran perdido. Hubo otros factores que influyeron de manera decisiva en el surgimiento del humanismo y en su posterior difusión. Uno de ellos fue la afluencia de sabios bizantinos que, ante el asedio de los turcos, emigraron a Europa trayendo consigo textos griegos y fomentando el estudio de la cultura y la lengua griega clásica. Por ejemplo, podríamos citar a Manuel Crisoloras, erudito procedente de Constantinopla, que enseñó griego en Florencia. Otro factor crucial fue la invención de la imprenta por parte de Gutemberg, que supuso un impulso enorme a la difusión masiva de las ideas humanistas, y favoreció el surgimiento de un pensamiento crítico enfrentado al tradicional *magister dixit* o argumento de autoridad medieval de la filosofía escolástica. No podemos olvidar que, durante esta época de esplendor, y en parte gracias a la generosidad de los mecenas, proliferó la creación de universidades y academias, con la finalidad de extender el saber a un número cada vez mayor de individuos.

La imitación o recuperación del pensamiento clásico se produjo de dos formas: la llamada *imitatio ciceroniana*, que se centraba en el estudio de la obra de un solo autor, Cicerón, como modelo de toda la cultura clásica, y preferida por los humanistas italianos; y la *imitatio eclectiva*, que optó por tomar lo mejor de cada autor de la Antigüedad, y que fue la preferida de Erasmo de Rotterdam, una de las figuras más representativas del humanismo europeo. Erasmo llevó a cabo estudios filológicos y exegéticos del Nuevo Testamento, criticando las falsas devociones y las desviaciones religiosas, especialmente en lo relativo a las indulgencias. Mantuvo contactos estrechos con el cardenal Cisneros y cultivó una cierta amistad con Carlos I, así como con Juan Luis Vives, siendo muy notable la influencia que ejerció sobre el humanismo español. Antes de continuar, veamos quién fue Vives, un personaje de altura comprometido con la defensa de las causas más nobles, hasta tal punto que hoy se le sigue considerando como uno de los primeros intelectuales que trató de llevar a la práctica un servicio organizado de asistencia social. Del mismo modo, fue un precursor de los servicios sociales en los países de Occidente.

Juan Luis Vives, principal representante del humanismo católico y un hombre con una enorme conciencia social, insistió en *De disciplinis* en la necesidad de la formación permanente y el seguimiento de la evolución del alumno, por lo que, entre otras cosas, podemos considerarlo como el auténtico precursor de lo que hoy son las sesiones de evaluación que bien conocemos todos los que nos dedicamos a la enseñanza: «cuando un padre lleve a un niño a la escuela (…) se le debe manifestar que el objeto de estudios es hacer al joven más instruido y mejor, por lo tanto. Durante uno o dos meses permanecerá en la escuela para examinar sus dotes mentales; y los maestros se reunirán aparte cuatro veces cada año para hablar y preguntarse mutuamente sobre la capacidad de sus alumnos y para designar cuál sea la ocupación que según las individuales disposiciones conviene a cada uno de ellos».

Juan Luis Vives nació en Valencia el 6 de marzo de 1492 en el seno de una familia de ricos comerciantes de origen judío. Su infancia no fue ni mucho menos tranquila, porque sus padres se vieron obligados a convertirse al cristianismo para no ser expulsados del reino y, después, denunciados tras ser descubiertos en una sinagoga practicando la liturgia judía. El proceso inquisitorial no impidió a Vives el acceso a la Universidad de Valencia, donde estudió Gramática, pero la muerte de su madre ensombreció su ánimo hasta tal punto que optó por hacer las maletas para ir a vivir a un país extranjero. Uno de sus primeros lugares de destino fue París, en cuya universidad terminó sus estudios, alcanzó el grado de doctor y maduró su pensamiento en el que se aglutinaban elementos socráticos, racionalistas, neoplatónicos y de espiritualidad hebrea. Después de la etapa parisina marchó hacia Brujas, una ciudad en la que se asentaban no pocas familias de mercaderes valencianos, entre ellas la de Margarita Valldaura, con la que Juan contrajo matrimonio. En la localidad flamenca fue nombrado preceptor de Guillem de Croy y pasó a formar parte del cuerpo de profesores de la Universidad de Lovaina, donde tuvo la suerte de conocer y trabar amistad con el gran Erasmo de Rotterdam (en 1521, también en Brujas, tuvo el primer contacto con el que siempre será su gran amigo: Tomás Moro).

Debemos imaginar que esta fue una etapa feliz para el humanista español, pero la tranquilidad no duró mucho, porque, muy pronto, la injusticia y la desgracia golpearon con fuerza a Vives. Por estas fechas, recibió la noticia de la muerte de su padre quien, después de un largo y deshonroso juicio, fue quemado en la hoguera por la acusación de prácticas judaizantes. A pesar del dolor, Juan Luis Vives nunca renunció a su sueño, el de la reforma de una Iglesia para recuperar los valores y los principios de los primeros cristianos y los apóstoles. Por eso, durante una nueva estancia en Brujas escribió *Tratado del socorro de los pobres*, en el que refleja su conciencia social al exigir ayuda económica para los menos favorecidos. Dando muestra de una enorme capacidad de anticipación (estamos hablando de la primera mitad del siglo XVI), Vives reclamó la intervención no solo de la Iglesia, sino también del poder temporal, que debía garantizar la beneficencia y la asistencia a los mendigos y desheredados. Aquí, el humanista católico español distinguía entre el derecho del pobre a la caridad y la limosna, de tradición medieval, y la necesaria intervención de los Estados para favorecer el acceso al trabajo de los pobres.

Otra de las grandes aportaciones de Vives fue la renovación de la pedagogía. El español siempre defendió el derecho de los seres humanos a la educación y a la cultura (al menos los que sintiesen la necesidad de ella), por ser un patrimonio común y un fantástico instrumento de integración social cuyos frutos revertían, siempre, en beneficio del progreso y del bienestar común. Por supuesto, y frente a lo que ocurre en la actual educación pública, consideraba que esta forma de promoción social solo era posible si se respetaban los méritos de los estudiantes más aplicados y la cultura del esfuerzo. Lo realmente sorprendente es que Vives fue, del mismo modo, uno de los primeros en plantearse la importancia de lo que hoy conocemos con el nombre de sesiones de evaluación, tal y como dejó escrito en su obra *De disciplinis*.

Lamentablemente, durante los últimos años de su prolífica vida, la salud le jugó una mala pasada. Vives sufrió continuos dolores de cabeza provocados por una úlcera estomacal, dolores que se agravaron tras conocer la condena de Tomás Moro y, para empeorar aún más las cosas, empezó a tener serios problemas económicos, por lo que buscó la protección de Carlos V, a quien dedicó su obra *De concordia et discordia in humano genere*, donde expone el talante conciliador y moderado del humanismo católico, del que es considerado máximo representante. Llegamos de esta manera a mayo de 1540 con Juan Luis Vives postrado en la cama por unos terribles dolores provocados por la artrosis. El día 6 de este mismo mes moría el pensador español en su casa de Brujas sin haber abandonado el proyecto de reformar la Iglesia católica para que estuviera al servicio de los más necesitados, pero sin renunciar, como hicieron otros en fechas más recientes, al verdadero mensaje de Jesús.

Hemos hablado sobre Juan Luis Vives, pero si el humanismo español tiene un nombre propio es el del cardenal Cisneros, que puso en marcha una amplia reforma eclesial y cultural que permitió a España entrar en la Edad Moderna sin experimentar una ruptura tan intensa y radical como en otros reinos europeos. Nacido en 1436, en la pequeña localidad madrileña de Torrelaguna, Gonzalo Jiménez de Cisneros inició su carrera eclesiástica cursando estudios de Derecho Canónico, Filosofía, Gramática y Teología en distintos centros educativos, en Roa, Alcalá de Henares y en el Colegio Mayor de San Bartolomé en Salamanca. De allí pasó a Roma, donde perfeccionó su formación en administración eclesiástica y fue ordenado sacerdote en torno a 1460. La muerte de su padre le obligó a volver a España y en 1471 se convirtió, por nombramiento del papa Paulo III, en arcipreste de Uceda. Al parecer, el arzobispo de Toledo ambicionaba ese mismo puesto para un familiar, por lo que, con total injusticia, Cisneros acabó con sus huesos en la cárcel. Fue liberado en 1480 y trasladado a la diócesis de Sigüenza, donde empezó a tomar contacto con las familias más poderosas de la aristocracia castellana. También tuvo tiempo para convertirse en franciscano, motivo por el cual cambió su nombre, Gonzalo, por el de Francisco y, en 1492, fue recomendado por su amigo el cardenal Mendoza para el cargo de confesor de la reina Isabel la Católica. Fue a partir de ese momento cuando aumentó, de forma imparable, su influencia en la vida política española, influencia que llegaría hasta el punto de encabezar la regencia tras la muerte de Isabel.

El cardenal Cisneros fue ejemplo del esplendor de la Iglesia española antes de la reforma protestante. El estudio de su biografía nos descubre a un hombre capaz de compaginar su impagable trabajo por la mejora de la administración del reino, pero sin descuidar su interés por aumentar su enorme erudición. Así fue hasta la fecha de su muerte en Roa (Burgos), en 1517, a los ochenta y un años. En esta época tan compleja, encarnó el prototipo de humanista español al ser intelectualmente inquieto y amante de la cultura, cualidades que encuentran su culminación en la Universidad de Alcalá de Henares, su gran obra por la que será siempre recordado y que resume otra de las bases de la reforma española, y es que para el catolicismo castellano fue primordial la remodelación del sistema educativo y de la teología dentro del espíritu del humanismo cristiano.

La idea empezó a gestarse en 1488, cuando se plantea la posibilidad de fundar un colegio mayor, para lo cual solicita autorización al Vaticano. El *placet* llegó en 1499, cuando Alejandro VI dio el visto bueno para la creación de un centro en el que cursar estudios de Teología, Artes y Derecho Canónico. El edificio que acogió el Colegio de San Idelfonso, diseñado por Pedro Gumiel, contaba con hospederías, zonas de recreo, biblioteca y colegios menores. También se añadió un hospital para estudiantes pobres, fiel reflejo del afán del cardenal por extender el saber y el conocimiento en una España renacentista en la que, frente a absurdos relatos negrolegendarios hoy solo tenidos en cuenta por los menos privilegiados intelectualmente, el nivel de alfabetización fue muy superior al de otros reinos europeos.

En el número 12 de *Laus Hispaniae*, revista de historia de España, Manuel Fuentes afirma:

> Conviene olvidar el tópico de la España inculta de los siglos XVI-XVII, con una sociedad vocacional y forzosamente analfabeta. La España de los Austrias y más concretamente la de Felipe II, no parecía estar menos alfabetizada que el resto de los países europeos de su tiempo (Kagan, 1981).

La revalorización de las lenguas vulgares a comienzos del siglo XVI, la preocupación pedagógica de decenas de humanistas y la proliferación de maestros en las ciudades que buscaban ganarse el pan sin demasiado esfuerzo fueron un aliciente realmente importante. En este sentido, Jacques Soubeyraoux indicó que muchos olvidan que es imposible conocer las bases de alfabetización de aquella población, ya que dichos fundamentos educativos solían ser impartidos por instituciones no reguladas, tales como las escuelas de primeras letras o la propia familia.

La Universidad de Alcalá de Henares, fundada por Cisneros, fue uno de los centros de saber más importantes de España y culmen de lo que será el humanismo cristiano. En sus aulas estudiaron y enseñaron hombres ilustres de la talla de Antonio de Nebrija, Juan Ginés de Sepúlveda, Ignacio de Loyola, Domingo de Soto, Benito Arias Montano, Juan de Mariana, san Juan de la Cruz, Lope de Vega, Francisco de Quevedo, Pedro Calderón de la Barca y Melchor Gaspar de Jovellanos, entre otros muchos.

La obra del cardenal Cisneros fue aplaudida, entre otros, por el rey de Francia Francisco I quien llegó a asegurar: «Un solo fraile ha hecho en España lo que en Francia hubieron de hacer muchos reyes». Otras de sus imperecederas aportaciones fue la Biblia Políglota Complutense, una edición de la Sagrada Escritura en sus lenguas originales que pasó a la historia como uno de los grandes logros del humanismo cristiano hispano. Los trabajos para su elaboración comenzaron en 1504 y en ella colaboraron autores de primerísimo nivel como Alonso de Alcalá, Pablo Coronel y Alfonso de Zamora para la parte hebrea y aramea, y Demetrio Ducas y Hernán Núñez para la parte griega. Otro de los egregios colaboradores fue Antonio de Nebrija, que participó en la corrección de la Vulgata. Estamos, por lo tanto, ante un gran proyecto en el que se dieron cita algunas de las cabezas más brillantes del Renacimiento español; el mismo cardenal llegó a asegurar: «Aunque hasta el presente he llevado muchas empresas duras y difíciles por la nación, nada es más de mi agrado, por lo que debáis felicitarme con más efusión, que por esta edición de la Biblia».

LUMEN HISPANIAE

Por lo que hemos visto, el lector comprenderá que el prestigio de la Iglesia española sirvió como inmejorable cortafuegos para evitar en nuestro país la propagación del protestantismo. Además de la eficiente obra política de los Reyes Católicos, de la renovación del sistema educativo y el florecimiento de los estudios teológicos, la reforma española no podría entenderse sin tener en cuenta el inicio de la era de los descubrimientos, el espíritu de conquista y la labor misionera de una España que quiso llegar a todos los rincones de un mundo aún desconocido.

La reforma protestante trajo consigo la ruptura de la unidad y la pérdida de numerosos territorios, pero, por otra parte, la cristiandad se extendió como consecuencia de los descubrimientos geográficos protagonizados, especialmente, por la monarquía hispánica. España, como potencia hegemónica en el siglo XVI, no solo logró imponerse en los campos de batalla del continente europeo, también logró mantener abiertas las rutas marítimas que unían el Nuevo y el Viejo Mundo contando con medios muy limitados. Siendo destacables las victorias de las armas españolas, no lo son tanto como su papel en lo que ha venido llamándose, en los últimos años, como «la primera globalización». Baste recordar que mientras se celebraba el Concilio de Trento, tres universidades impartían sus enseñanzas en tierras americanas, en Santo Domingo, Lima y México, siendo este un claro testimonio de la labor civilizadora hispana.

A principios del siglo XVI, un grupo de teólogos españoles vinculados a la Universidad de Salamanca, encabezados por el dominico Francisco de Vitoria, un pensador que debería aparecer en todos los libros de textos de los estudiantes españoles, protagonizaron una renovación del escolasticismo y crearon un cuerpo avanzado de doctrina en áreas como el derecho natural, la economía moral, la libertad y la idea de soberanía. Francisco de Vitoria es el padre del derecho internacional y uno de los más destacados defensores del concepto de «guerra justa».

Los éxitos obtenidos por la actividad misionera española fueron abrumadores, casi inexplicables. Si la Iglesia española puede sentirse orgullosa por ser capaz de llevar el mensaje del evangelio por tierras del Nuevo Mundo, aún más satisfacción debe sentir por haber alumbrado, en su seno, a los fabulosos pensadores de la escuela de Salamanca y a todo un grupo de teólogos y hombres de fe, como Francisco de Vitoria, cuyo trabajo fue fundamental para permitir que se aprobasen leyes en defensa de los indígenas americanos y para evitar que se esclavizara a los pueblos vencidos. Y es que, en la conquista española de América, ocurrió algo totalmente novedoso cuando el emperador Carlos ordenó detener la conquista y someter a una junta de sabios la consideración sobre la moralidad de dichas conquistas.

La preocupación por los derechos indígenas ya la detectamos con la reina Isabel, cuyo testamento no deja lugar para la duda sobre las buenas intenciones de esta mujer cuyo proceso de beatificación se sigue discutiendo:

> Suplico al rey mi señor muy afectuosamente, y encargo y mando a la princesa, mi hija, y al príncipe, su marido, que así lo hagan y cumplan, y este sea su principal fin, y que en ello pongan mucha diligencia y no consientan ni den lugar a que los indios, vecinos y moradores de las dichas Indias, ganadas y por ganar, reciban agravio alguno en sus personas ni bienes, sino manden que sean bien y justamente tratados, y si algún agravio han recibido, lo remedien».

A los buenos propósitos de la reina le sumamos la actitud de frailes y teólogos españoles que denunciaron los abusos de los conquistadores. Uno fue Antonio Montesino, un fraile dominico que levantó la voz el 21 de diciembre de 1511 en la isla de La Española al condenar a sus vecinos y advertirles de que estaban en pecado mortal por la crueldad con la que trataban a los indígenas:

> ¿Estos no son hombres? ¿No tienen almas racionales? ¿No sois obligados a amallos como a vosotros mismos? ¡Tened por cierto, que en el estado en el que estáis, no os podéis más salvar que los moros o turcos que carecen y no quieren la fe de Jesucristo!

Las denuncias de los dominicos no cayeron en saco roto, pues llegaron muy pronto a oídos de la Corona. Frente a lo que ocurrió en otros reinos, en España se dictaron normas de obligado cumplimiento para garantizar la vida y la dignidad de los pueblos nativos. Fernando el Católico cumplió las últimas voluntades de su compañera y, para ello, reunió a un grupo de sabios en la sala capitular del convento dominico de Santo Domingo, en Burgos, que tras un acalorado debate formularon una tesis totalmente innovadora y que, con toda seguridad, sirvió para salvar la vida a millones de personas: los indígenas eran seres humanos y, por lo tanto, hijos de Dios, y, en consecuencia, poseían unos derechos que debían ser respetados. Por las leyes de Burgos, del 27 de diciembre de 1512, se establecía que los indígenas podían trabajar, pero por un salario justo. Por supuesto, no todos los encomenderos recibieron estas normas con los brazos abiertos, por lo que los abusos continuaron; por eso la Corona española aprobó en 1542 las leyes nuevas:

> Nuestro principal intento y voluntad siempre ha sido y es la conservación y aumento de los indios y que sean instruidos y enseñados en las cosas de nuestra Fe católica y bien tratados como personas libres y vasallos nuestros, como lo son.

A raíz de los ataques contra las estatuas de personajes españoles relacionados con el descubrimiento de América, Fernando García de Cortázar afirmó: «Quién detendrá esta cruzada irresponsable, esta conjura de los necios, este auto de fe contra una historia cultural, esta causa abierta contra una civilización?». Uno de los personajes que merecen una completa rehabilitación es fray Junípero Serra, cuyo propósito siempre fue la fundación de misiones para procurar una formación integral a los indios, la evangelización de sus almas y la enseñanza de mecanismos de subsistencia: «la salvación de los indios es el propósito de nuestra presencia aquí, y su única justificación». En 2020 las estatuas de Junípero Serra fueron atacadas a ambos lados del Atlántico, por miembros de grupos indigenistas en San Francisco y nacionalistas en Palma de Mallorca.

El movimiento de renovación también creó el clima favorable para la creación de nuevas órdenes y el desarrollo de los estudios teológicos en la España del siglo XVI, hambrienta de espiritualidad, cuyos pensadores se preguntaron por la salvación de las almas y el conocimiento de Dios, uno de los principales objetos de estudio en los centros de enseñanza como las Universidades de Alcalá y Salamanca. En sus aulas destacaron eminentes teólogos que tendrán una gran influencia en Trento. Melchor Cano, padre de la teología positiva, fue uno de ellos.

Melchor Cano, a pesar de no ser uno de los miembros más conocidos de la insigne escuela de Salamanca, fue un pensador con un currículo asombroso. Siendo muy joven, realizó sus primeros estudios de Gramática y Latinidad en Pastrana, Guadalajara. Cuando sus profesores fueron conscientes de las dotes del niño, lo enviaron a Salamanca para realizar estudios superiores en San Esteban donde tuvo como maestro a Francisco de Vitoria que, por aquel entonces, iniciaba su renovación de la teología escolástica. En 1531, tras su ordenación sacerdotal, fue enviado al ilustrísimo Colegio de San Gregorio en Valladolid, reservado a los más brillantes y capacitados religiosos dominicos y, tres años más tarde, recibió el título de lector de Teología. En 1536, tras el Capítulo General de Roma, acudió a Bolonia e incorporó a su ya extenso currículo el título de maestro en Sagrada Teología, casi en el mismo momento en el que quedaba vacante la cátedra de Prima de la Universidad de Alcalá, donde enseñó hasta conseguir su plaza en Salamanca tras la muerte en 1546 de Francisco de Vitoria.

En la ciudad del Tormes, Cano maduró su formación y opiniones doctrinales hasta erigirse en un referente intelectual de la España del Siglo de Oro. Su obra más aclamada, y que le dio un lugar de honor en la historia de la Iglesia católica, fue *De locis theologicis*, en la que adopta un método histórico, antropológico y de inspiración aristotélica para identificar los lugares teológicos que interpreta como fuentes básicas para el conocimiento de Dios, entre ellos los hechos de Cristo y los apóstoles, los concilios generales, los padres de la Iglesia, la historia y la razón. Además de su trabajo en la universidad, el teólogo español realizó numerosas actividades extraacadémicas, algunas de enorme relevancia como su participación en la célebre controversia que enfrentó a

Sepúlveda y a De las Casas en relación con la legitimidad de la conquista bélica de las Indias. De igual forma, tuvo una participación muy destacada en el Concilio de Trento, sentando doctrina sobre aspectos tan destacados como la eucaristía, la penitencia y el sacrificio de la misa. Para finalizar, merece la pena destacar su disputa con Bartolomé Carranza que, en el fondo, fue un debate entre las dos grandes corrientes de espiritualidad en la España del siglo XVI. La primera, con Cano a la cabeza, defendía el conocimiento de Dios a partir de la razón y el estudio de la Sagrada Escritura, mientras que la segunda corriente acentuaba la dimensión espiritual y mística. En esta última corriente podemos situar a santa Teresa de Jesús de la orden de los carmelitas, caracterizada por su peculiar mezcla de contemplación, clausura, apostolado pastoral y apoyo a los necesitados.

Teresa de Ahumada, patrona de los escritores, española desde la publicación del breve pontificio *Lumen Hispaniae* por Pablo VI en 1965, fue una santa cuyo trabajo y ejemplo de vida recibió la admiración de los más ilustres hombres y mujeres de letras que se dejaron seducir por el recuerdo de la monja abulense. Miguel de Cervantes, Luis de Góngora y Lope de Vega ensalzaron su figura y le dedicaron sonetos y romances, mientras que Gerardo Diego, con sentida emoción, afirmó: «Si abandonamos el prejuicio gramatical y nos entregamos al goce espontáneo y directo de su charla, habremos de concluir que nunca se ha escrito con tanto sabor y gracia tan divinamente femenina». Camilo José Cela, por su parte, consideraba:

Santa Teresa es la cumbre de la prosa mística española, como san Juan de la Cruz lo es de la poesía. Su amor a Dios lo expresa en la lengua viva de su tiempo, espontánea y tierna, emocionada y popular, y de forma tan eficaz que su mano parece guiada por un ángel.

Aunque la vida de la santa transcurrió en un momento de inquietud espiritual, cuando los clérigos escribían sobre la necesidad de la oración interior para encontrarse con Dios, nada hacía entrever, al menos en un principio, que Teresa de Ahumada se terminaría convirtiendo en una de las grandes santas en la historia de la Iglesia. Nació en 1515 en el seno de una familia noble abulense y, durante sus primeros años, se mostró como una niña coqueta, no indiferente a la mirada de los hombres, pero también se dejó cautivar por el amor a la lectura. Su padre, Alonso Sánchez de Cepeda, poseía una importante biblioteca en la que no faltaban los libros de caballerías y sobre las vidas de los santos. Todo parece indicar que la lectura de estos libros tuvo un profundo impacto en su carácter, al ponerse en disposición de recibir, finalmente, la llamada de Dios, por lo que, sin pensárselo dos veces, y ante el disgusto de su padre, decidió ingresar en el Convento de la Encarnación de las carmelitas en Ávila.

Al ser una mujer con fuerte personalidad, mostró su decepción por la relajación de costumbres que halló en el convento al observar, en su interior, a muchas monjas sin ningún tipo de vocación, rodeadas de lujo y entregadas a conversaciones mundanas. Teresa se impuso, entonces, duras pruebas como cuidar de una monja gravemente enferma y aplicarse una disciplina que a punto estuvo de llevarla a la tumba por la enfermedad y el debilitamiento. Sus médicos llegaron a temer por su vida, pero, a pesar de todo, Teresa se encontró con fuerzas para leer el *Tercer abecedario espiritual* de Francisco de Osuna y descubrir una nueva forma de oración mental y de conversación con el Padre. Así se inició su periodo de visiones, éxtasis y diálogos con Jesucristo. También encontró la energía necesaria para emprender la titánica reforma del Carmelo, frente a la oposición de los más acomodaticios que no vieron con muy buenos ojos el retorno a una regla estricta que tenía en la descalcez el símbolo de la humildad más extrema. En 1562 fundó su primer convento de carmelitas descalzas y, después, otras doce casas.

En 1965, Pablo VI publicó el breve pontificio *Lumen Hispaniae*, por el que santa Teresa quedaba como patrona de los escritores españoles: «Todavía hoy, con estas obras y con el fulgor no atenuante de su vida, continúa siendo aventajadísima Maestra. Con oportuno recuerdo los escritores españoles han manifestado el deseo de acogerse a su patrocinio (…). Para que aquellos en quienes recae la mayor responsabilidad de los libros y revistas tengan a quien volver los ojos en tan importante tarea y encuentren refugio donde ampararse, nos accedemos gustosamente a este ruego. Así pues (…) nombramos y declaramos a la virgen santa Teresa de Jesús patrona principal de los escritores españoles».

A pesar de los problemas, de la enfermedad, de la falta de recursos y de apoyos, Teresa cumplió con sus objetivos. No solo eso, porque encontró tiempo para escribir, dando inicio a un camino con enormes repercusiones en la historia de la literatura. La monja española reflejó en sus escritos una mentalidad renacentista y una inequívoca modernidad basada en la exaltación del individuo y la nueva forma de establecer relaciones con Dios. En su primera obra, *Vida*, ya apreciamos su inconfundible estilo sencillo y directo, sin la necesidad de utilizar complejas figuras literarias como su amigo san Juan de la Cruz. En *Camino de perfección*, dirigida a las hermanas del convento de San José de Ávila, medita sobre el padrenuestro y recomienda una vida marcada por la humildad y la oración, necesaria si se quería llevar hasta buen puerto la reforma de una Iglesia en la que se seguían apreciando profundos problemas, como la falta de vocación y la relajación de las buenas costumbres. Esto la perturbaba; por eso, a sus amadas monjas del Carmelo les recomendó un tipo de existencia más rigurosa y disciplinada. En medio del desasosiego, y tras leer las *Confesiones* de san Agustín, tuvo la visión del Cristo llagado, iniciándose una serie de experiencias místicas hasta que se produjo la transverberación que describió con su puño y letra:

> Quiso el Señor que viese aquí algunas veces esta visión: veía un ángel en mi lado izquierdo, en forma corporal, lo que no suelo ver sino por maravilla (…). Veíale en las manos un dardo de oro largo, y al fin del hierro me parecía tener un poco de fuego. Este me parecía meter por el corazón algunas veces y que me llegaba a las entrañas. Al sacarle, me parecía las llevaba consigo, y me dejaba toda abrasada en amor grande de Dios. Era tan grande el dolor que me hacía dar aquellos quejidos, y tan excesiva la suavidad que me pone este grandísimo dolor que no hay desear que se quite, ni se contenta el alma con menos que Dios.

En 1572 empezó a escribir su obra cumbre, *Las Moradas* o *Castillo interior*, como una excelente guía de desarrollo espiritual para sus hermanas. Por desgracia, la monja abulense tuvo que interrumpir en varias ocasiones su trabajo debido a los graves problemas de salud que ya no le abandonarán hasta la fecha de su muerte. *Las moradas* es la culminación de una obra literaria con la que Teresa alcanzó una gran madurez, con la que aporta una espiritualidad que invita a nuestras almas a elevarse hacia el Creador por medio de la oración más perfecta. Así describía fray Luis de León el estilo de la santa:

> Porque en alteza de las cosas que trata, y en la delicadeza y claridad con que las trata, excede a muchos ingenios; y en la forma y decir, y en pureza y facilidad del estilo y en la gracia y compostura de las palabras, y en una elegancia desafeitada que deleita en extremo, dudo yo que haya en nuestra lengua escritura que con ella se iguale.

Finalmente, tras una larga y penosa enfermedad, a las nueve de la noche del 4 de octubre de 1582, muere Teresa en Alba de Tormes en brazos de Ana de San Bartolomé. Cuatro siglos más tarde, el 27 de septiembre de 1970, Pablo VI le otorgaba el título de doctora de la Iglesia, siendo la primera mujer a la que se le otorgaba tan alto honor. En su homilía destacó: «La vemos ante nosotros como una mujer excepcional, como a una religiosa que, envuelta toda ella de humildad, penitencia y sencillez, irradia en torno a sí la llama de su vitalidad humana y de su dinámica espiritualidad». Poco después, el alcalde de Madrid Enrique Tierno Galván resumió con estas palabras la contribución de Teresa a las letras españolas:

> Para quienes hablamos desde niños la lengua de la santa, su lectura frecuente equivale a introducirnos en una realidad que siempre nos sorprende por cuanto es universal y, al mismo tiempo, tan propia que la vivimos integrada por completo en nuestra convivencia nacional histórica.

En 1563, Juan de la Cruz, natural de Fontiveros, cerca de Ávila, inició el noviciado en los carmelitas y al año siguiente marchó a la Universidad de Salamanca para estudiar Artes y Filosofía. En 1567 fue ordenado sacerdote y regresó a Medina del Campo donde tuvo el primer contacto con santa Teresa de Jesús, que le expuso su plan de reforma del Carmelo. El joven Juan quedó fascinado con las ideas de una mujer con la que estableció una sincera amistad. Fruto de la colaboración de estas dos grandes lumbreras de la Iglesia católica fue la apertura de la primera casa de los carmelitas descalzos, el 28 de diciembre de 1568 en Duruelo. Fue entonces cuando Juan se empezó a llamar «de la Cruz». A petición de Teresa, en 1572, se convirtió en confesor del monasterio de la Encarnación en Ávila, justo en el momento en el que aparecen las principales obras de la santa y los primeros trabajos de Juan. San Juan de la Cruz está considerado como uno de los más grandes poetas líricos de todos los tiempos, pudiendo destacar *Subida al Monte Carmelo*, *Noche oscura*, *Cántico espiritual* y *Llama de amor viva*.

EL SANTO PATRONO DE LOS
ENFERMOS Y LOS ENFERMEROS

La fundación de la Compañía de Jesús tuvo como protagonista a otro gran santo español, Ignacio de Loyola. El sueño inicial del religioso era peregrinar a Jerusalén, junto a otros cinco compañeros, para consagrarse al servicio de las almas, pero ante la imposibilidad de llegar a Tierra Santa, decidieron permanecer juntos y ponerse al servicio del papado. En 1540, el papa Paulo III aprobó la Compañía de Jesús como una congregación de religiosos encargados de difundir y defender la fe católica. El desarrollo de la orden superó las expectativas, ya que, a principios del siglo XVII, ya contaba con la nada desdeñable cantidad de diecisiete mil miembros. Los servicios prestados al pontífice y su enorme contribución en el proceso de reforma católica frente a la expansión de los errores del protestantismo fue considerable, sobre todo en lo que se refiere a la formación del clero, la educación de los más jóvenes y la difusión de las misiones por lugares muy alejados de la cristiandad.

Curiosamente, la recuperación de la Iglesia en España en este siglo XVI estuvo vinculada en el ámbito de la caridad con el aumento de la atención a los enfermos. En 2005, Benedicto XVI promulgaba la encíclica *Deus caritas est* en la que establecía que las actividades caritativas de la Iglesia debían ser una expresión sincera del amor a nuestros semejantes, pero no por motivos políticos, sino como servicio de amor puro y desinteresado. En la segunda parte de la encíclica, en la que muestra «cómo cumplir de manera eclesial el mandamiento del amor al prójimo», el papa se refería a los santos: «Contemplemos finalmente a los santos, a quienes han ejercido de modo ejemplar la caridad». Entre otros rindió homenaje a Martín de Tours, a Francisco de Asís, a Ignacio de Loyola, a santa Teresa de Calcuta o al español san Juan de Dios, auténtico precursor del hospital moderno y un hombre que dedicó su vida al cuidado de los más necesitados.

Hasta fechas recientes se pensó que Juan de Dios era originario de Montemor o Novo (Portugal), pero hoy sabemos que el fundador de la Orden Hospitalaria nació en Casarrubios del Monte (Toledo) en el año 1495. Siendo solo un niño, Juan abandonó el hogar de sus padres y marchó a Portugal, pero no fue por mucho tiempo porque en 1503 lo encontramos en la localidad toledana de Oropesa, donde fijó residencia en la casa de Francisco de Mayoral, mayordomo del conde de Oropesa. Junto a su amigo Alonso de Orozco, recibió una educación cristiana y los estudios propios de la época. Durante estos años Juan disfrutó de un trabajo, el de pastor, que nunca olvidaría. El joven era el encargado igualmente de suministrar todo tipo de provisiones a los compañeros que cuidaban de los rebaños del conde. Así pasó una parte importante de su vida, en un entorno tranquilo y sin sobresaltos, pero cuando cumplió los veintiocho años, siendo como era un joven soñador, sintió la llamada de las armas y marchó a Fuenterrabía para servir a las órdenes de Carlos V. La experiencia no fue tan reconfortante como en un principio creyó. Veamos por qué.

Juan partió con el ardiente deseo de vivir innumerables aventuras. Por desgracia, el inicio de su vida castrense no fue muy prometedor, más bien todo lo contrario, porque al llegar a su lugar de destino, sus superiores le ordenaron partir, acompañado de una indomable yegua, en busca de víveres para sus compañeros de armas. Por desgracia, a mitad de camino, la jaca arremetió contra Juan y tras derribarlo le asestó una certera coz en la cabeza, tan contundente que a punto estuvo de enviarlo al otro barrio. Nos cuentan sus biógrafos que Juan de Dios perdió el conocimiento, pero tras volver en sí, cuando se creía cercano a la muerte, invocó a la santa Virgen, quien, vistos los resultados, tuvo a bien salvar la vida de este hombre destinado a llenar de esperanza a los que carecían de ella. Con mucho esfuerzo logró regresar al campamento y, cuando recuperó las fuerzas, su capitán le encargó una nueva misión.

Esta vez nada podía salir mal; lo único que debía hacer el particular soldado toledano era vigilar las vituallas que le habían dejado a su cargo, pero, como consecuencia de un fatal descuido y el más terrible de los infortunios, algún desaprensivo las sustrajo. Tras enterarse de lo sucedido, el capitán puso el grito en el cielo por la incompetencia del negligente Juan, por lo que, sin pensárselo dos veces, hizo oídos sordos a las súplicas de sus hombres y mandó ahorcarlo para dar ejemplo al resto de la tropa. Por fortuna, el destino volvió a ser benevolente con Juan, quien salvó el pellejo gracias a la oportuna intervención del duque de Alba, por lo que el muchacho, para no tentar más a la suerte, abandonó el lugar y regresó a su añorada Oropesa donde pudo recuperar la anhelada vida de pastor en casa de don Francisco Mayoral.

En efecto, Juan reencontró la felicidad en el hogar de su señor, pero en su mente siempre anidó el deseo de reemprender su carrera militar y resarcirse de sus antiguos fracasos, por lo que en 1529 volvió a las andadas y se enroló para combatir a las huestes turcas que, por aquel entonces, amenazaban Viena. Tras la gesta protagonizada por los defensores cristianos frente a los doscientos mil soldados turcos (cabe destacar la impagable contribución de los setecientos arcabuceros españoles), Juan regresó con honor a la patria, desembarcando en La Coruña en octubre de 1532. Desde allí, fue en peregrinación hasta Santiago de Compostela movido por su deseo de recuperar la paz. La experiencia tuvo un fuerte impacto porque, desde entonces, su vida ya nunca volvería a ser la misma.

A finales de 1532 lo encontramos en Montemor, el pueblo donde pasó su infancia. Desde allí dirigió sus pasos primero hacia Ayamonte y después a Sevilla, donde ejerció brevemente como pastor a las órdenes de la madre del duque de Medina Sidonia. Estos fueron unos años de continuos viajes porque en 1533 lo vemos en Ceuta, trabajando como peón de albañil en la construcción de las fortificaciones de la ciudad, según sus biógrafos con el noble objetivo de ganar unas monedas para socorrer a la familia de un compañero que sufría la condena del destierro. Después de varios meses de infatigable trabajo, volvió a preparar sus bártulos y puso rumbo en dirección a Gibraltar, donde ejerció como librero, aunque la mayor parte del tiempo lo dedicó a la oración. En 1533 abandonó Gibraltar y marchó hacia Granada para cumplir la misión, aunque él aún no lo sabía, a la que había sido llamado.

Cuentan las tradiciones que a su paso por Gaucín se produjo un episodio sorprendente. Cuando estaba cerca de su destino, se encontró con un niño que parecía perdido, por lo que Juan, afligido, le regaló sus sandalias y le cargó sobre sus hombros. Ante la muestra de bondad, el joven abrió una granada y tras contemplar su interior lanzó una profecía: «Mira Juan de Dios, Granada será tu cruz y por ella verás la gloria de Jesús». Por fin, poco antes de la Navidad de 1533, Juan llegó a la ciudad con la que tanto había soñado y se estableció en un lugar cercano a la Puerta de Elvira, donde siguió ejerciendo su oficio de librero.

Una fría mañana de enero de 1534 se celebró una fiesta en la ermita de los Mártires, frente a la Alhambra, en honor de san Sebastián. Allí estaba san Juan de Ávila ante una numerosa congregación que asistía, extasiada, al sermón que estaba dando el maestro de Teología. Entre los asistentes estaba Juan, que salió de la ermita con un brillo extraño en sus ojos. Lo que viene a continuación es realmente extraño, porque, sin explicación aparente, marchó en dirección a su negocio para distribuir sus libros y sus bienes materiales. A continuación, empezó a deambular por las calles, descalzo y medio desnudo, pidiendo misericordia a Dios y perdón por los pecados cometidos. Sus vecinos, preocupados, pensaron que se le había ido la cabeza (después comprobaron que Juan estaba más lúcido que nunca) y no encontraron mejor idea que acudir a Juan de Ávila, quien asistió, casi sin parpadear, al relato del futuro fundador de la Orden Hospitalaria. Juan de Dios le contó sus vivencias y le confesó sus errores, por lo que el maestro le animó a iniciar una nueva vida, como su discípulo, dedicada al servicio a Jesucristo.

Como hicieron muchos otros santos, Juan de Dios se impuso duras penitencias; dormía muy pocas horas, apenas comía, por lo que, debido a su debilidad, tuvo que ser internado en el Hospital Real donde fue testigo de la inhumanidad y el trato vejatorio con el que se trataba a los enfermos. Su convalecencia no fue larga, pero sí lo suficiente para comprender cuál debía ser su misión: luchar por los derechos y la dignidad de los enfermos. Tras abandonar el centro, Juan dirigió sus pasos hacia Montilla, donde se encontraba el padre Ávila a quien comunicó su vocación hospitalaria. Su mentor le aconsejó visitar el monasterio de Guadalupe donde podría encontrar un hospital, un albergue de peregrinos y una farmacia. Entusiasmado, Juan de Dios se puso en camino y llegó al monasterio, donde adquirió unos sólidos conocimientos de enfermería.

De vuelta en Granada, visitó los hospitales de la ciudad, llevándose una visión desalentadora. Al no tener suficientes camas, no era extraño encontrar a los enfermos, sobre todo los desheredados de la sociedad, tirados en el suelo, sin ningún tipo de atención. Frente a los poderosos, que disfrutaban de todas las comodidades, los marginados no tenían acceso a ningún tipo de tratamiento y, además, solían ser tratados con desprecio por los cuidadores, exactamente lo mismo que en algunos hospitales y residencias de ancianos actuales, cuando los enfermos y nuestros mayores caen en manos de hombres y mujeres que no tienen vocación de servicio hacia los más necesitados (por fortuna son los menos). Movido por el mensaje del evangelio, el de la misericordia, Juan se entregó en cuerpo y alma a buscar una solución y una respuesta adecuada para ofrecer consuelo a todos y cada uno de los enfermos.

El 3 de julio de 1549 se produjo un incendio en el Hospital Real de Granada. Según contaron los testigos, la voracidad de las llamas hizo imposible atajar el fuego, por lo que empezaron a temer por la supervivencia de los enfermos, incapaces de escapar por sí mismos. Ninguno de los asistentes podía imaginar lo que a continuación iba a suceder. Ante la mirada atónita de los presentes, Juan de Dios se internó en el edificio dispuesto a salvar a los que imploraban socorro. Pocos minutos después, el fundador de la Fraternidad Hospitalaria volvió a aparecer entre las llamas y el humo con un enfermo entre sus brazos.

Se inició, de esta manera, su misión hospitalaria, con la fundación de su primer centro médico en la zona de la Pescadería, pero, al acoger a todos los pobres y maltratados que veía por las calles de Granada, muy pronto la fundación se le quedó pequeña. Juan no eludió los trabajos más duros, por lo que recogía a los enfermos, traía agua, fregaba las ollas, limpiaba y barría el suelo y, cuando llegaba la noche, pedía limosna para poder comprar alimentos y medicinas para sus enfermos. El primer hospital, propiamente dicho, lo fundó en la calle de Lucena, hacia donde los más débiles acudían en busca de la misericordia que no habían logrado encontrar a lo largo de sus vidas. A pesar de lo dicho, Juan de Dios no solo se mostró como un hombre tremendamente humanitario; además destacó por sus innegables dotes organizativas y su asombrosa capacidad de trabajo, por lo que se puso manos a la obra y armó numerosas camas para los más dolientes.

Cuando se corrió la voz sobre lo que estaba ocurriendo en la calle de Lucena, empezaron a acudir enfermos de todo tipo para recibir los cuidados de médicos, enfermeros y no pocos voluntarios devotos movidos por el único deseo de servir al prójimo. Ramiro de Fuenleal, presidente de la Chancillería, impresionado por la labor social del amigo de los pobres, le dio el nombre con el que se le conocería desde entonces, Juan de Dios, y lo confirmó como fundador de la Orden Hospitalaria. Al quedar el hospital pequeño, realizó una nueva fundación, la de la calle Gomeles. En esta «casa de Dios», según el propio Juan, recibió a «enfermos que aquí se encuentran tullidos, mancos, leprosos, mudos, locos, paralíticos, tiñosos, otros muy viejos y muchos niños». No contento con ello, continuó pidiendo limosnas, pero fue gracias al apoyo del arzobispo por lo que se pudo iniciar las obras para la construcción del actual Hospital de San Juan de Dios de Granada. Estamos hablando de un auténtico hospital, algo no visto hasta ese momento, donde los enfermos se colocaban por especialidades, se separaba a hombres y mujeres, donde trabajaban enfermeros, voluntarios, sacerdotes y auxiliares dedicados a las tareas administrativas. Es por eso por lo que decíamos que el santo español es el auténtico precursor del hospital moderno.

En 1548 empezó a extenderse la Fraternidad Hospitalaria con la creación de un centro en la ciudad de Toledo y otro en Valladolid después de un viaje que hizo con su gran amigo Pedro Velasco, y en el que llegó a entrevistarse con el regente Felipe II, quien quedó maravillado por la obra de Juan, por lo que le recompensó generosamente. El problema vino, cómo no, por la falta de recursos, en parte porque Juan siempre terminaba repartiendo entre los más necesitados lo que conseguía de sus valedores. En una ocasión, Velasco le recriminó que gastase el dinero que debía ser invertido en Granada en los pobres de Valladolid, a lo que Juan respondió: «Hermano, darlo acá, o darlo allá, todo es darlo por Dios, que está en todo lugar y donde quiera que haya necesidad, debe ser socorrida». Casi sin una moneda en el bolsillo, Juan de Dios emprendió el camino de regreso a Granada, en tan malas condiciones que cayó enfermo y su salud quedó debilitada hasta el final de sus días.

Aún tuvo tiempo de demostrar su grandeza de espíritu cuando, con las fuerzas mermadas, se jugó la vida durante el terrible incendio del Hospital Real de Granada de 1549. Su actuación sirvió para liberar a algunos enfermos de una muerte segura. No fue esta su única acción heroica porque, en el crudo invierno de ese mismo año, Juan de Dios, mientras recogía leña, observó a un joven que se estaba ahogando en las gélidas aguas del Genil, por lo que no dudó en lanzarse al río para salvar la vida del muchacho. Su actuación generosa le provocó una severa pulmonía de la que no pudo recuperarse. Su estado de salud se fue deteriorando, pero, a pesar de su debilidad, no renunció a salir por las calles de Granada y pedir limosna para sus pobres. Juan sabía que su final estaba cercano, por lo que reunió a sus hermanos para pedirles que tras su muerte a nadie le faltase nada.

Sin fuerzas, sin ser capaz de levantarse de la cama, Juan de Dios fue trasladado a la casa de los señores de Pisa para pasar los últimos momentos de su vida en una habitación que habían preparado con sumo cuidado. Cuando los ancianos, enfermos, los niños que no tenían nada para echarse a la boca y todos los que habían recibido su misericordia lo vieron salir del hospital rompieron en lágrimas. Inmediatamente, se empezaron a escuchar alaridos por todas las calles de Granada. Quiso el arzobispo Pedro Guerrero confortarle con santas palabras y administrarle los sacramentos, tras lo cual le preguntó si había algo que podía hacer por él, a lo que Juan respondió:

> Padre mío y buen pastor, tres cosas me dan cuidado. La una lo poco que he servido a nuestro Señor habiendo recibido tanto. La otra los pobres, que le encargo y gentes que han salido de pecado y mala vida y los vergonzantes. Y la otra estas deudas que debo, que he hecho por Jesucristo.

Ante estas palabras, llenas de dignidad, el arzobispo prometió tomar a los más necesitados a su cargo. Con un último esfuerzo Juan logró levantarse de la cama, ponerse de rodillas y abrazando un crucifijo exclamó: «Jesús, Jesús, entre tus manos me encomiendo». Después se hizo el silencio. Juan de Dios murió el 8 de marzo de 1550. Muchos lloraron su pérdida.

Fue beatificado el 7 de septiembre de 1630 y canonizado el 16 de octubre de 1690. León XIII, en 1886, le nombró patrono de los enfermos y, en 1930, Pío XI, de los enfermeros y de todos los que se dedican a la asistencia de los enfermos. Hoy, Granada tiene el honor de tenerlo como copatrón de la ciudad.

LA LARGA GESTACIÓN DEL ANTICLERICALISMO

LA CRISIS DE LA CONCIENCIA EUROPEA

Cuando el Concilio de Trento llegó a su fin, la responsabilidad de que la Reforma llegase a toda la Iglesia católica recayó, principalmente, en manos de los pontífices postridentinos. Pío V, cuyo pontificado se extendió entre 1566 y 1572, fue un papa de profunda religiosidad que dotó a sus pastores del catecismo, el misal y el breviario y, al mismo tiempo, puso especial atención en la elección de obispos dignos de su ministerio. Tras su muerte, le sucedió Gregorio XIII, un papa concienciado con la importancia de la educación para fortalecer a la Iglesia, por lo que creó los colegios nacionales en Roma, a los que puso en la vanguardia de su política educativa para la formación del clero reformado. Asimismo, potenció la actuación de los capuchinos y los jesuitas en territorios de predominio protestante. Sixto V (1585-1590) tuvo como objetivo controlar la acción misionera de sus obispos haciendo obligatoria la visita *ad limina* para conocer el estado de las Iglesias locales. La otra herramienta utilizada para implantar las reformas del concilio fueron las órdenes religiosas. A las órdenes monásticas y mendicantes se sumaron las nuevas congregaciones de clérigos regulares, como ya sabemos, sacerdotes con votos y organización centralizada que se especializaron en el campo de la predicación, en la instrucción a los jóvenes y la atención a los enfermos. ¿De quién estamos hablando? No nos faltan ejemplos: teatinos, somascos, escolapios, hermanos de San Juan de Dios cuyo influjo permitió el crecimiento de todo tipo de cofradías y pequeñas iglesias en el tránsito entre el siglo XVI y el XVII.

El ímpetu católico posterior al Concilio de Trento, que tuvo en el Imperio y España a sus máximos aliados, empezó a preocupar al protestantismo. En Europa se volvieron a escuchar los tambores de guerra y así, en 1618, se inició la guerra de los Treinta Años que pasó a la historia por ser uno de los conflictos más largos y devastadores de todos los tiempos. A pesar de los éxitos iniciales de las fuerzas católicas, especialmente de España cuyos tercios siguieron, en las primeras fases de la guerra, enseñoreándose en los campos de batalla, la situación se dio la vuelta cuando la otra gran monarquía católica del momento, Francia, intervino en favor de los príncipes protestantes, aunque, en ese momento, estuviese gobernada por eminentes cardenales católicos de la talla de Richelieu y Mazarino. Después del conflicto, el imperio quedó debilitado mientras que España cedió la hegemonía europea a los franceses. Las consecuencias religiosas fueron igualmente destacables, ya que el avance católico por la Europa central y oriental quedó frenado en seco, desapareciendo, ahora definitivamente, cualquier esperanza de retorno a la unidad de todos los cristianos.

Para Francia, el siglo XVII no solo fue de esplendor en el ámbito político, sino también religioso. En el reino galo observamos la aparición de figuras destacadas como san Vicente de Paúl, promotor de las misiones populares y de una intensa labor benéfica en favor de los más necesitados, y san Juan Bautista de la Salle, creador de una congregación religiosa dedicada a la enseñanza. El abad Rancé también tuvo su protagonismo al reformar, de forma rigorista, la Orden del Císter para dar lugar a la Trapa. Vemos que el cristianismo francés dio muestras de una gran vitalidad, aunque se viese obligado a superar importantes pruebas como la generada por el jansenismo, fruto de nuevas disputas teológicas resultado de la inquietud espiritual de una época de transición e inestabilidad. Antes veamos qué fue la escuela francesa de espiritualidad, con Pierre de Bérulle como máximo representante.

Bérulle fue el creador, en 1611, de la Congregación del Oratorio y cardenal en 1627. Este religioso francés se caracterizó por basar su espiritualidad en la idea agustiniana que empequeñecía al hombre frente a la infinita grandeza del Creador. Frente al humanismo florentino, Bérulle consideraba al hombre, únicamente, en relación con Dios:

> Primeramente debemos mirar al Hijo de Dios, y después miraremos a las criaturas y a nosotros en Él; pero hay que mirarle a Él primero (…). Jesucristo es el verdadero centro del mundo, y el mundo debe estar en movimiento continuo hacia Él.

El teocentrismo berulliano conducía a una piedad exigente y poco atractiva para el pueblo, por lo que, del mismo modo, surgió una corriente más laxa destinada a aquellos que vivían en el mundo con una espiritualidad menos austera.

Frente al pesimismo protestante (recordemos a Lutero), los padres conciliares de Trento opusieron una concepción más optimista del hombre y su relación con Dios. Esta visión positiva de la vida cristiana se apoyó en el pensamiento teológico del jesuita Luis de Molina, autor en 1588 del tratado *De Concordia liberi arbitrii*, que apareció en el contexto del debate generado por la cuestión de la relación entre la gracia divina y la libre voluntad humana en la justificación. El debate dio lugar a la controversia *de auxiliis*. Luis de Molina había puesto el acento en la importancia de la libertad humana de cara a la salvación, postura criticada por Báñez, quien consideraba esta postura contraria a la omnipotencia divina. La disputa entre los partidarios del primero, los molinistas, y los segundos, bañecianos, salpicó a la Santa Sede que, tras intensos debates, decidió no mojarse y terminar con la polémica en tiempos de Paulo V (1605-1621), prohibiendo que «al tratar esta cuestión nadie califique a la parte opuesta a la suya o la note con censura alguna». A pesar de los intentos de moderación, los enfrentamientos continuaron.

San Francisco de Sales vivió a caballo entre dos siglos, el XVI y el XVII, por lo que supo recoger lo mejor de una cultura que terminaba, el humanismo, y la tendencia hacia lo absoluto de las corrientes místicas que se avecinaban. En su juventud reflexionó sobre el pensamiento de san Agustín y santo Tomás debido a una crisis interna por el problema de la salvación y la predestinación de Dios con respecto a sí mismo. Para tratar de encontrar una respuesta, Francisco se abandonó en un estado de completa oración, por lo que muy pronto, cuando tan solo tenía veinte años, encontró la paz en la realidad liberadora del amor de Dios. Para san Francisco de Sales, el hombre solo tenía que amar a Dios sin pedir nada a cambio. Este fue el secreto de su vida que reflejó en su obra más conocida: *Tratado del amor de Dios*.

El molinismo no ponía en duda el dogma del pecado original, pero minimizaba sus consecuencias. Según sus defensores, frente a lo que pensaban los luteranos, la naturaleza del hombre no estaba irremediablemente corrompida, ya que, con la gracia de Dios, podía seguir haciendo el bien. San Francisco de Sales, obispo de Ginebra-Annecy, fue otro de los grandes representantes de la corriente optimista. Autor de *Introducción a la vida devota*, consideraba que el individuo debía practicar las virtudes cristianas, ya que Dios bendecía a todos los que seguían las enseñanzas del Evangelio:

> Haced como los niños pequeños, que con una mano se agarran a su padre y con la otra cogen fresas o moras por los setos; del mismo modo, al acumular y manejar los bienes de este mundo con una de vuestras manos, agarraos siempre con la otra mano al Padre celestial, volviéndoos de vez en cuando hacia Él para ver si le es grato vuestro gobierno y vuestras ocupaciones.

El humanismo de los molinistas y de san Francisco de Sales, que salvaguardaba los derechos de la razón y la libertad sin negar por ello los de la fe, chocaron, aunque por motivos opuestos, con las ideas de los jansenistas y de los libertinos. Algunos pensadores, como el profesor de la Universidad de Lovaina y obispo de Iprés, Cornelio Jansenio, consideraron el molinismo como una doctrina posibilista que favorecía una peligrosa relajación y laxismo del espíritu religioso de los fieles. Jansenio defendía las tesis agustinianas que insistían en la fuerza de la gracia otorgada por Dios a los predestinados y el escaso papel del hombre y sus obras a la hora de obtener la salvación. Las doctrinas de Jansenio suponían la vuelta a un estricto rigorismo y una nueva relación del cristiano con Dios basada en un cierto sentimiento de temor. El jansenismo fue muy bien acogido en ciertos ambientes religiosos franceses, sobre todo en la abadía de Port-Royal, donde la madre Angélica Arnauld, una mujer con una fe intensa, restauró la disciplina e introdujo una severa observancia. Su hermano, el famoso Arnauld, al frente de los «Solitarios de Port-Royal», se convirtió en una auténtica pesadilla para la Iglesia francesa por los numerosos enfrentamientos y momentos de tensión que provocaron en el interior de un reino donde las heridas religiosas seguían sin cicatrizar. El conflicto con los jansenistas se prolongó hasta principios del siglo XVIII, cuando Luis XIV ordenó la demolición de la abadía de Port-Royal y presionó a Roma para la aprobación de la bula *Unigenitus* en 1713, por la que se condenaban los excesos de los seguidores de Jansenio.

El jansenismo nació como resultado del deseo de fortalecer el dogma católico y el rigor moral y religioso de los fieles, pero, debido a su talante poco tolerante, terminó generando un grave problema a la Iglesia, ya que contribuyó al fortalecimiento de las posturas antirreligiosas que caracterizaron al siglo XVIII, tanto en Francia como en el resto de Europa. Contemporáneo del jansenismo fue otro movimiento espiritual, de dimensiones más modestas, que conocemos con el nombre de quietismo. En esta ocasión, el promotor de la nueva doctrina fue un sacerdote español, Miguel de Molinos, que transmitió a sus seguidores la mística de total pasividad en la entrega a Dios. El quietismo fue recibido, con mucha ilusión, tanto en Italia como en Francia, pero fue finalmente condenado por la Iglesia. Motivo de debate fue, por otra parte, las constantes controversias generadas por la necesidad, o no, de adaptar el catolicismo y dar por buenas ciertas costumbres tradicionales de otros pueblos, consideradas mágicas, para favorecer su evangelización.

Esto es algo que sigue sucediendo en la actualidad (condena de algunos obispos en 2019 por el escándalo provocado por las imágenes de la Pachamama en Roma), en especial en

África y en Hispanoamérica, donde las religiones tradicionales anteriores a la llegada de los europeos siguen conservando su influencia sobre unas sociedades que experimentaron un claro proceso de sincretismo religioso. En la India, el misionero jesuita italiano Roberto de Nobili, cuyo sueño era atraer a la fe verdadera a fieles de otras religiones orientales (brahmanes), juzgó oportuno permitir ciertas costumbres que poco o nada tenían que ver con el cristianismo. Algo parecido ocurrió en China, donde los misioneros cristianos adaptaron las prácticas litúrgicas a las peculiaridades autóctonas para favorecer la difusión del evangelio. Estas licencias no pasaron desapercibidas, por lo que otros misioneros denunciaron la inconveniencia de adaptar el mensaje de Cristo y lo dispuesto por la Tradición en función de una realidad antropológica concreta, por lo que se terminó prohibiendo estas prácticas, por considerarlas idolatría, a pesar de las desventajas que supondría para el apostolado misional.

En este breve repaso que estamos haciendo del siglo XVII recordamos la intensificación, con toda su crudeza, del debate entre la falsa incompatibilidad entre fe y razón. Como ejemplo tenemos el famoso proceso de Galileo cuya tesis, que establecía la inmovilidad del Sol y la rotación y traslación de la Tierra, fue condenada y declarada herética por un grupo de teólogos por considerarla, erróneamente, contraria a lo establecido en ciertos pasajes de las Sagradas Escrituras. Tal y como recordaron los padres conciliares en el Vaticano II y san Juan Pablo II, los eclesiásticos romanos del siglo XVII erraron de forma absurda al juzgar con planteamientos teológicos unas hipótesis científicas, pero esto no debe hacer que caigamos en el error, tal y como saben los que tienen un mínimo de conocimientos teológicos, de plantear esta incompatibilidad entre la ciencia y la religión.

Es también en este convulso siglo XVII cuando detectamos los síntomas de los principales problemas a los que deberá hacer frente la Iglesia contemporánea hasta nuestros días. En el ámbito protestante, las religiones nacionales afrontaron las consecuencias disgregadoras del libre examen de las Sagradas Escrituras. La fluidez doctrinal que provocaba la inexistencia de una jerarquía eclesiástica capaz de interpretar el dogma solo podía tener una consecuencia lógica: la fragmentación imparable de las distintas confesiones protestantes en un número cada vez mayor de sectas y grupúsculos. Muchos pensadores protestantes se dieron cuenta del peligro que suponía la fatal decisión de Lutero, por lo que, en 1688, en el sínodo de Dordrecht, en Holanda, redactaron una profesión de fe a la que deberían adherirse los pastores que quisieran permanecer en el seno de la Iglesia reformada. El otro gran problema afectó a las monarquías católicas y se inicia con la pretensión de Luis XIV de extender a todos los obispados los derechos de regalía en favor de la Corona. La respuesta del papa Inocencio IX no se hizo esperar, pero, para su descon- suelo, la mayor parte de la jerarquía acomodada de la Iglesia francesa se puso de parte de Luis XIV, entre ellos Bousset, autor de los cuatro artículos orgánicos en 1682, que constitu- yen la base del galicanismo.

Los artículos orgánicos, cuyo estudio era de obligado cumplimiento en los seminarios galos, establecían que el papa no tenía ningún poder para desligar la obediencia de los súbditos. Es más, los papas tenían que respetar las costumbres de las Iglesias nacionales, por lo que el sumo pontífice debía quedar supeditado al poder del concilio ecuménico, lo que en la práctica suponía la recuperación de las doctrinas asumidas en Constanza.

El conflicto de las regalías se mantuvo en Francia durante mucho tiempo, pero esta lucha contra el intervencionismo eclesiástico no fue algo limitado a la monarquía francesa, sino que se extendió por otros reinos cuya hostilidad hacia la Santa Sede, en parte por la influencia de la ideología anticristiana de la Ilustración, se reflejó en la toma de una serie de medidas regalistas para reducir la influencia de Roma, destacando la ofensiva contra la Compañía de Jesús, una de las principales fuerzas de las que disponía el papado. El regalismo no solo prendió en Francia, en España o en Portugal, también en la monarquía de los Habsburgo durante el reinado de José II que defiende la necesidad de que la Iglesia sea un simple departamento controlado por el Estado y con la función de organizar el culto y fomentar el orden moral, lo que en la práctica se entiende como un intento de vaciar al catolicismo de su contenido doctrinal. Según el josefismo, todo debía ser organizado por el poder temporal, desde el culto al calendario litúrgico, desde los estudios de los seminarios hasta la organización eclesial.

Estamos en el inicio de una nueva época marcada por el progresivo debilitamiento de la influencia de la Iglesia. Paul Hazard, en *La crisis de la conciencia europea*, llama la atención sobre una serie de cambios que se operan durante los últimos años del reinado de Luis XIV y que anticipan el nacimiento de la Ilustración. Según él, la reforma protestante había roto la unidad espiritual de Europa, pero, ahora, la situación era más complicada porque era el cristianismo lo que se ponía en entredicho. ¿Cuáles fueron las causas por las que se operó este fundamental cambio de ideas y mentalidades que anticipa el desierto espiritual del mundo actual?

El cristianismo es una religión revelada, con un conjunto de verdades a las que el creyente accede por la fe, pero la introducción del racionalismo cartesiano, que proclamaba la duda metódica y el rechazo a todo aquello que no resulte evidente a la razón, trajo consigo la erosión del pensamiento cristiano aunque Descartes, un hombre de profundas convicciones católicas, excluyó la verdad religiosa de la duda metódica porque, según él, el hombre tenía la capacidad de conocer, de forma inmediata, la existencia de Dios mediante el desarrollo de la idea de perfección. A partir de Descartes, el racionalismo posterior no tuvo la capacidad de distinguir, por lo que terminó por negar el valor de todo conocimiento fundado únicamente en la fe. Por lo tanto, las verdades reveladas y de orden sobrenatural no tendrían ningún tipo de validez. Resulta evidente, por lo que acabamos de decir, que el rechazo a la fe tuvo como consecuencia inmediata el incremento del escepticismo religioso. Poco a poco, por las ciudades de Europa (no tanto por el campo) se extendió una nueva forma de pensamiento que ponía en duda todo lo que hasta ese momento se había asumido con total certidumbre.

Luis XIV fue el máximo exponente del absolutismo europeo. Durante su reinado se pusieron las bases del galicanismo, referido a la tendencia autonomista de la Iglesia francesa con respecto a la jurisdicción del papa. Posteriormente, el término evolucionó hacia la creencia de que la autoridad del monarca o del Estado sobre la Iglesia es comparable a la de Roma.

¿QUIÉNES FUERON LOS LIBERTINOS?

En el siglo XVIII asistimos al nacimiento del relativismo moral, base del pensamiento actual, en cuyos orígenes rastreamos distintas tendencias como la corriente hedonista de los libertinos, que adoptan una postura de desapego espiritual. Los libertinos no tenían otro horizonte más que disfrutar de las delicias del mundo material, dando la espalda a lo trascendente y a los principios del cristianismo. Por eso, hicieron suya la cita de Isaías: «comamos y bebamos, que mañana moriremos» (Isaías XXII, 13). Frente a los jansenistas, practican el libertinaje de costumbres y de pensamiento, llegando hasta el ateísmo. En 1623, el jesuita Garasse los define de esta manera:

> Llamo libertinos a nuestros borrachines, mosquitos de taberna, espíritus insensibles a la piedad, que no tienen otro dios que su vientre (…). Es cierto que estas personas no creen de ningún modo en Dios, odian a los hugonotes y toda clase de herejías, tienen a veces intervalos lúcidos y alguna pequeña claridad que les hace ver el miserable estado de su alma, temen a la muerte, no están en absoluto hundidos en el vicio y se imaginan que hay un infierno, pero, por lo demás, viven licenciosamente, haciendo locuras como potros jóvenes (…). Llamo impíos y ateos a los que están más adelantados en malicia; a los que tienen la imprudencia de proferir blasfemias horribles contra Dios; a los que cometen brutalidades abominables; a los que publican en sonetos sus execrables crímenes; a los que hacen de París una nueva Gomorra; a los que imprimen el *Parnaso crítico*; a los que tienen la desgracia de ser tan desnaturalizados en su forma de vivir que no solo les

puede rebatir punto por punto por miedo a mostrar sus vicios y hacer enrojecer la blancura de su piel.

Estamos en el siglo XVII, por lo que los libertinos, en la mayor parte de las ocasiones, practicaban sus costumbres de forma clandestina. Tampoco convenía demostrar el hecho de pertenecer al círculo de amistades de personajes tan licencio-sos como Gastón de Orleans o el príncipe Condé. ¿De dónde proceden estos libertinos? La mayor parte procede de las clases medias urbanas, de la burguesía y algún que otro miembro de la aristocracia. A partir de 1630, el libertinaje se hizo más erudito, incluyendo a hombres de ciencia y de cultura que se reunían en círculos cerrados, como la Académie putéane de París, para hablar y defender su concepción de la vida basada en la libertad de pensamiento sin límites, el escepticismo, el rechazo a los dogmas y los principios éticos y morales del cristianismo y el desprecio a lo que ellos consideraban pueblo ignorante. Frente a las masas, ellos se consideraban espíri-tus iluminados, aunque su pensamiento es ecléctico, muy variado, pudiendo ir desde el materialismo, al ateísmo o al pensamiento cristiano liberal. No nos faltan ejemplos.

Pierre Gassendi era canónigo, astrónomo, físico y profesor de Matemáticas en el Colegio de Francia. En 1634 publicó una apología de Epicuro con la que intenta, con más o menos éxito, conciliar el materialismo epicúreo y el cristianismo; Gabriel Naudé, uno de los libertinos prudentes, no dirigió sus ataques contra el cristianismo, pero busca en la historia ejemplos de falsos milagros y supersticiones para condenar al conjunto de las religiones en nombre de la razón; La Mothe le Vayer, parlamentario y filósofo, se preocupó por desacre-ditar la ortodoxia y llega a la conclusión de la imposibilidad de cualquier tipo de fe; en cuanto a Cyrano de Bergerac, un hombre extravagante, hace una crítica a las creencias religiosas y llega a un materialismo absoluto. Los libertinos fueron una minoría muy reducida, pero, a lo largo del siglo XVII, se extendieron por París, Londres y por algunas ciudades de Holanda, Alemania y la muy católica Italia, por lo que su papel es destacable a la hora de entender cómo se fueron abriendo las puertas al escepticismo y al ateísmo.

Cyrano de Bergerac no fue un simple personaje de ficción, sino un poeta y dramaturgo francés considerado libertino por su actitud irrespetuosa contra la religión católica.

Otro de los torpedos contra la línea de flotación de la doctrina católica procede del pensamiento de Spinoza, por su crítica radical contra la idea de la revelación divina transmitida en las Sagradas Escrituras. Spinoza rechazó el valor histórico de los libros revelados, incluidos los milagros y todo elemento de orden sobrenatural, a los que considera simples relatos legendarios y fruto de la superstición. Spinoza no era ateo, pero su postura implicaba la sustitución de cualquier tipo de religión revelada por una religión natural, anticipando el deísmo que, desde Inglaterra, se propagó por el resto del continente. Los pensadores deístas no rechazaban a Dios, pero lo alejaban del hombre al convertirlo en una deidad distante, fruto de una construcción puramente racional y al margen de la fe. El deísmo tuvo, a su vez, un impacto directo en el origen de la masonería, una sociedad secreta que rechazaba cualquier tipo de religión positiva, especialmente el cristianismo. Como ya sabemos, la masonería tuvo una gran influencia entre los pensadores que alumbraron la Ilustración.

Llegamos a la primera mitad del siglo XVIII, para encontrarnos con los filósofos, con Voltaire como director de orquesta, que introducen una nueva ideología, una forma de pensamiento profundamente anticatólica, que poco a poco fue extendiéndose por Europa. Voltaire no fue demasiado original en sus planteamientos, de hecho, extrajo parte de sus ideas de Spinoza, pero sí fue un astuto y brillante comunicador, con un estilo directo y satírico que logró impresionar a sus contemporáneos. Si algo caracteriza el pensamiento de Voltaire, es su odio al catolicismo, al que consideró culpable de todos los males. Según sus propias palabras, la Iglesia era el mal absoluto y, por lo tanto, era necesario aplastarla sin ningún tipo de miramientos: «Jesucristo necesitó doce apóstoles para propagar el cristianismo; yo voy a demostrar que basta uno solo para destruirlo».

En Voltaire, y en el resto de los pensadores ilustrados, observamos un rechazo a todo tipo de verdad dogmática por ser expresión de intolerancia y fanatismo. Este pensamiento no podía llevar más que a la persecución de las creencias de los fieles católicos por considerarlas enemigas del progreso. Por supuesto, aquí los ilustrados no hacían distinciones y ponían en el mismo saco las creencias más supersticiosas del pueblo junto a las elaboraciones teológicas y filosóficas de los grandes pensadores del pasado. Frente a las mentes retrasadas, ellos se consideraban espíritus fuertes y adalides del libre pensamiento.

La Ilustración tuvo un gran impacto en Europa y, aún más, en los Estados Unidos, hasta tal punto que su Constitución, aprobada después de su lucha de independencia contra Inglaterra, está impregnada de unos presupuestos filosóficos que después serán asumidos en una buena parte de los países del Viejo Mundo. Frente a lo que ocurre en Estados Unidos, donde la separación entre Iglesia y Estado, y la libertad de cultos, es resultado del enorme pluralismo social de la emergente potencia americana, en Europa, con una base eminentemente católica, estos planteamientos responden al intento de implantar el relativismo dogmático para debilitar la influencia del cristianismo.

Voltaire fue uno de los más grandes enemigos que tuvo la Iglesia en el siglo XVIII, un pensador cuya obra nos ayuda a comprender el terrible anticlericalismo que estuvo en la base de algunas de las matanzas más atroces de la Edad Contemporánea. Con los años creció su odio a la Iglesia, ya que, según él, el Evangelio solo había traído desgracias a los seres humanos. Lo realmente curioso es que, en fechas recientes, un catedrático de Filosofía, Carlos Valverde, descubrió un documento antiguo mientras hojeaba una revista francesa, *Correspondance Littéraire, Philosophique et Critique* (1753-1793), en la que se mostraba la profesión de fe del filósofo francés que, por lo que parece, se reconcilió con la Iglesia católica antes de su muerte: «Yo, el que suscribe, declaro que habiendo padecido un vómito de sangre hace cuatro días, a la edad de ochenta y cuatro años (…) me he confesado con él y, si Dios dispone de mí, muero en la santa religión católica en la que he nacido esperando misericordia divina que se dignará perdonar todas mis faltas, y que si he escandalizado a la Iglesia, pido perdón a Dios y a ella».

Mientras en EE. UU. aprueban su Constitución, en España e Italia se mantenía la unidad católica, pero en Francia la influencia de los filósofos ilustrados es cada vez mayor. Es cierto que el espíritu de las luces, al principio, solo contagió a la aristocracia, a la burguesía y a amplios sectores de las clases medias, aunque, poco a poco, estas minorías lograrán imponer su ideología sobre parte de las masas populares que, después, tendrán un papel fundamental con el estallido del proceso revolucionario de 1789. ¿Qué pasa en Alemania? En este caso, encontramos una Ilustración particular, el movimiento de la Aufklärung, que defiende un cristianismo sin dogmas ni milagros (precedente de Bultmann). Es en este contexto en el que podemos situar la obra de Kant, uno de los más influyentes pensadores de la filosofía contemporánea, que considera la religión desde distintos puntos de vista: la razón pura y la razón práctica. En primer lugar, Kant intentó invalidar cualquier tipo de planteamiento racional en favor de la existencia de Dios, pero, por otro lado, aseguró que la razón práctica permitía al hombre tener una certeza irrebatible sobre su existencia y la inmortalidad del alma. Kant murió en 1804, en un momento en el que Europa asiste a una serie de cambios políticos y religiosos que suponen una radical transformación de los fundamentos de la antigua cristiandad.

Antes de meternos de lleno en el proceso revolucionario francés, origen de buena parte de los bienes y los males de la sociedad contemporánea, conviene recordar que, en esta época de tránsito que es el siglo XVIII (esto no ha cambiado mucho en la actualidad), la gran mayoría de las masas urbanas y rurales son gentes de escasa cultura, manipulables, indiferentes a los profundos cambios que empiezan a operarse en terrenos tan diversos como el arte, la ciencia o la religión. Los principales protagonistas de la lucha que está a punto de iniciarse fueron, de este modo, las clases cultivadas cuyo éxito dependerá de la capacidad de movilización de unas masas movidas, en la mayor parte de las ocasiones, por los más bajos instintos y por personajes sin escrúpulos.

EL DRAMA DE LA VENDÉE

El cuarto de siglo comprendido entre el 1789 en el que estalla la Revolución francesa y el 1815, en el que se pone fin a la experiencia imperial napoleónica, es crucial para comprender la historia de la Iglesia en tiempos recientes. No es este el lugar para hacer un estudio exhaustivo de las causas que provocaron el estallido de la revolución y sus consecuencias en todos los órdenes de la vida, por lo que, en las páginas siguientes, nos centraremos en analizar la vertiente religiosa del proceso revolucionario. Según Javier Navascués:

> A lo largo de la historia ha habido grandes revoluciones que, por odio a la fe, han pretendido socavar los cimientos de la Cristiandad. Los cristianos han sido perseguidos con saña y crueldad. Numerosos mártires dieron su vida por defender la religión católica. Una de las más importantes fue, sin duda, la Revolución Francesa y la Ilustración.

¿Cuál era la situación de la Iglesia francesa en vísperas de la revolución? Se calcula que acaparaba casi un sexto de las tierras de cultivo, que hacía aportaciones fiscales voluntarias y se preocupaba por la asistencia a los pobres y por la enseñanza. El episcopado estaba formado, exclusivamente, por miembros de la alta nobleza y gozaba de escaso prestigio entre el pueblo. Por el contrario, el bajo clero, cuyas formas de vida apenas se distinguían de los menos afortunados, se ganó la confianza de la mayor parte de la población. En esos momentos, Francia contaba con unos veintiséis millones de habitantes, todos católicos excepto unos cincuenta mil protestantes y alrededor de cuarenta mil judíos. En total, había unas cuarenta mil parroquias atendidas por sacerdotes que confeccionaban y distribuían los sacramentos. Por lo general, los sacerdotes tenían buena formación, sobre todo en comparación con épocas anteriores, pero, por desgracia, en 1789 se observa una cierta relajación de las costumbres en parte del clero, una cierta falta de piedad y de austeridad, tanto que en algunos monasterios benedictinos no era infrecuente ver a los hermanos tomando té y café, mientras que en París no eran pocos los religiosos que salían a fumar al Sena por las noches. Contra estos sacerdotes, especialmente los que estaban más comprometidos con el cuidado de los fieles, estuvo dirigida la persecución más violenta de un proceso revolucionario que, ya antes de su estallido, había dado sobradas muestras del interés por terminar con la Iglesia tradicional.

Recordemos que, entre las peticiones de los cuadernos de quejas redactados con motivo de la convocatoria de los Estados Generales, había algunas ideas introducidas por las sociedades y las logias masónicas, como la supresión del celibato y la necesidad de que los clérigos contrajeran matrimonio. Otra, propuesta por Edmond Richer (richerismo), hacía referencia a la idea de que los obispos descendían de los apóstoles, pero los sacerdotes eran, a su vez, los descendientes de los setenta y dos discípulos que Jesús mandó a predicar por el mundo, por lo que tenían tanta autoridad como los anteriores. Si a esto le unimos la recuperación de las propuestas galicanas, comprendemos que la Iglesia, por su división interna, no estaba en las mejores condiciones para afrontar el ataque procedente de los sectores más rabiosamente anticlericales de la sociedad francesa.

De entre todos los problemas que debe afrontar el Estado a finales del siglo XVIII, el más importante fue la grave crisis financiera provocada por los gastos de la corte y por el terrible coste de la implicación de Francia en la guerra de la Independencia de EE. UU. Ante la mala situación de la Hacienda francesa el rey convocó los Estados Generales el 5 de mayo de 1789, pero, debido a la falta de voluntad de las clases privilegiadas para contribuir con el fisco, los diputados del tercer estado declararon que representaban a la mayoría de la población y, con el apoyo de algunos clérigos y nobles liberales, se constituyeron en Asamblea Nacional. En agosto de este mismo año, tanto la nobleza como el clero renunciaron a sus privilegios tradicionales y, a propuesta del obispo de Autun, Talleyrand, se decretó la secularización de los bienes eclesiásticos, una medida acogida con fervor por la burguesía francesa, ya que la mayor parte de estos bienes cayeron en sus manos para afianzarse como la clase social más poderosa económicamente.

Charles de Talleyrand proclamó a los cuatro vientos que la Iglesia francesa tenía demasiadas riquezas y que su obligación era devolverlas al Estado para que las administrara mejor. Algo parecido opinaba Isaac le Chapellier, político francés que, como tanto otros, fue señalado por los jacobinos y condenado a morir en la guillotina el 22 de abril de 1794, cuando en estas fases iniciales de la revolución aseguró que los bienes no se los quitaba el Estado a la Iglesia, sencillamente porque nunca habían sido suyos al no ser dueña, sino depositaria de los mismos. Talleyrand es uno de los mejores ejemplos de lo que fue una parte importante de la alta jerarquía desde los lejanos tiempos de la Edad Media, un hombre de origen noble, sin ningún tipo de vocación, que accedió a la Iglesia para labrarse un futuro y que, cuando las circunstancias fueron propicias, abandonó el obispado para convertirse en uno de los grandes políticos de la revolución. De forma hipócrita, como suele ocurrir en este tipo de ocasiones, Talleyrand se acabó casando con Catherine Grand, con el visto bueno de Napoleón, y se instaló en el castillo de Valençay, donde nunca le faltó el lujo y las comodidades. Con él, el Estado se fue apropiando de la liturgia como observamos en la ocasión en la que celebró una misa en los Campos de Marte ante más de cien mil franceses, pero en el altar de la patria.

El ataque contra la autonomía de la Iglesia francesa no se detuvo aquí porque, a partir del 1790, el proceso se radicalizó con la supresión de los votos monásticos, y desde el 12 de julio de este mismo año, con la aprobación de la Constitución civil del clero, dando lugar a una Iglesia galicana y compuesta por funcionarios totalmente al margen del poder del papa. La Asamblea exigió a los sacerdotes un juramento al Estado, pero el papa Pío VI lo rechazó y amenazó con excomulgar a los que lo prestaron. En todos los conventos de Francia empezaron a salir despavoridos miles y miles de religiosos, especialmente los hombres, porque en los conventos femeninos apenas se contabilizaron deserciones. De entre las monjas que optaron por abandonar destacamos a la hermana Marguerite Hébert, quien terminó contrayendo nupcias con uno de los personajes más iracundos de la revolución, Jacques-René Hébert, fundador del periódico *Le Père Duchesne*, que contribuyó a propagar un intenso anticlericalismo y la persecución y muerte de innumerables sacerdotes católicos.

Surge entonces el cisma entre curas juramentados y no juramentados, por lo que la Asamblea optó por cortar de raíz el problema decretando, el 27 de mayo de 1792, la deportación masiva de todos los sacerdotes no juramentados e, inmediatamente, empezó la matanza indiscriminada de los miembros del clero opuestos a las medidas revolucionarias. Al principio de este ensayo hablamos sobre las persecuciones a los cristianos durante el Imperio romano. Como el lector tendrá ocasión de comprobar, estas persecuciones a católicos no fueron, ni de lejos, tan atroces y sanguinarias como las que se sucedieron en tiempos más cercanos a nosotros, sobre todo durante la Revolución francesa y, en España, en la década de los treinta del siglo xx.

A partir de 1792 se inició la fase más violenta del periodo revolucionario cuando la persecución alcanzó cimas difícilmente imaginables al llevar hasta el patíbulo a miles de ciudadanos católicos. Damos la palabra a Javier Paredes, catedrático de Historia Contemporánea en la Universidad de Alcalá y autor de algunos de los manuales de historia más utilizados en las universidades españolas. En una entrevista realizada por Javier Navascués y publicada en el número 8 de la revista *Laus Deo* leemos:

> Las cosas en Francia se complicaron en 1792 con el asalto a las Tullerías y la proclamación del fin de la Monarquía y el principio de la República, con Luis XVI en la prisión del Temple. Del 2 al 5 se produjeron las matanzas de septiembre. Masacraron a la Guardia Suiza que custodiaba el palacio y exterminaron a unas 1300 personas, a sangre fría, de las cárceles de París, donde había muchos sacerdotes que no habían querido jurar la Constitución. Uno de los crímenes más conocidos fue el de una alta aristócrata (la princesa de Lamballe) que estaba en la cárcel. Fue violada y descuartizada, e incluso tuvieron el mal gusto de cortarle la cabeza, llevarla a un peluquero, clavarla en una pica y llevársela a María Antonieta, de la que era muy amiga. Todo esto bajo el lema de la libertad, igualdad y fraternidad.

El intento de borrar toda huella del cristianismo en Francia se aceleró después de la ejecución de Luis XVI. La política anticristiana llegó hasta el esperpento cuando, el 10 de noviembre de 1793, se produjo la entronización de la diosa Razón en la catedral de Notre-Dame. Para humillar aún más a los católicos, la diosa Razón fue representada por madeimoiselle Maillard, una bailarina de los prostíbulos con gran éxito entre los altos jerarcas y los aristócratas de la corte. En Notre-Dame, mientras era paseada entre vítores de alegría, la propia Maillard pisoteó un crucifijo, dando al acto un carácter más blasfemo y sacrílego. Otro elemento para descristianizar a la sociedad francesa fue el tiempo, con la sustitución del calendario tradicional por un nuevo modelo que no fue del agrado de casi nadie. Los gerifaltes de la revolución no tuvieron mejor idea que hacer empezar a contar los años no con el nacimiento de Cristo, sino con la proclamación de la República en 1792. Los nombres de los meses empezaron a adoptar elementos de la naturaleza y aunque seguían contando con treinta días ya no se dividían en cuatro semanas de siete días, sino en tres de diez. A nadie se le escapa que esta decisión se tomó para terminar con el domingo como día festivo. Igualmente absurdo fue dejar de relacionar cada día del calendario con un santo, sino con un producto del campo o un mineral. Para que resulte evidente, recordamos que el 24 de diciembre se empezó a conocer como el día del azufre y el 25, día de la Natividad de Cristo, como el del perro.

Más lamentable, por sus terribles consecuencias, fue el inicio del furor iconoclasta que provocó unos daños irreparables en el patrimonio artístico e histórico de Francia y, por extensión, de muchos países europeos, entre ellos España, profanada por los sanguinarios soldados del ejército napoleónico. Cientos, miles de obras fueron presa de las llamas o mutiladas sin ningún tipo de miramiento en antiguas iglesias y catedrales de todo el continente. Nada de todo lo que hemos contado hasta ahora puede compararse con los terribles acontecimientos que se sucedieron en la región francesa de la Vendée.

La guerra de la Vendée, a la que algunos autores denominan como el «primer genocidio de la Historia Moderna» es una de esas historias que ha querido ser silenciada, olvidada y ocultada al poner en evidencia el tan alabado proceso revolucionario francés del que nace el mundo contemporáneo. Por supuesto, es uno de esos acontecimientos que no suelen aparecer en los planes de estudios de los grados de Historia en universidades e institutos, con profesores más pendientes con la idea de aleccionar a sus alumnos que en proporcionarles una educación seria y rigurosa. Aunque poco conocida, la guerra de la Vendée, ahora con algo más de actualidad por el estreno de la película *Vivir o morir*, provocó la muerte de unas doscientas mil personas. Estamos hablando de familias enteras, por el simple hecho de permanecer fieles a su fe y a su rey.

Se calcula que, durante la época del terror, fueron asesinadas alrededor de cuarenta mil personas. De entre todos los grupos sociales, el clero católico se llevó la peor parte. Especialmente dramática fue la captura de varios cientos de sacerdotes que fueron encarcelados, torturados y aniquilados en nombre de la libertad, la igualdad y la fraternidad.

El escenario de esta carnicería fue la región de la Vendée, en el centro-oeste de Francia, cuyos habitantes protagonizaron un alzamiento contrarrevolucionario provocado, en primer lugar, por la ejecución del rey Luis XVI y por la toma de medidas por parte de la República para terminar con todos los pilares tradicionales que habían conformado la sociedad del Antiguo Régimen. Tampoco ayudó la decisión de reclutar a trescientos mil jóvenes franceses para luchar contra unas monarquías extranjeras interesadas en terminar con el terror revolucionario. Cuando fueron conscientes de las noticias, los vandeanos se negaron a tomar las armas para luchar, y posiblemente dar sus vidas por una república sin Dios y regicida. Esta era la ocasión esperada por el Comité de Salvación Pública de la Convención, creado por Robespierre y Danton, porque cuando tuvo conocimiento de la insurrección ordenó «arrasad la Vendée» sin ningún tipo de miramientos. Por supuesto, los soldados de la República ni siquiera se plantearon la inmoralidad de las órdenes recibidas, porque hoy sabemos que entre las víctimas se contaron miles de mujeres y niños. Nos cuenta Javier Paredes en el citado artículo de la revista *Laus Deo* que «una de las represiones más famosas fue la que se conoce como los matrimonios republicanos, que consistía en atar desnudos a un hombre y a una mujer y ahogarlos en el río Loira».

Frente al terror republicano, los contrarrevolucionarios consiguieron levantar en armas a unos ocho mil hombres poco entrenados y muy mal equipados, pero dispuestos a entregar su vida por su fe y sus tradiciones. Los vandeanos fueron al combate armados con picas, puñales y guadañas y, frente a ellos, marcharon ochenta mil soldados republicanos, perfectamente armados y fanatizados que arrasaron con todo a su paso. El «genocidio de la Vendée» se trató de un exterminio organizado con el objetivo de despoblar la región. Entre los soldados más sanguinarios estaban los que sirvieron a las órdenes del general Louis Marie Turreau en las «columnas infernales». Su plan de exterminio no dejó lugar a la duda: «Mi intención es prender fuego a todo y conservar sólo los puntos necesarios para establecer nuestros acantonamientos adecuados para el aniquilamiento de los rebeldes». Más adelante Turreau ordenó el asesinato de cualquier refractario, fuese hombre, mujer, ancianos y niños: «todos tenían que ser pasados a espada», no existió compasión ni tan siquiera con los enfermos.

Superada la fase más crítica del terror, se inició una nueva etapa con altibajos en la persecución religiosa, con momentos de tranquilidad y otros de violencia. El odio se recrudeció durante el Directorio jacobino, entre 1797 y 1799, cuando los franceses ocuparon Roma y proclamaron la República romana. El anciano papa Pío VI, exhausto y sin capacidad de respuesta, tuvo que abandonar la ciudad y fue deportado a Francia, donde encontró la muerte el 29 de agosto de 1799 en la ciudadela de Valence-sur-Rhône. La muerte del papa fue recibida con entusiasmo por los revolucionarios que no dudaron en asegurar y proclamar que había muerto el último papa de su odiada Iglesia católica.

En noviembre de 1799, tras el golpe de Estado del 18 de Brumario, Napoleón quedó como primer cónsul de Francia y cuatro meses más tarde, en marzo del 1800, el cónclave, reunido en Venecia, eligió a Pío VII. Tenemos ante nosotros a dos personajes cuyas decisiones marcaron, en muy buena medida, el transcurrir de la historia durante los albores del siglo XIX. Napoleón, a pesar del halo romántico que envuelve su figura, sobre todo en Francia, fue un hombre frío y tremendamente autoritario que no dudó en extender el terror y la violencia por media Europa movido por sus intereses personales. Era, del mismo modo, un personaje práctico, consciente del inquebrantable arraigo del catolicismo en el pueblo francés, por lo que maniobró para firmar un concordato con el papa, que deseaba, por encima de todo, pasar página al proceso revolucionario. Por el concordato, se creó un nuevo episcopado ajeno a la influencia de los obispos juramentados, pero, casi al mismo tiempo, Napoleón, por decisión propia y sin tener en cuenta al papa, promulgaba los «setenta y siete artículos orgánicos» que, en el fondo, significaban una vuelta al espíritu galicano. El cónsul fue también tajante en cuanto a las órdenes religiosas, pero, a pesar de todo, el concordato resultó positivo, porque sirvió para renovar la vida religiosa en una Francia en donde empezaba a despertar el espíritu del romanticismo como reacción al frío racionalismo y fundamentalismo del movimiento ilustrado. Otro hecho positivo a resaltar es la apertura de seminarios para mejorar la formación del clero, sostenidos con fondos del Estado.

Al margen del peso que pudo tener el concordato, debemos advertir sobre un hecho que tendrá una influencia determinante en la posterior historia de Europa. Nos referimos a la aparición de un grupo de opinión, con una enorme fuerza política y totalmente opuesto al cristianismo, formado por burgueses enriquecidos por la adquisición de antiguos bienes eclesiásticos, por militares profesionales, funcionarios públicos, parte de los intelectuales y miles de obreros del incipiente proletariado urbano.

El relativo entendimiento entre Napoleón y Pío VII se quebró cuando el emperador exigió al papa sumarse al bloqueo continental contra Inglaterra. La negativa del papa provocó la violenta reacción de Napoleón que, sin pensárselo dos veces, ordenó la anexión de los Estados Pontificios y la captura del sumo pontífice, deportado a Savona en 1809. Pío VII solo pudo recuperar la libertad y regresar a Roma cuando el imperio napoleónico llegó a su final. Se inicia entonces el periodo de la Restauración, con el objetivo de terminar con todo el proceso revolucionario. Para muchos es el final de una pesadilla por la que no dudarán en acoger los nuevos tiempos, marcados por la recuperación de la alianza entre el trono y el altar, con los brazos abiertos. Por desgracia para ellos, la Restauración resultó ser efímera, porque, a partir de 1830, asistimos a un nuevo episodio de la revolución liberal burguesa.

CATOLICISMO SOCIAL

CONSUMMATUM EST. LA MUERTE
DE LOS ESTADOS PONTIFICIOS

Como cabía esperar, la Restauración terminó en fracaso. Después de tantos años de proceso revolucionario, los europeos no quisieron dar marcha atrás y, por lo tanto, el siglo XIX quedará marcado por la imposición del liberalismo. El final del Antiguo Régimen empezó a gestarse en Francia con la revolución de 1830, mientras que en España tenemos que esperar a la muerte de Fernando VII y el inicio de la regencia de María Cristina en 1833 para detectar las primeras medidas tendentes a la imposición del nuevo modelo económico, político y social de predominio burgués. El primer paso ya estaba dado, pero la victoria total del liberalismo se produce a partir 1848, con el estallido de una nueva oleada revolucionaria que se extendió por todo el continente. Por supuesto, el liberalismo, cuyo pensamiento enlazaba directamente con el pensamiento ilustrado, aportó una serie mejoras a la vida de los europeos, aunque también tuvo consecuencias negativas, en ocasiones nefastas. El liberalismo proponía una concepción antropocéntrica del mundo; los hombres no solo se consideraban libres, sino también autónomos, capaces de elegir por sí mismos, y en función de sus intereses personales. Estamos hablando sobre unos hombres y mujeres desvinculados de las leyes de Dios; siendo así, no podía existir una norma suprema y derechos naturales comunes para todos los individuos (iuspositivismo frente a iusnaturalismo). Frente al pensamiento cristiano tradicional, según el cual todo tipo de poder procedía de Dios, el liberalismo lo hace derivar del pueblo, fuente de toda legitimidad moral y política. Siendo así, entendemos que la religión quedaba como un elemento propio de la intimidad del ser humano y, por lo tanto, al margen de la vida pública y política en las naciones europeas. Si en tiempos anteriores los límites a la actuación política se encontraban en las leyes de Dios, a partir de ahora todo dependía de la voluntad popular expresada en la actuación de los parlamentos, a pesar de la inmoralidad de alguna de las leyes que pudiesen ser aprobadas en dichas asambleas. Y no nos faltan ejemplos.

Aunque la ideología liberal burguesa incorporaba elementos cristianos, a la larga favoreció la galopante secularización de la sociedad europea, incluso la indiferencia y el ateísmo militante. Siendo así, es normal que muchos cristianos rechazasen el liberalismo y optasen por posturas más conservadoras, defensoras de los derechos de la Iglesia y del papel rector de Dios en la sociedad (es el caso del carlismo en España). A nadie se le escapa las consecuencias que tuvo la revolución sobre la sociedad y la familia tradicional, siendo este un proceso ininterrumpido hasta nuestros días que ha favorecido la aparición de un número creciente de católicos, opuestos al liberalismo, que ahora como entonces simpatizan con los movimientos contrarrevolucionarios y defensores de la recuperación de derechos y del papel de la Iglesia en la política y en la sociedad.

Frente a los católicos que reaccionaron contra el liberalismo a partir de 1830, otros empezaron a defender la posibilidad de adaptarse a la nueva situación. En Francia, los católicos liberales se agruparon en torno a la revista *L'Avenir*, bajo la dirección de Félicité de Lamennais. Enemigos de la postura tradicionalista del pueblo francés defendían la conciliación del liberalismo con la Iglesia, ya que esta última nunca podría cumplir con su misión específica (trasmitir el mensaje de Jesús) sin estar en armonía con el mundo. Esto es, a grandes rasgos, lo que en el Vaticano II defendieron los papas Juan XXIII y Pablo VI, el *aggiornamento*, como expresión del deseo de que la Iglesia católica saliese actualizada del concilio.

Para los católicos liberales, la aceptación completa de los principios del liberalismo sería la mejor garantía para asegurar el respeto a la autoridad de Dios y los derechos de la Iglesia. Hoy, visto en perspectiva, nos damos cuenta de que, al menos en este sentido, no fueron capaces de acertar en sus predicciones, más bien todo lo contrario. Según Juan María Laboa, defensor de las tesis del catolicismo liberal, la intención de este nuevo movimiento era conjugar la defensa de las libertades y de la democracia con la fe frente a las negaciones del racionalismo volteriano. También afirma el sacerdote vasco y profesor de Historia Eclesiástica en la Universidad Gregoriana de Roma, que los católicos liberales pretendían luchar contra las utopías del socialismo y asegurar el bienestar del pueblo, pero sin que ello supusiese ningún tipo de evolución del dogma. Frente a ellos, los pensadores católicos opuestos al liberalismo consideraban que la Iglesia no tenía que modificarse en función de una ideología revolucionaria que tantos sufrimientos había provocado desde finales del siglo XVIII. No podía existir un punto medio entre la verdad y el error, la fidelidad a la Iglesia y la aceptación del Estado ateo.

Los católicos liberales eran enemigos del galicanismo y se mostraban férreos partidarios del papado como institución llamada a asegurar la supervivencia de la Iglesia, pero el apoyo a Roma terminó con la publicación de la encíclica *Mirari vos* de 1832, por la que se condenaba algunos de los puntos fundamentales de los liberales como la completa separación de la Iglesia y el Estado, por lo que Lamennais colgó los hábitos y abandonó la Iglesia.

A pesar de ser un papa muy valorado por su formación y su coherencia en el gobierno de la Iglesia, el pontificado de Pío IX ha pasado a la historia como uno de los más convulsos por todos los retos a los que tuvo que hacer frente, como la expansión del modernismo, el aumento del anticlericalismo y la pérdida de los Estados Pontificios.

Otro de los elementos a destacar en este siglo XIX es la reanudación de las actitudes antirreligiosas tras el fracaso del periodo contrarrevolucionario del sistema de la Restauración. En este contexto ubicamos el positivismo de Augusto Comte con el que se inicia el camino hacia el cientifismo, llamado a suplantar al cristianismo por esta nueva «religión» que, aparentemente, depararía al hombre un estado de felicidad y de progreso ilimitado. El positivismo de Comte y el idealismo de Hegel anticiparon el materialismo marxista, con el que se recrudece la ofensiva generalizada contra el cristianismo para tratar de evitar su influencia en el mundo de la cultura y, sobre todo, en el de la ciencia.

La ofensiva contra el catolicismo afectó, del mismo modo, a los estudios teológicos, en especial al intento de poner en duda la historicidad de las Sagradas Escrituras, postura que llevó a autores como Renan, en su *Vida de Jesús* a rechazar la divinidad del hijo de María, aunque lo convirtiese en el más noble de los seres humanos. A pesar de todos estos ataques, en el siglo XIX también encontramos elementos que nos hablan sobre el esplendor del pensamiento católico en un momento en el que todo parecía estar en su contra. En la *Historia de la Iglesia*, José Orlandis afirma que «la renovada vitalidad cristiana que por entonces pudo advertirse es buena prueba de que todos los tiempos son tiempos de Dios, a pesar de las propias apariencias externas».

En este convulso periodo destacamos el que hasta ahora ha sido el pontificado más largo de la historia de la Iglesia, el de Pío IX, entre 1846 y 1878. La elección de Giovanni Mastai-Ferretti fue, en un principio, una solución de compromiso entre los cardenales liberales y los conservadores, por lo que pocos pudieron imaginar que el nuevo papa iba a brillar con luz propia y que iba a dejar un legado imperecedero en la historia de la Iglesia católica. Pío IX fue un hombre de gran prestigio, generoso, cordial y preocupado por la salud de una Iglesia aquejada por todo tipo de males que amenazaban su supervivencia. Durante los primeros días de su pontificado concedió la libertad a distintos presos políticos mediante una amnistía (en ningún momento, frente a ejemplos más cercanos, por espurios intereses personales). También adoptó una serie de reformas en los Estados Pontificios como la mejora de las Administraciones públicas y una Constitución acorde a la nueva realidad social, política y económica. En ocasiones, sus detractores, que también los tuvo, le acusaron de caer en los vicios del liberalismo. El mismo príncipe de Metternich, primer ministro austríaco y artífice de la Santa Alianza, llegó a decir de él: «Lo habíamos previsto todo, menos un papa liberal». Hoy sabemos que ese pretendido liberalismo no era tal, sino que sus actuaciones responden a unas convicciones personales al margen de dicha ideología. Es más, autores como Laboa, le han a acusado por su intransigencia hacia el mundo moderno.

Los éxitos de Pío IX continuaron con su política exterior. Durante su pontificado se produjo la restauración de la jerarquía inglesa, mientras que en el seno del anglicanismo surge el movimiento de Oxford, un grupo de pensadores que emprenden un camino de retorno a la Iglesia con casos tan llamativos como el de John Henry Newman que vuelve al seno de la Iglesia católica para, más tarde, recibir la púrpura cardenalicia. Con Pío IX el catolicismo irlandés experimentó un fuerte crecimiento, debido, en gran parte, al nombramiento de Paul Cullen. No menos importante fue la aprobación de unos concordatos muy provechosos tanto para la Iglesia como para los Estados firmantes, entre ellos Rusia, España, Portugal, Ecuador, Venezuela o Nicaragua. Por el concordato con Rusia, se pretendía mejorar la situación de los católicos polacos sometidos al implacable imperio zarista.

En cuanto a España, el papa pretendió combatir la legislación contraria a la Iglesia que se fue aprobando en determinados momentos de su historia como con la Revolución Gloriosa de 1868. ¿Qué ocurre con Francia? Durante el Segundo Imperio, con Napoleón III, la Iglesia vivió una relativa tranquilidad, pero la situación cambió con la derrota militar ante Prusia en 1870 y con la proclamación de la Tercera República, especialmente a partir de 1876 cuando se recrudecen los enfrentamientos entre los partidarios del liberalismo y el clericalismo, situación que desembocó, en los albores del siglo xx, con la definitiva separación de la Iglesia y el Estado. Viajamos ahora hasta Alemania. Allí, desde 1848 observamos la aparición de asociaciones católicas y de distintas órdenes religiosas con un papel fundamental en la expansión del catolicismo. En EE. UU., por fin, hay un crecimiento notable del número de fieles gracias a la llegada masiva de emigrantes europeos, sobre todo irlandeses, italianos y polacos. La situación, por lo que hemos visto, no parece mala, pero el final de los Estados Pontificios, que se venía gestando en las últimas décadas, provocó un auténtico terremoto en el mundo católico.

Unos años antes, por el Congreso de Viena, se había producido la restauración de los Estados Pontificios tras la desastrosa experiencia napoleónica, pero la situación no invitaba al optimismo porque, debido al auge del *risorgimento*, como movimiento intelectual que defendía la unificación italiana, los papas empezaron a depender de la ayuda de los tropas francesas y austríacas para garantizar su supervivencia. Dijimos que, durante sus primeros años, Pío IX fue aclamado por los liberales italianos, hasta tal punto que se abrió paso la posibilidad de designarlo como el guía espiritual del proceso de unificación, pero ese sueño se desbarató muy pronto como consecuencia de los acontecimientos de 1848. La unidad de Italia solo podía conseguirse en contra de los intereses de Austria, potencia dominante en el norte de la península itálica, pero, cuando estalló la guerra, Pío IX, italiano de corazón, no tuvo más remedio que declarar su neutralidad y rechazó encabezar una guerra santa contra los católicos austríacos.

Fue entonces cuando la admiración de muchos liberales italianos se convirtió en desencanto, incluso en un odio indisimulado. La situación se degradó aún más debido al asesinato a puñaladas de Pelegrino Rossi, primer ministro pontificio, a manos de un grupo de sicarios a sueldo de la organización Joven Italia. En febrero de 1849, Mazzini proclamó la República romana y el papa, de forma humillante, se vio obligado a abandonar Roma y buscar refugio en Gaeta. Su exilio no fue muy prolongado porque Pío IX pudo regresar en 1850 después de que las tropas francesas recuperasen

Roma. La experiencia resultó traumática, desde entonces Pío IX ya nunca volverá a ser el mismo al tomar conciencia de los peligros del liberalismo, un movimiento que perseguía un ideal anticristiano y que en Italia amenazaba con apropiarse de los Estados Pontificios. Durante los siguientes veinte años, entre 1850 y 1870, asistimos a una lucha desesperada por parte del papa para defender la independencia de la Santa Sede, pero, entre tanto, el proceso de unificación siguió cosechando nuevos éxitos, ahora bajo la dirección de Víctor Manuel II del Piamonte y su ministro el conde de Cavour que, en 1859, recuperan Lombardía y después la Romaña y Umbría; Garibaldi, por su parte, conquistó Sicilia y Nápoles, por lo que en marzo de 1861, Víctor Manuel se convirtió en rey de Italia. Solo la ayuda de los franceses permitió al papa conservar el *patrimonium Petri*, pero la suerte ya estaba echada. En 1866, Italia conseguía la incorporación de Venecia y en 1870, como consecuencia de la retirada de las tropas francesas acantonadas en Roma por el estallido de la guerra franco-prusiana, los piamonteses, con las manos libres, ocuparon la Ciudad Eterna poniendo fin, definitivamente, a los Estados Pontificios.

Aunque se produjeron algunas escaramuzas, el papa, para evitar un derramamiento de sangre, ordenó enarbolar la bandera blanca con la frase *Consummatum est*. En 1871 Roma fue declarada capital del reino de Italia y, dado que Pío IX se negó a entablar conversaciones de ningún tipo, el Estado italiano impuso su ley de garantías por la que se le reconocía al sumo pontífice plena soberanía e inmunidad, una generosa renta anual, la libre utilización de los palacios del Vaticano y de Letrán y el libre ejercicio de su cargo (incluida la potestad de nombrar obispos en toda Italia). Pío IX rechazó la ley y desde ese momento se consideró «el prisionero del Vaticano». Se abre entonces la cuestión romana que solo llegará a su fin en 1929 bajo el gobierno de Benito Mussolini.

EL CONCILIO VATICANO I

Si atendemos a los acontecimientos políticos, el balance de la época de Pío IX puede parecer negativo; sin embargo, considerada en su auténtica dimensión, fue notablemente fecunda para la Iglesia, ya que, con él, se abrió el periodo histórico del pontificado moderno. Con Pío IX asistimos a un fenómeno novedoso en la historia de la Iglesia católica, como es el acercamiento del papa al pueblo de Dios gracias al desarrollo de los medios de comunicación y la revolución de los transportes. Fieles de todo el mundo empezaron a llegar a Roma gracias a los nuevos ferrocarriles y los barcos de vapor, por lo que el sumo pontífice dejó de ser un ser inasequible, remoto, para convertirse en un personaje cercano y bien conocido que llegó al corazón de millones de creyentes. Su pontificado fue, además, un momento de florecimiento doctrinal y de la vida interna de la Iglesia, con el fortalecimiento de antiguas órdenes como los dominicos y los jesuitas, pero si por algo debemos destacar a Pío IX fue por la convocatoria del Concilio Vaticano I (1869-1870).

La pérdida del poder temporal del papa por la amenaza constante sobre los Estados Pontificios provocó, como reacción, la aparición de un movimiento que buscaba la salvación de Roma como capital del catolicismo. Sus representantes más notorios fueron el francés Joseph de Maistre, el alemán Josef von Görres, el inglés Edward Manning y el español Donoso Cortés. Recordemos que Pío IX, después de su nefasta experiencia en Gaeta en 1848, había declarado la guerra al liberalismo y al modernismo mientras que, por todo el mundo, se extendía una ola de solidaridad con el papa. Cuando las aguas volvieron a su cauce y Pío IX regresó a Roma, lo hizo con el convencimiento de que había sobrevivido a esta terrible prueba gracias a la ayuda de la Madre de Dios, por lo que se creyó en la obligación de fomentar su devoción. Antes de salir de Gaeta pidió consejo a varios obispos sobre la posibilidad de declarar el dogma de la Inmaculada Concepción de María o, lo que es lo mismo, su concepción sin contraer el pecado original. El 8 de diciembre de 1854, con la bula *Ineffabilis Deus* se proclamó el dogma, demostrando el poder del papa para declarar dogma una doctrina de fe.

John Henry Newman fue un hombre de gran sabiduría, un presbítero anglicano convertido al catolicismo en 1845 y elevado a la dignidad de cardenal por el papa León XIII. Sus aportaciones fueron muy destacadas en distintos ámbitos de la vida y el pensamiento católico, como sus disertaciones sobre la relación entre la fe y la razón y la importancia de la educación en la Iglesia, no desde un punto de vista utilitarista, sino como parte de un esfuerzo intelectual, de disciplina moral y compromiso religioso. De igual forma, resaltó la importancia de los laicos: «Quiero un laicado que no sea arrogante ni imprudente a la hora de hablar, ni alborotador, sino hombres que conozcan bien su religión, que profundicen en ella, que sepan bien dónde están, que sepan qué tienen y qué no tienen, que conozcan su credo a tal punto que puedan dar cuentas de él, que conozcan tan bien la historia que puedan defenderla».

Otro de los acontecimientos que nos ayudan a comprender la convocatoria del concilio ecuménico es la redacción de la encíclica *Quanta cura* y el anexo *Syllabus*, un catálogo en el que se recogen los errores modernos. Las ochenta proposiciones del *Syllabus* condenaban las tendencias liberales de la Iglesia. En este sentido, el catálogo no era excesivamente original porque dichos errores ya habían sido denunciados por el magisterio de la Iglesia: la absoluta autonomía de la razón, el materialismo, el indiferentismo o el naturalismo religioso. La tesis 80 negaba la posibilidad de reconciliación del papado con el progreso y la civilización moderna. Por supuesto, la encíclica suponía el triunfo de las posturas tradicionalistas de la Iglesia y el retroceso de los partidarios del liberalismo. Según Rudolf Zinnhobler, en *Historia de la Iglesia católica,* de la editorial Herder:

> El hecho de que en 1864 (mismo año de la publicación de la encíclica *Quanta cura*) se iniciaran los primeros sondeos para estudiar la posibilidad de celebrar un concilio permiten suponer que este debería servir para, cual otro Trento, levantar barricadas protectoras contra los errores de los tiempos modernos.

Durante las sesiones del Concilio Vaticano I se condenaron los errores del racionalismo, pero el principal objeto de debate fue el dogma de la infalibilidad papal. Por la bula *Aeterni Patris* de 1868 se convocó la apertura de la asamblea el 8 de diciembre de 1869. Antes, en 1867, se había publicado un artículo en *La Civiltá Cattolica*, revista internacional de los jesuitas, en el que se exigía a los fieles un triple tributo a san Pedro: apoyo económico, de sangre (defensa de los Estados Pontificios) y el sometimiento a la infalibilidad pontificia. Este mismo año, el 27 de junio, el obispo de Ratisbona, Ignatius von Senestrey, y el arzobispo Manning de Westminster formularon, sobre la tumba de san Pedro, el voto de hacer todo lo posible por imponer la doctrina de la inefalibilidad papal.

Juan Donoso Cortés fue un pensador tradicionalista que supo anticipar los problemas que sufrirían los españoles y el resto de los europeos si se dejaban seducir por los nuevos planteamientos ideológicos empeñados en dejar de lado nuestras tradiciones y todo lo bueno que heredamos de las generaciones anteriores. En su obra *Ensayo sobre el catolicismo, el liberalismo y el socialismo* hizo una aguda y acertada crítica del liberalismo y una defensa del orden social basado en principios cristianos.

Así estaban las cosas cuando se inició un concilio caracterizado por su brevedad, impuesta por las circunstancias políticas ya vistas, pero en el que se aprobaron dos resoluciones de extraordinaria importancia. Con la Constitución *Dei Filius* se formuló la doctrina de la Iglesia sobre el problema de la relación entre la fe y la razón. En el prólogo se resaltaron los principales problemas que aquejaron a la Iglesia después de Trento, entre ellos el racionalismo, el panteísmo, el materialismo y el ateísmo. De igual forma, se habla sobre la existencia de un Dios personal cuya existencia puede ser conocida por medio de la razón, pero, sin olvidar, el papel de la revelación y de la fe como un don de Dios. Por la Constitución dogmática *Pastor aeternus,* aprobada el 18 de julio de 1870, la Iglesia definió los dogmas del primado y la infalibilidad papal. Por desgracia, la labor del concilio no pudo continuar, ya que el 20 de septiembre de 1870, tras el estallido de la guerra franco-prusiana, los italianos conquistaron Roma y el papa aplazó la asamblea *sine die* al considerar que no se daban las condiciones para su celebración al no garantizar la libertad de acción de los padres conciliares.

Los últimos años de vida de Pío IX no fueron fáciles; desde 1868 sufría molestas erisipelas faciales y llagas abiertas en las piernas, pero esto no le impidió la celebración diaria de la misa. En 1877, como consecuencia del excesivo calor veraniego, se produjo un empeoramiento de su estado de salud, por lo que de forma paciente se sometió a dolorosos procedimientos médicos que, sin embargo, no afectaron a su proverbial buen sentido del humor. El final parecía cercano, pero el 8 de diciembre, festividad de su amada Inmaculada Concepción, se produjo una inexplicable mejoría que le permitió, para asombro de sus médicos, volver a caminar. La esperanza le duró poco, porque en febrero de 1878 una caída al suelo y una bronquitis empeoraron, ahora irremediablemente, su situación. Al parecer, este papa que tanto había sufrido en vida por los problemas de la Iglesia no perdió el ánimo. Se dice que llegó a bromear con el cardenal vicario de Roma cuando ordenó tocar las campanas y realizar oraciones por su recuperación, por lo que el papa le preguntó con una sonrisa por los motivos por los que quería evitar que fuese al cielo. Él mismo dijo a su médico que había llegado su hora. Pío IX murió el 7 de febrero de 1878; según los cardenales presentes, el papa, antes de morir, dijo estas palabras: «Guarda la Iglesia a la que tanto amé y sagradamente».

Su cuerpo fue enterrado en las grutas vaticanas, pero por su expresa voluntad (así lo había señalado en su testamento) fue trasladado el 13 de julio de 1881 a la Basílica de San Lorenzo Extramuros. Cuando el cortejo se acercaba a su destino y pasaba cerca del Tíber, un grupo de romanos anticlericales atacó a los miembros de la comitiva con la intención de arrojar los restos del papa al río. Solo la llegada de un contingente de la milicia pudo evitar que se completase la felonía con el cuerpo de uno de los grandes papas de la historia de la Iglesia.

Vincenzo Gioacchino Pecci (León XIII) fue elegido papa el 20 de febrero de 1878. Su pontificado no fue ni mucho menos tranquilo porque recibió de su antecesor una pesada carga que no resultó fácil de gestionar. A la pérdida de los Estados Pontificios se le sumó la controversia con la Alemania de Bismarck por las relaciones entre la Iglesia y el Estado, la polémica generada por la aprobación del dogma de la infalibilidad papal (para muchos una amenaza por el riesgo de papolatría) y el conflicto entre la Iglesia y la ciencia moderna que aún seguía pendiente. León XIII tenía sesenta y ocho años cuando fue elegido y, para complicar aún más las cosas, era un hombre enfermizo con una salud endeble. Pocos se imaginaban que el nuevo papa iba a gobernar la Iglesia durante un cuarto de siglo para terminar convirtiéndose en otro de esos grandes papas de la edad contemporánea. En su haber, nos encontramos con la figura de un hombre extraordinariamente dotado para la diplomacia, con una formación teológica envidiable y con una gran capacidad para llegar a acuerdos entre los distintos sectores que se enfrentaban en el seno de la Iglesia. Por este motivo fue elegido camarlengo en 1877 y sumo pontífice el año siguiente. Como su antecesor, no fue un papa liberal; de hecho, fue uno de los grandes responsables de la elaboración del *Syllabus* en 1864 y mantuvo una inquebrantable fidelidad a la neoescolástica durante toda su vida, en parte debido a los peligros del pensamiento modernista que amenazaba a la tradición católica.

Su espíritu combativo y su compromiso de lucha contra los problemas de la Iglesia se reflejan en la publicación de cuarenta y seis encíclicas. Demostrando una enorme capacidad de anticipación, el papa trató de reconciliar a la Iglesia con la cultura y la ciencia (encíclica *Inscrutabili* de 1878). En este sentido debemos mencionar la inclusión de Newman en el Colegio Cardenalicio y la siempre polémica apertura de los archivos vaticanos por el deseo de introducir el método histórico-crítico en los estudios teológicos. Por su encíclica *Libertas* de 1888 critica el entendimiento erróneo de la libertad propio del liberalismo frente a la doctrina de la Iglesia:

> ... en el sentido de que el ser humano en el Estado tiene el derecho de seguir, según su conciencia, la voluntad de Dios y de cumplir sus mandamientos. Esta libertad, la libertad verdadera, digna de los hijos de Dios, que protege tan gloriosamente la dignidad de la persona humana está por encima de toda violencia y opresión y ha sido el objeto de los deseos y del amor de la Iglesia Católica.

Por la *Aeterni Patris* afirma que en el seno de la teología católica no existía ningún tipo de enfrentamiento entre la fe y la ciencia, por lo que recomienda la doctrina de santo Tomás de Aquino como forma de resolver los problemas de conciliación entre la razón y la revelación. Algo más tarde rechazó el americanismo, como intento de establecer un diálogo entre los tiempos modernos y la enseñanza eclesiástica mientras que en 1902 creó la Pontificia Comisión Bíblica, un órgano para la supervisión de los estudios bíblicos. Más relevancia tuvo la encíclica *Rerum novarum* de 1891, fruto de la creciente preocupación del papa y de la Iglesia por las terribles condiciones de vida de los obreros y los campesinos debido a las consecuencias que tiene la introducción de las nuevas formas de producción con la Revolución Industrial:

> Disueltos en el pasado siglo los antiguos gremios, sin ningún apoyo que viniera a llenar su vacío, se desentendieron las instituciones públicas y las leyes de la religión de los antepasados, el tiempo fue entregando a los obreros, aislados e indefensos, a la inhumanidad de los empresarios y a la codicia de los competidores.

Frente a las ideas socialistas afirma: «Al pretender que los bienes de los particulares pasen a la comunidad, agravan la condición de los obreros, pues, quitándoles el derecho a disponer de su salario, les arrebatan toda esperanza de mejorar su situación económica y obtener mayores provechos».

El Concilio Vaticano I fue convocado por el papa Pío IX en 1869 para hacer frente al modernismo y al galicanismo. Durante las sesiones del concilio se aprobó como dogma de fe la doctrina de la infalibilidad del papa.

LA IRRELIGIOSIDAD DE LOS DESARRAIGADOS

La Revolución Industrial fue un proceso de profundas transformaciones económicas, sociales y tecnológicas que afectaron a los seres humanos en todos los ámbitos de la vida. La revolución permitió un incremento de la producción hasta límites insospechados, el aumento de las relaciones comerciales y el fortalecimiento de la burguesía como clase social más poderosa. Entre los aspectos negativos cabe destacar la creación de una clase obrera empobrecida, formada por individuos que habían abandonado el campo y que ahora se vieron confinados en los suburbios fabriles de unas grandes ciudades contaminadas y totalmente deshumanizadas. Las condiciones de vida de los obreros, frente a una burguesía que hacía ostentación de su riqueza, eran deplorables, con jornadas laborales extenuantes, jornales míseros, viviendas insalubres, trabajo infantil y ningún tipo de prestación y ayuda a los trabajadores con dificultades (los obreros que enfermaban tenían que pagar una indemnización a su patrón). Estos abusos, como no podía ser de otra manera, provocaron reacciones dirigidas a luchar contra tan injusta situación.

Las críticas vinieron desde todos los ámbitos. El anarquismo, que dejó tras de sí en Europa un auténtico reguero de sangre, propugnó la acción violenta para terminar con el Estado; el marxismo, fundado sobre el materialismo histórico, defendió la necesidad de destruir el orden liberal para crear una sociedad sin propiedad privada. Los obreros, mediante la revolución, serían los encargados de establecer una dictadura del proletariado como paso previo a la desaparición de las clases sociales. Los marxistas interpretaron el pasado como una lucha permanente de clases entre opresores y oprimidos, siendo este y ninguno más el motor del desarrollo histórico. Desde el punto de vista religioso, el marxismo se consideró opuesto a todo tipo de religión, especialmente la cristiana, al considerarla el «opio del pueblo». El ateísmo, y el odio a la religión católica, fue desde entonces el principal agente de descristianización de las clases trabajadoras. En España, y ya en el siglo XX, fueron igualmente feroces las críticas hacia el capitalismo por parte de José Antonio Primo de Rivera, fundador de falange, pero opuesto a la lucha de clases por provocar el enfrentamiento directo entre los distintos grupos sociales de los países europeos y por eliminar la individualidad y la dignidad de los seres humanos. En sus discursos llegó a decir que el capitalismo era aún más feroz que los sistemas esclavistas, ya que, en estos últimos, los amos debían cuidar de sus esclavos por los que habían pagado un dinero, mientras que los capitalistas podían llevar hasta la muerte a sus trabajadores sin ningún tipo de contemplaciones porque tenían a su disposición a miles de trabajadores, completamente empobrecidos, dispuestos a aceptar cualquier tipo de empleo para tratar de sacar a sus familias de la más absoluta pobreza.

La mala situación de los obreros también preocupó a la Iglesia, al contemplar a ese numeroso proletariado constituido por inmigrantes que procedían en su mayor parte del campo y que, poco a poco, modificaron sus formas de vida, agrarias y tradicionales, por la de los obreros industriales. Por supuesto, los nuevos trabajadores se olvidaron de esa atmósfera típica de las parroquias rurales impregnada por las tradiciones familiares y cristianas. En su nueva situación, los obreros, totalmente desarraigados, sufrieron el impacto del anarquismo y el marxismo que los pusieron en la vanguardia de la lucha contra el Estado y, por supuesto, les transmitieron intensos sentimientos de hostilidad hacia el cristianismo (en algunos casos como el español o el ruso, las consecuencias resultaron desastrosas).

La cuestión social sensibilizó a los católicos, dando lugar a la aparición de iniciativas para tratar de paliar, en la medida de lo posible, la miseria de los menos favorecidos mediante las obras de caridad y la beneficencia. En aquellos países en los que el anticlericalismo no había hecho su aparición, como los EE. UU. e Inglaterra, la Iglesia pudo tener un papel protagonista en el mundo laboral. Allí surgió un asociacionismo sindical con raíces cristianas, no marxistas. Curiosamente en estos mismos países, y a raíz de lo que estamos comentando, se pudo evitar en la medida de lo posible una fractura social y la enorme conflictividad que sirvió de base para el posterior triunfo de posturas extremistas que llevaron hasta el abismo de la guerra civil. En Inglaterra, por poner un ejemplo, destacamos la providencial actuación del cardenal Manning para mediar en la huelga de obreros portuarios de 1889.

Ya en el Concilio Vaticano I se tomaron medidas para afrontar la cuestión social, mientras que la encíclica *Rerum novarum*, a la que hemos hecho referencia, sentaba la doctrina de la Iglesia en lo referente a la defensa de los intereses de los trabajadores. El mismo papa León XIII afirmó: «Oponed asociaciones populares cristianas a las socialistas (…) salid de las sacristías, id al pueblo». León XIII rechazó del mismo modo la lucha de clases al considerar, no sin motivos, que podía producir un inevitable enfrentamiento con unas consecuencias irreparables. En su lugar, habló sobre una fecunda y armónica colaboración entre los patrones y los obreros como paso previo al desarrollo de una nueva sociedad. El posicionamiento de León XIII pudo parecer utópico, pero no fue así, porque también exhortó a los Estados a abandonar la postura del mero espectador, que por aquel entonces defendían los liberales, y a controlar las relaciones económicas, pero sin caer en el fatal dirigismo socialista. Del mismo modo proclamó el carácter social tanto de la propiedad como del salario justo.

En el último tercio del siglo XIX, el papado intentó superar el estado de *shock* provocado por la pérdida de los Estados

Pontificios, por lo que se promovió una efectiva acción diplomática para dar solución a viejos conflictos. Nuevamente fue Francia el país que más quebraderos de cabeza provocó entre los representantes de la Santa Sede. Tras la caída del II Imperio y la frustración de toda posibilidad de restaurar la monarquía borbónica, en Francia se proclamó la Tercera República profundamente hostil contra los intereses de la Iglesia. León Michel Gambetta, hijo de emigrantes genoveses que había optado por la nacionalidad francesa cuando llegó a la mayoría de edad, no se cansaba de repetir: «El clericalismo, ¡ese es el enemigo!», mientras que en el terreno educativo, él, como el resto de los republicanos galos, declararon la guerra contra todo tipo de congregaciones religiosas con el fin de implantar una escuela completamente laica que se hizo realidad en 1882 con Jules Ferry, defensor del imperialismo francés y precursor de teorías raciales que después harán suyas los principales ideólogos del partido nazi. En un discurso ante la Cámara de los Diputados, el 28 de julio de 1885, el político republicano francés defendió la existencia de razas superiores que tenían el derecho y la obligación de aniquilar a las razas inferiores para llevar a cabo un proceso civilizador. En lo que se refiere a su política educativa, la ley de 1882 implantaba la instrucción moral y cívica (incluidos los «ejercicios militares para niños») para remplazar la educación moral y religiosa de la Iglesia.

Los católicos franceses no pudieron tolerar una política que parecía estar hecha contra sus intereses, por lo que, en general, pasaron a la oposición y empezaron a defender las posturas monárquicas. La tensión fue en aumento, obligando a León XIII a intervenir para reconducir la situación y combatir las amenazas contra la vida religiosa de los franceses. A diferencia de lo ocurrido en Italia tras la unificación, el papa animó a los católicos galos a participar en la política, aunque, al mismo tiempo, por la encíclica *Inmortale Dei* de 1885, declaraba la voluntad de la Iglesia de mantener buenas relaciones con cualquier tipo de régimen político que asegurase la vida y la dignidad de los ciudadanos. Mediante estas orientaciones se alentó a los católicos franceses a colaborar con la República, mientras que en países como España observamos la integración de la Unión Católica en el sistema de la Restauración, en este caso para tratar de evitar la ruptura entre los católicos que defendían posturas más liberales y los que mostraban simpatías por el carlismo.

Entre los políticos franceses decimonónicos con tendencias más anticlericales encontramos a Jules Ferry. Fue uno de los máximos defensores del colonialismo y de la existencia de razas superiores que tenían la obligación de civilizar a los pueblos menos evolucionados.

Llegamos de esta manera a principios del siglo xx, un periodo de esplendor para los países europeos (hasta el estallido de la primera guerra mundial), pero en el que no faltaron los problemas para el conjunto de los cristianos. Como tendremos ocasión de ver, las complicaciones vinieron tanto de fuera como de dentro de la propia Iglesia, y para tratar de dar solución a todos estos males emergió la figura de san Pío X, cuyo pontificado se extendió desde 1903 al 1914. Durante estos primeros años del siglo xx, el anticlericalismo se dejó sentir en los países del sur de Europa, aquellos que contaban con mayor tradición católica. En Portugal, con la proclamación de la República en 1910, se inició un proceso de separación entre la Iglesia y el Estado y, de forma pareja, la confiscación de los bienes eclesiásticos y la supresión de las festividades religiosas (una decisión que afectó profundamente al pueblo portugués, especialmente en las zonas rurales). En el otro lado de la frontera, las corrientes anticlericales alcanzaron un punto culminante entre los años 1909 y 1912. Durante la Semana Trágica de Barcelona fueron arrasadas sesenta y ocho iglesias y conventos y se asesinó, a sangre fría, a ciento treinta y ocho eclesiásticos. En estos mismos años, la enseñanza religiosa fue sometida a un riguroso control por parte del Estado y se aprobó la ley del candado para contentar a los sectores más anticlericales de la sociedad española. Fue en Francia donde se produjeron las principales agresiones contra los intereses de los católicos.

A principios del siglo xx los Gobiernos franceses, cada vez más escorados hacia la izquierda, empezaron a hacer gala de un laicismo de signo radical que provocó la inmediata reacción de Pío X. Los Gobiernos franceses aprovecharon el desencuentro con el papa para romper relaciones con la Santa Sede y para prohibir el derecho de enseñanza religiosa. Muchos religiosos fueron expulsados y los bienes eclesiásticos nuevamente confiscados, por lo que la Iglesia francesa quedaba, por segunda vez, despojada de su patrimonio y de cualquier tipo de subvención estatal. Desde entonces, los religiosos franceses no contaron con más recursos que las generosas contribuciones realizadas por los fieles católicos. Los Gobiernos galos, dispuestos a llevar su guerra contra los católicos hasta sus últimas consecuencias, dejaron a las iglesias y las comunidades religiosas como simples asociaciones culturales. Lo que no pudieron prever fue las consecuencias positivas que tuvo esta decisión para los intereses de la propia Iglesia francesa, porque, desde ese momento, en Francia, los obispos fueron nombrados libremente por el papa; además, al haber quedado como asociaciones, cada una de las diócesis francesas se constituyó como entidad y pudo recuperar los bienes de los que había sido desposeída. En cuanto a las órdenes religiosas, pudieron recuperar sin demasiados problemas sus labores educativas sobre la base del derecho de asociación.

Como adelantamos, los peligros más preocupantes vinieron desde el interior de la propia Iglesia por el inicio de la fatal crisis modernista. ¿Qué es el modernismo? Según Ernst Benz es un «denominador común para los afanes de reforma de una serie de teólogos católicos de finales del siglo XIX y principios del XX que, por su mentalidad, ideas, origen y educación, pertenecen a las orientaciones más diversas». A pesar del eclecticismo propio del movimiento modernista, a todos ellos les unió el anhelo de superar la enorme distancia que se había generado entre el mundo moderno y la Iglesia, y entre la teología y la ciencia. También les unió el deseo de remediar el retraso que llevaba la teología católica en el terreno de la investigación histórica, filosófica y de exégesis bíblica. Influidos por el protestantismo liberal alemán, pretendían hacer más comprensible la fe vaciándola de cualquier tipo de dogma y de todo contenido sobrenatural (no estamos lejos del proceso desmitologizador de Bultmann).

Aun sin querer romper con la Iglesia, el modernismo se alzó como un serio peligro para la religión católica, ya que amenazaba con destruirla desde el interior y terminar con una tradición con cerca de dos mil años de historia. Pío X fue consciente del riesgo al que se enfrentaba como cabeza de la Iglesia católica, por lo que denunció estas doctrinas por la encíclica *Pascendi* de 1907. Para dejar bien claras sus intenciones, el papa obligó a los profesores eclesiásticos a realizar un juramento antimodernista, por lo que la crisis quedó, en un primer momento, cortada, aunque no resuelta del todo porque el modernismo volverá a aparecer con fuerza a mediados del siglo xx. Pío X no solo se preocupó por luchar contra los errores doctrinales surgidos en la Iglesia; otra de sus grandes preocupaciones fue la formación de los sacerdotes, sobre todo en Italia donde se multiplicaron los seminarios regionales. No menos importante fue la redacción de un nuevo catecismo y, debido a su talante pastoral, favoreció la concesión de la primera comunión a los niños desde la edad de discernimiento y la posibilidad de que los laicos ejerciesen como catequistas. Finalmente, bajo su pontificado se inició la labor preparatoria para la promulgación del primer Código de Derecho Canónico en 1917. Pío X no pudo ver completado este último proyecto porque falleció unos días después del estallido de la primera guerra mundial el 28 de julio de 1914.

Y LAS PUERTAS DEL REINO DE LA MUERTE NO PREVALECERÁN CONTRA ELLA

¿UN GENOCIDIO EN ESPAÑA?

Entre los años 1914 y 1918 Europa se desangró en una terrible guerra provocada por las ambiciones imperialistas de las principales potencias coloniales. El nuevo papa Benedicto XV (1914-1922) solo pudo pedir infructuosamente la paz entre los países beligerantes y observar apesadumbrado como la Santa Sede fue excluida de la mesa de negociaciones cuando al fin llegó la paz en noviembre de 1918. La Paz de París no sirvió para traer la tranquilidad al Viejo Continente porque las hostilidades volvieron a desatarse en 1939 con el inicio de la segunda guerra mundial, en parte provocada por las fatales decisiones tomadas con los tratados firmados en París. Uno de los principales errores cometidos, como consecuencia del desconocimiento de la realidad europea del presidente norteamericano Wilson y el anticatoli-cismo del francés Clemenceau, fue la destrucción del Imperio austrohúngaro en distintos Estados nacionales. La proclamación de la República, tanto en Austria como en Alemania, provocó la ruptura de la tradicional alianza entre el trono y el altar, dejando al protestantismo alemán en una situación muy comprometida al perder, de golpe, sus antiguos privilegios.

Más repercusiones tuvo el egoísmo con el que los franceses trataron a los alemanes tras la firma de los acuerdos de paz. Por el Tratado de Versalles Alemania sufrió imperdonables vejaciones territoriales, se le obligó a reducir su ejército y fue obligada a pagar fuertes indemnizaciones de guerra que contribuyeron a acentuar los efectos de la crisis económica y la grave situación en la que quedó la población germana. Por supuesto, Versalles incrementó las ansias revanchistas de los alemanes y fue uno de los principales motivos que provocaron el ascenso del partido nazi. Por lo que respecta a Rusia, la Revolución de 1917 y la victoria bolchevique durante la guerra civil supusieron la irrupción de la URSS como primer Estado marxista de la historia, ateo y con una concepción materialista del hombre.

El sucesor de Benedicto XV fue Pío XI (1922-1939), prefecto de la Biblioteca Vaticana cuando terminó la guerra, visitador apostólico, nuncio en Polonia y, unos meses antes de ser elegido papa, arzobispo de Milán. Su programa de gobierno, comentado en su primera encíclica, *Ubi arcano,* se resumió en un lema que hizo suyo: *Pax Christi in regno Christi.* Para algunos autores, el papado de Pío XI fue para la Iglesia un momento de esplendor y florecimiento, en el que el prestigio de la Santa Sede creció de forma extraordinaria por la atrayente personalidad del sumo pontífice y por la firma de concordatos desde el inicio de su pontificado (el concordato con Letonia se firmó en 1922). No tan convencido se muestra Paul Johnson al definirlo como «un hombre de mente estrecha, desprovisto de imaginación y reaccionario. Temía al comunismo y al socialismo, y creía que la Rusia soviética era el enemigo supremo. No deseaba que la Iglesia se mezclase con los movimientos obreros. Por lo tanto, no quiso tener nada que ver con la democracia cristiana».

Para Johnson, el miedo al comunismo, que, recordemos, provocará auténticos baños de sangre en los lugares donde se produce la revolución, habría llevado a algunos sectores de la Iglesia a pactar con fuerzas políticas comprometidas con la lucha antimarxista.

La misión evangelizadora es uno de los proyectos de la Iglesia católica más destacables por su propósito de dar a conocer la doctrina católica mediante el anuncio del evangelio y la defensa de la dignidad de los más desfavorecidos. Teresa de Calcuta, fundadora de las Misioneras de la Caridad en 1950, atendió durante más de cuarenta y cinco años a pobres, enfermos, huérfanos y moribundos, tanto en la India como en otros lugares del mundo.

Tal vez entre los dos extremos podamos encontrar una postura intermedia: la de un papa que tuvo que vivir en una época muy compleja, en la que cualquier decisión tomada habría sido objeto de una fuerte polémica. En el pontificado de Pío XI podemos encontrar episodios oscuros y otros más positivos. Entre estos últimos destacamos la vuelta a la normalidad con Francia y, sobre todo, la firma de los Pactos lateranenses, que comprendían un tratado de Estado, un acuerdo financiero y un concordato. Con estos pactos se solucionaba la tan espinosa cuestión romana surgida como consecuencia de los acontecimientos de 1870 y se ponía fin al conflicto entre el Estado italiano y la Iglesia. De esta manera, gracias al buen hacer de Pío XI y el realismo de Mussolini, se daba una solución satisfactoria para los millones de italianos que se sentían, al mismo tiempo, convencidos patriotas y fieles católicos.

Los pactos, suscritos el 11 de febrero de 1929, garantizaban la soberanía plena de la Santa Sede y daban vida al Estado de la Ciudad del Vaticano. Asimismo, Italia reconocía a la religión católica como la única religión del Estado. Los pactos también incluían un concordato, como el concertado con otros países europeos como Polonia, Lituania, Austria y el suscrito con el Tercer Reich el 20 de julio de 1933 que nos permite introducirnos en el espinoso debate en torno a las relaciones entre la Iglesia y la Alemania nazi. Volveremos a hablar sobre el tema, pero antes destaquemos otro de los aspectos positivos del pontificado de Pío XI como fueron los progresos de la expansión misionera en África y en Asia. En este sentido merece la pena reseñar la importancia del clero indígena, llamado a jugar un papel determinante en la evolución histórica de la Iglesia católica durante todo el siglo xx y hasta hoy. Como reflejo de esta actividad misionera tenemos la consagración, el 28 de octubre de 1926, en la basílica de San Pedro de Roma, de seis nuevos obispos de procedencia china.

Fruto de la importancia que se le dio en el periodo de entreguerras al apostolado seglar es el nacimiento de Acción Católica que ahora, con Pío XI, adquirió una organización centralizada y jerarquizada, para que pudiese tener un papel protagonista en la tarea fundamental de volver a cristianizar a una sociedad que galopaba, a marchas forzadas, hacia la secularización. El papa concibió la organización como «la participación de los laicos organizados en el apostolado jerárquico de la Iglesia (...) para la instauración del reinado universal de Jesucristo». En 1925, por la encíclica *Quas primas* se instituyó la Fiesta de Cristo Rey; cuatro años más tarde, en 1929, publicaba la encíclica *Divini illius magistri*, sobre la necesidad de la educación católica a la juventud, y en 1930 la *Casti connubii*, en la que defiende la importancia del matrimonio y la familia.

El florecimiento que tuvo la Iglesia en este primer tercio del siglo xx se vio ensombrecido por las terribles persecuciones que sufrieron muchos cristianos en algunos países con gobiernos comunistas, como la Unión Soviética, donde los cristianos ortodoxos sufrieron todo tipo de calamidades. La violencia también llegó a países de mayoría católica, especialmente a España, donde la persecución y el asesinato indiscriminado de cristianos durante los años de la funesta guerra civil se ha venido considerando como uno de los episodios más dramáticos de la historia de la Iglesia. Como muestra, cabe recordar los siete mil sacerdotes españoles asesinados por el odio a la religión y el fusilamiento de familias enteras, incluidos ancianos, enfermos y niños. ¿Estamos ante lo que muchos han considerado un auténtico genocidio de católicos en España? Personalmente, creemos que debemos ser muy cautos a la hora de aplicar esta terminología que según la RAE implica «el exterminio o eliminación sistemática de un grupo humano por motivo de raza, etnia, religión, política o nacionalidad». En un artículo publicado en la revista *Laus Deo*, Antonio J. Candado trata de ofrecer una respuesta a dicha pregunta.

Según este autor, la década de los años treinta fue especialmente violenta en España, aunque, en realidad, la violencia de la izquierda fue un fenómeno que se fue fraguando, poco a poco, desde la Revolución francesa y con la aparición de las células anarquistas. En España, el 4 de junio de 1923, el cardenal Juan Soldevila fue asesinado por el grupo anarquista Los Solidarios, tiroteado cuando entraba con su coche a la escuela-asilo situada en El Terminillo de Zaragoza. Las víctimas de este terror rojo no solo fueron miembros de la alta jerarquía eclesiástica, ya que, en los años treinta, otros muchos fueron asesinados por sus convicciones religiosas; estamos hablando de miembros de la nobleza española, pero también de propietarios de comercios, laicos, militares y simples creyentes por el hecho de acudir a la misa dominical.

En torno a la masacre de católicos, los historiadores no se han puesto de acuerdo, pero, en general, hablan de varios miles de sacerdotes y religiosos asesinados. Ante estas cifras Antonio J. Candado afirma:

> Hablamos de genocidio pues, no fue solo el hecho de asesinar a miles de personas únicamente por su fe, muchos de ellos menores de edad, sino por las formas tan cruentas de las que se ha dado testimonio. Hablamos de personas a las que se les obligó a tragarse las cuentas del rosario antes de ejecutarlas. Sacerdotes obligados a cavar sus propias tumbas antes de ser enterrados vivos o fusilados. Monjas asesinadas por negar peticiones de matrimonio de milicianos. Otras fueron violadas antes de que les descerrajaran un tiro en la cabeza. Familias como la del Obispo de Jaén, Manuel Basulto y Jiménez que, junto a su hermana, fueron asesinados frente a dos mil espectadores que vitoreaban sus muertes como si estuvieran en los toros. Pero sin duda, el testimonio más duro es el del párroco de Navalmoral, que fue crucificado vivo por los milicianos, como burla a la crucifixión de Cristo, para acabar rematándolo a pistola «por piedad».

Otros testimonios que recoge Antonio J. Candado en el artículo de la revista *Laus Deo* son los de la famosa checa de Barcelona, en la que encontraron martirio muchos religiosos y religiosas como la superiora general de la Congregación de Carmelitas de la Caridad: Apolonia Lizárraga, de sesenta y nueve años. La madre Apolonia fue detenida por el Partido Obrero de Unificación Marxista (POUM), torturada por los miembros de la Federación Anarquista Ibérica (FAI) y ordenada ejecutar por un personaje conocido como el Jorobado:

> Fue cogida prisionera, llevada por los milicianos a una checa, la desnudaron y la llevaron a un patio. La ataron muñecas y tobillos y fue colgada de un gancho a la pared del patio. Con un serrucho la cortaron. Ella rezaba y rogaba por sus asesinos. Estos luego dieron su cuerpo a comer a unos cerdos que tenían allí, que al poco tiempo los mataron y los comían y vendían diciendo que eran «chorizos de monja».

Lo ocurrido en España es un fiel reflejo de lo que acontece en toda Europa, con una Iglesia amenazada por los totalitarismos ateos (como el de la Unión Soviética) o neopaganos (régimen nazi). ¿Cuál va a ser el papel de la Iglesia en este periodo en el que la antigua y floreciente Europa parece conspirar para autodestruirse? En abril de 1937 vieron la luz dos encíclicas: *Mit brennender sorge*, contra el régimen nazi, y *Divini redemptoris*, que condenó el ateísmo marxista como ideología oficial de la Unión Soviética sometida al régimen de terror de Stalin.

LA ESVÁSTICA CONTRA LA CRUZ

Como en otros ámbitos de la política nazi, la relación del régimen con el cristianismo está caracterizada por el oportunismo y la personalidad contradictoria de Adolf Hitler, considerado por algunos como un fiel creyente cristiano, como un acérrimo ateo según otros, y también como un seguidor de las antiguas religiones paganas (el estudio de su biografía parece apuntar en esta dirección). Efectivamente, el análisis de la ideología del Tercer Reich nos muestra el apasionado interés que tuvieron los jerarcas nazis por el estudio de las antiguas sagas y los mitos de las religiones paganas, opuestas al judeocristianismo. Para ellos, la revitalización de las antiguas religiones ancestrales serviría para resaltar las virtudes de esa raza aria cuyos orígenes buscaron con auténtico frenesí por distintos lugares del planeta (expediciones de Ernst Schäfer en el Tíbet y de Edmund Kiss en Bolivia).

La indefinición ideológica del nazismo se tradujo en las actitudes contradictorias del Führer, incluidas las referidas a la religión. En términos generales, los historiadores han resaltado la visión hostil de Hitler hacia las religiones mayoritarias alemanas, persistiendo el debate sobre el supuesto interés de los nazis por sustituir el cristianismo por un nuevo sistema de creencias basadas en la ideología nazi. Según Paul Johnson:

> Había sacramentos nazis. Se ideó una ceremonia matrimonial especial para los SS. Incluía signos rúnicos (investigadores como Wirth consideraban las runas como parte del alfabeto tradicional de los arios), un disco solar de flores y un cuenco de fuego (…). En las ceremonias bautismales de la SS, la sala estaba decorada con un altar central que contenía la fotografía de Hitler y un ejemplar del *Mein Kampf*, sobre las paredes había cirios, gallardetes nazis, el árbol de la vida y ramos de árboles jóvenes.

Hitler, a pesar de ser criado por una madre católica, a la que el futuro canciller adoraba, desarrolló un terrible anticlericalismo inculcado por su autoritario padre. Esta creencia queda corroborada por los testimonios de todos aquellos que, en algún momento, convivieron con Hitler. Según su gran amigo Albert Speer, con el que tantos sueños compartió al planificar la existencia de una futura capital de Alemania una vez terminada la guerra, Hitler solía pedir a sus colaboradores que rechazasen las enseñanzas de la religión católica, aunque, por otra parte, siempre se mostró reacio a hablar en público sobre estos angulosos asuntos para evitar el rechazo de una buena parte de la sociedad alemana. Asimismo, se expresa Alan Bullock cuando afirmó que Hitler despreciaba la religión de su infancia, mientras que el historiador judío David G. Dalin señala que, además de abandonar su fe, habría desarrollado un fuerte odio hacia todo lo relacionado con la religión cristiana por considerarla incompatible con la idea de supremacía racial de los arios. También reconocen sus conocidos que, desde muy joven, Hitler se sintió atraído por el mundo de los mitos y las sagas germánicas, al igual que por la astrología y el misticismo medieval, por lo que dejó de cumplir con sus obligaciones religiosas. En el *Mein Kampf* ya planteó la existencia de una divinidad adaptada a su particular interpretación de la realidad, que debería guiar a los arios hacia la victoria final. Siendo así, no es de extrañar que, desde su ascenso al poder, Hitler tratase de apartar de la vida pública todos los elementos cristianos, de suplantar la cruz por la esvástica como nuevo símbolo de la nueva religión nazi.

En el mundo de la posverdad y la manipulación de las redes sociales no es extraño observar algunas imágenes que pueden hacernos creer que los católicos alemanes, en su conjunto, eran fieles seguidores del nacionalsocialismo. Efectivamente existen imágenes de Hitler visitando algunas iglesias alemanas y saludando a los obispos. Dijimos que el dictador siempre adoptó unas actitudes engañosas y en función de sus intereses personales. En sus discursos no era infrecuente escucharle hablar sobre la Providencia y, durante sus primeros años, acudió a las iglesias. La explicación nos la da él mismo cuando en 1920 dijo a Ludendorff que tenía que disimular su odio hacia los cristianos porque necesitaba el voto de los católicos y los protestantes para llegar al poder: «el resto llegará más tarde».

Si el lector necesita una cita más evidente recordemos sus palabras a Hermann Rauschning cuando le dijo que se proponía terminar con el cristianismo de raíz:

> Uno es cristiano o alemán. No es posible ser ambas cosas (...). ¿Usted cree realmente que las masas volverán a ser cristianas? ¡Tonterías! Nunca más. La historia ha terminado, pero podemos apurar las cosas. Obligaremos a los párrocos a cavar sus propias tumbas. Traicionarán a su Dios por nosotros. Traicionarán lo que sea en beneficio de sus miserables empleítos y sus rentas.

Lamentablemente, Hitler no erró en sus predicciones en lo que respecta a algunos jerarcas católicos alemanes dispuestos a mantener sus privilegios materiales, sobre todo cuando se abrió la posibilidad de aumentar los subsidios oficiales a la Iglesia. Entre las actuaciones más vergonzantes tenemos las del obispo Bornewasser, que se dirigió a la juventud de esta manera: «Con la cabeza alta y el paso firme hemos entrado en el nuevo Reich y estamos dispuestos a servirlo con toda la fuerza de nuestro cuerpo y nuestra alma». Como entenderá el lector, y en breve hablaremos de ello, no fueron todos los que se comportaron así, porque hubo otros muchos que marcharon hacia el martirio y entregaron sus vidas por la defensa de los más desvalidos.

¿Qué ocurre con los más influyentes colaboradores del dictador, como Himmler, Rosenberg, Goebbles o Bormann? En primer lugar, estos excéntricos individuos siempre rechazaron las acusaciones de ateísmo. Es más, en el seno de las SS el ateísmo siempre sería perseguido. Ellos, especialmente Himmler, se encargarían de introducir una religión de la sangre, de tradición milenarista y con rasgos comunes con las pseudorreligiones de la Francia revolucionaria de la década de 1790. Los nazis siempre se mostraron dispuestos a implantar una religión neopagana de corte nacionalista, opuesta a un cristianismo considerado como una degeneración de la religión de los judíos. Himmler, el hombre más importante de la Alemania nazi después del Führer, no ocultó su intención de acabar con los católicos y poner a sus SS en la vanguardia de la lucha contra el cristianismo. Su biógrafo, Peter Longerich, sostiene que se oponía con vehemencia al principio de piedad cristiana por considerarlo un auténtico peligro en su intento de eliminar a los judíos. En 1937 llegó a declarar:

> Vivimos en la época del último conflicto con el cristianismo. Forma parte de los deberes de la SS dar al pueblo alemán durante el próximo medio siglo las bases ideológicas no cristianas sobre las cuales dirigir y dar forma a sus vidas. Esta tarea no consiste sólo en la superación de un oponente ideológico, sino un proceso que debe ir acompañado en cada paso por un impulso positivo: en este caso significa la reconstrucción de la herencia alemana en el más amplio y completo sentido.

A iniciativa de los jerarcas del partido, pero con el beneplácito de Hitler, se iniciaron los ataques contra los católicos, provocando una reacción de defensa entre las jerarquías eclesiásticas católicas. Es en este contexto en el que podemos situar el concordato del 20 de julio de 1933, uno de los muchos suscritos bajo el pontificado de Pío XI, poco después del acceso de Hitler a la Cancillería del Reich el 30 de enero de este mismo año.

La llegada del nazismo al poder fue aplaudida por muchos sectores de la sociedad alemana, pero la Iglesia católica mantuvo con el régimen una actitud de recelo, rechazo, distanciamiento y temor por la situación en la que podrían quedar los cristianos bajo el poder del brutal régimen nacionalsocialista. Ya en la Conferencia Episcopal de Fulda de 1931 se había declarado que el nazismo era un movimiento que contradecía rotundamente las verdades fundamentales del cristianismo y la organización de la Iglesia católica. En las elecciones del 1933 la Conferencia Episcopal Alemana emitió una recomendación de voto para favorecer al partido de centro. Según Maximilian Liebmann, esta actuación de los obispos alemanes sirvió para que el Partido Nacionalsocialista Obrero Alemán (NSDAP) no consiguiera la mayoría absoluta que estaba buscando, pero, poco después de celebrarse las elecciones, el episcopado católico relajó su oposición tras las promesas del canciller del Reich de respetar el papel de las Iglesias cristianas en la formación del nuevo Estado. Se iniciaron entonces las rápidas negociaciones para la aprobación del concordato, con el que Hitler no disimuló su empeño de expulsar a la Iglesia de la escena política y dejarla como una especie de colectivo dedicado a fines pastorales y religiosos. Uno de los artículos del concordato establecía la prohibición de sacerdotes y obispos de participar y hacer declaraciones políticas.

Siendo así, ¿por qué se rubricó el concordato? ¿Por qué la Iglesia católica cedió ante las pretensiones de Hitler renunciando a tantos años de lucha justo en un momento en el que los nazis habían comenzado a demostrar su hostilidad y odio hacia lo católico allanando casas de sacerdotes, despidiendo funcionarios católicos, cerrando sus escuelas y disolviendo sus organizaciones? Según Johnson, la pusilánime respuesta de algunos sectores de la Iglesia alemana hacia el nazismo estuvo motivada por el temor hacia una represalia de Hitler contra una religión que él detestaba. Este temor se refleja en la respuesta de Pacelli (futuro papa Pío XII) cuando fue preguntado por el concordato: «me habían apuntado con una pistola a la cabeza (…) (tenía que elegir) entre un acuerdo según los criterios que ellos sostenían y la eliminación virtual de la Iglesia católica en Alemania». El miedo parecía justificado porque, una semana después de la firma, el Gobierno alemán ordenó la detención de más de doscientos católicos bávaros que no fueron liberados hasta que el Partido Popular Bávaro, católico, aceptó disolverse.

Según el historiador protestante Klaus Scholder, el concordato con el Reich fue para la Iglesia «una de las decisiones más erróneas del siglo». No piensa lo mismo el historiador Erwin Iserloh, quien consideró que el acuerdo ofreció «a la Iglesia una posición de derecho a la que podía recurrir en caso de abuso», por ese motivo el concordato habría sido un éxito, porque bajo su protección «se pudo organizar lentamente la resistencia, que dio la fuerza para vivir en la clandestinidad los años de la prohibición definitiva». Esta interpretación se adaptaría mejor al pensamiento del cardenal Pacelli para quien el concordato no representó un gran éxito, sino que fue una forma de elegir el mal menor ante el nuevo canciller, Hitler, que parecía dispuesto a construir un nuevo orden al que deberían someterse todas las fuerzas sociales existentes, incluidas las religiones mayoritarias cristianas.

La respuesta ambigua de algunos sectores de la alta jerarquía eclesiástica alemana no debe hacernos olvidar la valentía de otros en su lucha contra el terror nazi, incluso cuando la represión de las SS alcanzó altas cimas a partir de junio de 1934 en el que el Estado nazi inició su purga masiva con los asesinatos, entre otros muchos, de Erich Klausener, secretario de Acción Católica; del doctor Fritz Gerlich, director del semanario católico de Múnich y de Adalbert Probst, director de la Organización Católica de los Deportes.

Frente a los que pretenden relacionar el ascenso del partido nacionalsocialista con un pretendido apoyo por parte del papado, resulta reveladora la encíclica *Con ardiente preocupación* firmada por el papa Pío XI el 14 de marzo de 1937 en la que se acusa al gobierno de Hitler de «sembrar la cizaña de la sospecha, la discordia, el odio, la calumnia y la abierta hostilidad fundamental en contra de Cristo y de su Iglesia». En la misma encíclica se añade:

> Todo el que tome la raza, o el pueblo, o el Estado, o una forma determinada del Estado, o los representantes del poder estatal u otros elementos fundamentales de la sociedad humana (...) y los divinice con culto idolátrico, pervierte y falsifica el orden creado e impuesto por Dios.

Resulta evidente que el papa, en esta ocasión, está lanzando sus críticas contra la paranoia pseudorreligiosa nazi y sus teorías raciales. En 1938, en cambio, la Iglesia guardó un silencio incómodo tras el pogromo llevado a cabo durante la noche de los cristales rotos. Fueron muy pocos los religiosos que tuvieron la valentía de denunciar las tropelías de los nazis, entre ellos el profesor de Teología de Graz, Johannes Ude, cuando condenó los «ataques bandidescos a las sinagogas judías».

Por fortuna, cada vez más, los religiosos católicos se unieron a la lucha contra el nazismo. El sacerdote Max Josef Metzger fue ejecutado por los nazis, acusado de alta traición por sus esfuerzos en pro de la paz. Su ejecución no fue un hecho aislado, ya que muchos católicos empezaron a sufrir padecimientos difícilmente imaginables. Entre los sacerdotes y religiosos se han contabilizado al menos cuatro mil ejecuciones por causa de la barbarie nazi, muchos de ellos en Auschwitz. Una de las víctimas más afamadas fue el sacerdote franciscano Maximilian Kolbe, un hombre de Dios que se presentó voluntario para morir en lugar de un padre de familia. Su muerte no fue rápida, ya que sufrió el tormento de las temibles cámaras del hambre cuya visita sigue impresionando. Otra de las víctimas que encontró la muerte en el campo de concentración de Auschwitz fue la filósofa, mística, religiosa carmelita descalza, mártir y santa alemana de origen judío Edith Stein, mientras que el sacerdote Franz Reinisch, al negarse a enrolarse en el ejército nazi, fue detenido y decapitado. La lista de mártires católicos víctimas de la locura nazi es interminable, pero podríamos destacar al eminente jesuita Alfred Delp, ejecutado pocos días antes del final de la guerra en una prisión de Berlín al ser acusado de alta traición.

Maximiliano Kolbe y Teresa Benedicta de la Cruz, Edith Stein, fueron dos mártires que concluyeron su vida terrena en el campo de concentración de Auschwitz. Su vida, su ejemplo, es una muestra de que incluso en las situaciones más extremas puede resplandecer el bien más absoluto para disipar las tinieblas del odio y del egoísmo. Maximiliano Kolbe, a quien se le atribuyen unas palabras que habría pronunciado ante sus verdugos: «el odio no es una fuerza creativa: lo es solo el amor», se ofreció generosamente para morir, el 14 de agosto de 1941 en el búnker del hambre, en lugar de un padre de familia. Un año más tarde le tocó el turno a Edith Stein, una santa que tres días antes de morir aseguró: «Estoy preparada para todo. Jesús está también aquí en medio de nosotras». Cuentan los pocos supervivientes del campo que santa Teresa Benedicta de la Cruz fue hacia la muerte vestida con su hábito carmelitano, con actitud serena y tranquila, atenta a las necesidades de todos hasta el último momento. Otro de los testimonios que nos habla sobre la presencia de Dios, incluso donde parece gobernar el mal, lo encontramos en la existencia de un pequeño rosario, hecho de pan, realizado por una presa polaca, Franciszka Studzińska, que se quitó el alimento de la boca, a pesar de la insoportable tortura del hambre, para dedicarse a la oración en un lugar, Auschwitz, que no pudo terminar con la dignidad y la fe de la pianista polaca que, por desgracia, no pudo sobrevivir al horror nazi.

Nos introducimos ahora en el espinoso debate sobre la actitud que tuvo la Iglesia, especialmente el papado, en cuanto al macabro asesinato de millones de seres humanos por la aplicación de la solución final de la cuestión judía. Antes, veamos quién fue Pío XII, el papa que tuvo que enfrentarse a este dramático genocidio. Nacido en el seno de una familia de funcionarios romanos, Eugenio Maria Giuseppe Giovanni Pacelli fue ordenado sacerdote en 1899. El papa Benedicto XV se percató de las virtudes del joven religioso, por lo que designó a Pacelli como nuncio apostólico en Baviera el 23 de abril de 1917. En febrero de 1930 fue nombrado secretario de Estado. El 2 de marzo de 1939, después de la muerte de Pío XI, tras un cónclave que duró solo dos días fue elegido papa y, en honor a su predecesor, eligió el nombre de Pío XII. En vísperas del inicio de la guerra, cuando la ruptura de las hostilidades ya se consideraba inminente, Pío XII pronunció un mensaje radiado pidiendo que se salvaguardara la paz: «Nada está perdido con la paz; todo puede perderse con la guerra». Asimismo, por su encíclica *Societatis unio*, volvió a condenar el racismo, pero, tras el estallido de la guerra, emprendió su política del «silencio para evitar lo peor» duramente criticada por algunos sectores, aunque aplaudida por otros. Por supuesto, en una situación como la que se encontraba el sumo pontífice durante estos años de locura, cualquier decisión habría generado polémica.

Tienen razón aquellos que critican la ambigüedad del papa, pero, no es menos cierto, que una política más hostil contra Hitler habría llevado a miles de católicos alemanes hacia una muerte segura. Pío XII siempre estuvo entre la espada y la pared, por eso, y, ante el avance de los regímenes fascistas, firmó una carta en la que confirmaba su renuncia en caso de ser capturado por un ejército conquistador.

Aunque a Pío XII se le ha acusado de falta de valentía, es cierto que las ayudas aportadas por el pontífice, sobre todo a la población judía, fueron modélicas y por eso recibió numerosos reconocimientos. Según Maximilian Liebmann:

> Si tenemos en cuenta que la cifra de 6 millones de víctimas judías es bastante segura, los tres cuartos de millón de judíos salvados por las medidas católicas representan una magnitud digna de consideración. Muchos de ellos se debieron a la intervención del papa Pío XII.

Durante su pontificado, organizó caravanas de camiones que transportaron alimentos y víveres desde todos los rincones de Italia hacia el Vaticano, convertido en un asilo salvador, donde se dio cobijo a miles de personas perseguidas por el odio irracional del fascismo y del comunismo; por eso, poco a poco, se fueron sucediendo los elogios y los agradecimientos.

En las navidades de 1941 el *New York Times* felicitaba a Pío XII por su denodado esfuerzo contra los totalitarismos, mientras que historiadores judíos, entre ellos Joseph Lichten, ensalzaban los esfuerzos del Vaticano por conseguir la salvación de judíos apresados por los nazis durante la ocupación alemana de Italia. Muchos de los judíos que aún no habían caído en las garras de las SS fueron cobijados y alimentados tanto en el Vaticano como en Castel Gandolfo. En el haber del papa tenemos su famoso mensaje de navidad de 1944, *Benignitas et humanitas*, considerado por muchos autores como el principal impulso para el nacimiento de una nueva corriente política con enorme influencia en la segunda mitad del siglo xx, la democracia cristiana.

A pesar de la controversia por la actuación de Pío XII durante la segunda guerra mundial, no se puede negar la intensa obra de caridad que realizó durante el conflicto en favor de los perseguidos. Los testigos afirmaron que el papa se sometió a privaciones de alimento, de ropa y calefacción para compartir las condiciones de la gente inocente víctima de la locura de la guerra. En una homilía del 9 de octubre de 2008, Benedicto XVI afirmó: «A menudo actuó de manera secreta y silenciosa, precisamente porque, consciente de las situaciones concretas de ese complejo momento histórico, intuía que solo de ese modo se podía evitar lo peor y salvar el mayor número posible de judíos».

El final de la guerra llegó acompañado de nuevos reconocimientos. El Congreso Mundial Judío de 1945 agradeció, con efusivas palabras, la intervención del papa durante el conflicto, y en este mismo año el gran rabino de Jerusalén, Isaac Herzog, envió una bendición a Pío XII por «sus esfuerzos para salvar vidas judías durante la ocupación nazi de Italia». También el gran rabino de Roma relató numerosos testimonios sobre la actuación del Vaticano en favor de la comunidad judía. El 8 de septiembre de 1945, *L´Osservatore Romano* publicó un artículo de Giuseppe Nathan, comisario de la Unión de Comunidades Judías Italianas:

> Ante todo, dirigimos un reverente homenaje de gratitud al Sumo Pontífice y a los religiosos y religiosas que, siguiendo las directrices del Santo Padre, vieron en los perseguidos a hermanos, y con valentía y abnegación nos prestaron su ayuda, inteligente y concreta, sin preocuparse por los gravísimos peligros a los que se exponían.

En 1958, después de la muerte del papa, resonaron las palabras de agradecimiento de Golda Meir:

> Compartimos el dolor de la humanidad (…). Cuando el terrible martirio se abatió sobre nuestro pueblo, la voz del papa se elevó en favor de sus víctimas. La vida de nuestro tiempo se enriqueció con una voz que habló claramente sobre las grandes verdades morales por encima del tumulto del conflicto diario. Lloramos la muerte de un gran servidor de la paz.

¿Cómo puede entenderse, entonces, la enorme cantidad de críticas que recibió Pío XII a pesar del abrumador número de testimonios a favor de su pontificado y por su apoyo a la comunidad judía y en contra del Tercer Reich? Esta pregunta tiene una fácil respuesta. Después de la guerra

Pío XII se mostró combativo contra los brutales regímenes comunistas, especialmente la Unión Soviética stalinista y la China de Mao. Estas críticas fueron contestadas desde distintos ámbitos políticos e ideológicos para llevar a cabo un proceso de difamación que continúa en nuestros días.

Con toda seguridad, Pío XII se habría emocionado si en vida hubiese escuchado las voces de las principales víctimas del terror nazi, de esos doscientos veinte rabinos e intelectuales judíos que en el año 2000 firmaron el documento Dabru Emet, en cuyo punto 5 se leen las siguientes palabras:

> El nazismo no fue un fenómeno cristiano (…) si el exterminio nazi de los judíos se hubiera terminado de consumir, su furia asesina se habría vuelto más directamente contra los cristianos. Reconocemos con gratitud a esos cristianos que arriesgaron o sacrificaron sus vidas para salvar judíos durante el régimen nazi.

EL CONCILIO VATICANO II

El siglo XX podemos considerarlo como el más violento y sanguinario de nuestra historia. Si la primera guerra mundial había provocado todo tipo de padecimientos por la utilización de armamento moderno contra unos ejércitos que quedaron totalmente arrasados en el campo de batalla, y también contra la población civil, esta circunstancia se amplió con el estallido de la segunda guerra mundial cuya duración y amplitud superó, con creces, a la anterior. La paz de 1945 no supuso el final de los padecimientos porque, a las muertes en combate, en los campos de concentración o como consecuencia de devastadores bombardeos, se le unió el inicio de un proceso de desplazamientos forzosos de población que afectó a millones de familias en todo el continente europeo. A todo ello le sumamos la imposición de regímenes totalitarios comunistas en una buena parte de la Europa central y oriental, cuya población volvió a ver como se reabrían los campos de concentración para internar a todos los opositores al comunismo. Fue el caso de Polonia, un país que tuve la ocasión de visitar en fechas recientes, que tuvo la desgracia de padecer la brutal ocupación del ejército del Tercer Reich durante la segunda guerra mundial para, después, quedar bajo la bota del tirano Stalin.

Tanto en la Europa del Este como en la Unión Soviética, el cristianismo y la Iglesia se dispusieron a afrontar una nueva época de padecimientos. En el otro gran régimen comunista, la China de Mao, el cristianismo, que hasta entonces había tenido una salud envidiable, quedó muy debilitado y con la total prohibición de entablar ningún tipo de comunicación con la Santa Sede. En África, la situación fue bien distinta, ya que el catolicismo experimentó un importante auge en los países del tercer mundo. El avance hacia la universalidad de la Iglesia dio pasos agigantados durante el pontificado de Pío XII, entre 1939 y 1958. Es significativo el hecho de que, en 1946, cuando realizó su primera promoción cardenalicia, de las treinta y dos vacantes del Colegio Cardenalicio sobre un total de setenta, solo nombró a cuatro cardenales italianos y veintiocho de otras nacionalidades.

Además de por sus tensas relaciones con Hitler, a Pío XII siempre se le recordará por su infatigable magisterio y por su defensa de la vida y la moral de los cristianos en un mundo cada vez más decadente. Entre sus encíclicas destacamos *Divino afflante Spiritu*, en la que se trata sobre la revelación y la Sagrada Escritura, y *Humani generis*, debido a la aparición de nuevos síntomas modernistas. Pío XII fue sucedido por Juan XXIII, cuyo breve pontificado entre el 1958 y el 1963 fue suficiente para que tomase una iniciativa fundamental como fue la decisión de celebrar un concilio ecuménico, el del Vaticano II, que quedó convocado oficialmente el 25 de diciembre de 1961 por la bula *Humanae salutis*.

En la bula de convocatoria leemos que la intención del nuevo concilio era «promover el incremento de la fe católica y una saludable renovación de las costumbres del pueblo cristiano, y adaptar la disciplina eclesiástica a las condiciones de nuestro tiempo» bajo el principio de lo que se denominó *aggiornamento*, del que ya hemos hablado. El concilio se abrió el 11 de octubre de 1962, pero, por desgracia, Juan XXIII no pudo ver cumplidos todos sus sueños de renovación que tenía planteados, ya que falleció unos meses después, en junio de 1963, por lo que fue su sucesor, Pablo VI, el que presidió la mayor parte de las sesiones del concilio hasta su clausura el 8 de diciembre de 1965.

Durante estos tres años, la labor de los padres conciliares fue ingente, con la aprobación de constituciones dogmáticas, decretos y declaraciones sobre los pasos que debía dar la Iglesia en un mundo que parecía haberse puesto contra el hecho religioso. Mediante estos documentos, especialmente las cuatro constituciones, se puso sobre la mesa el importante programa de renovación cristiana. Nos referimos a la *Lumen gentium* (sobre la doctrina de la Iglesia que comenzó a formularse en el Concilio Vaticano I), *Dei Verbum* (sobre la importancia de la Sagrada Escritura y su relación con la Tradición), *Sacrosanctum Concilium*, (sobre la liturgia) y *Gaudium et spes* (sobre la Iglesia en el mundo contemporáneo). En dichas constituciones se pusieron de manifiesto algunos temas fundamentales que siguen siendo objeto de discusión como la libertad religiosa y el ecumenismo, el papel de los laicos, la llamada universal a la santidad, el impulso a la evangelización y la santidad del matrimonio. Autores como Calvo Zarraute dudan sobre los resultados del Vaticano II, al asegurar que la Iglesia quedó como una especie de ONG dejando de lado la labor fundamental que debía ser la salvación de las almas.

El problema fue que, mientras se celebraba el concilio, fue aflorando una profunda crisis moral que estalló con toda su intensidad en mayo del 68, con el nacimiento de la ideología posmoderna de alcance universal. Como consecuencia de la asunción de estos valores por parte de algunos miembros de la Iglesia, la redención dejó de tener como finalidad primordial la salvación del hombre y pasó a entenderse como la liberación de la humanidad de todo tipo de opresiones y servidumbres. Influenciada por la teología de la liberación, la misión de la Iglesia debía entenderse, por lo tanto, en un sentido temporal: la lucha contra las estructuras socioeconómicas injustas y contra las desigualdades entre las clases sociales. Debemos recordar que el catolicismo social ya había planteado la necesidad de luchar por el bien de los más desfavorecidos, aunque sin dejar de lado la preocupación por transmitir el auténtico mensaje de Cristo.

No fue este el único problema que amenazó al catolicismo en la segunda mitad del siglo xx, porque el imparable desarrollo económico y la imposición de la sociedad del bienestar, hoy en franca decadencia, trajo consigo una capacidad de disolución del espíritu religioso como no se había visto a lo largo de la historia. El consumismo y el afán hedonista de hombres y mujeres dispuestos a gozar sin medida de las realidades terrenas supuso un olvido de las realidades eternas. Según José Orlandis:

> Entre las expresiones más características de este fenómeno pueden señalarse la disminución de las prácticas religiosas en las tierras de la vieja Cristiandad, el menosprecio a la ley divina como norma de moralidad, la crisis de numerosos matrimonios y de la propia institución familiar y los atentados contra el derecho a la vida de los más indefensos.

Después de la muerte de Pablo VI y el breve pontificado de Juan Pablo I, entre el 26 de agosto y el 28 de septiembre de 1978, fue elegido el cardenal Karol Wojtyla, arzobispo de Cracovia que tomó el nombre de Juan Pablo II. Nos encontramos ante el primer papa no italiano en cuatro siglos, ante un hombre joven de cincuenta y ocho años y ante un personaje que demostró su probada valentía por su defensa de la religión católica y la libertad religiosa frente a la dictadura comunista que dominaba en Polonia.

El de Juan Pablo II, por su duración (veintiséis años) y por los cambios políticos y sociales a los que tuvo que hacer frente, se considera uno de los pontificados más importantes y prolíficos del siglo xx. Prolíficos porque el papa escribió catorce encíclicas, proclamó cuatrocientos ochenta y dos santos y realizó ciento cuatro viajes apostólicos; todo un logro teniendo en cuenta que, especialmente durante sus últimos años, el papa tenía una salud endeble. Antes de su elección, Wojtyla había participado en el Concilio Vaticano II donde tuvo un papel relevante en la elaboración de la *Dignitatis humanae* y la *Gaudium et spes*; por eso, uno de los objetivos de su pontificado fue la implantación de lo acordado en el concilio. Otra de las prioridades fue la reforma del gobierno de la Iglesia con la constitución apostólica *Pastor bonus* y, frente a lo que él denominó cultura de la muerte, llevó a cabo una férrea defensa de la vida; por eso se pronunció contra el aborto y la eutanasia. Sus catequesis sobre la dignidad de la persona humana, al igual que sus encíclicas *Veritatis splendor* y *Evangelium vitae*, tuvieron gran relevancia. Como un hombre que supo adaptarse a un mundo cambiante, aunque no siempre a mejor, también se preocupó por los problemas relativos a la doctrina social de la Iglesia, a la ecología, al papel de la mujer en la familia y las relaciones entre la fe y la razón. No menos sinceras fueron sus actuaciones en favor de la convivencia de las distintas religiones. Igualmente memorables fueron sus jornadas de petición de perdón por los pecados cometidos por la Iglesia a lo largo de su historia o sus oraciones ante el Muro de las Lamentaciones, en Auschwitz y en la Sinagoga de Roma. Otro de sus logros fue la puesta en marcha de las Jornadas Mundiales de la Juventud a partir de 1985.

En España, en 1928 Josemaría Escrivá de Balaguer fundó el Opus Dei, una organización católica compuesta por sacerdotes y seglares que estaba llamada a tener una gran influencia en el país, tanto desde el punto de vista político como económico. La misión del Opus fue fomentar la conciencia de la llamada universal a la santidad de la vida. Según Escrivá, la santidad no tenía por qué ser lo extraordinario, sino lo ordinario, lo normal para todos los bautizados, ya que, según él, esta santidad no consistía en realizar actos heroicos, sino que podía hacerse visible en cualquier tipo de situación, incluso en el día a día de todos los fieles y en su ámbito de trabajo.

Dijimos que san Juan Pablo II fue un hombre valiente y, por lo tanto, no huyó de temas más polémicos como los derivados de la teología de la liberación o el de la ordenación de las mujeres. Asimismo, tuvo un papel fundamental en el proceso de la caída del Muro de Berlín y del derrumbamiento de los regímenes comunistas en la Europa del Este, actuación que puede tener relación con el atentado sufrido en la plaza de San Pedro en 1981 y que estuvo a punto de acabar con su vida. Juan Pablo II se opuso al comunismo, pero también al capitalismo salvaje causante de lamentables situaciones de pobreza, por eso llegó a pedir la condonación de la deuda de los países del tercer mundo. Entre sus actuaciones políticas cabe destacar su esfuerzo por evitar la guerra de Irak y, durante la elaboración y tramitación de la Constitución Europea, el empeño por plasmar en el documento final una alusión a las innegables raíces cristianas de Europa. Por desgracia su voz no fue escuchada.

Llegamos así al final de su pontificado y al del convulso siglo XX. Dijimos que el atentado de 1981 estuvo a punto de provocarle la muerte; aunque muchos temieron por su vida, el papa logró recuperarse, pero, desde ese momento, su salud fue frágil. Durante sus últimos años, Juan Pablo II sufrió un cáncer de colon, apendicitis, artrosis y párkinson, pero, a pesar de todo, nunca dejó de viajar movido por su ardiente deseo de luchar por la Iglesia y los católicos. En el 2005 la situación ya era irreversible; los fieles empezaron a rezar por él cuando vieron que su amado papa ya no era capaz de presidir las ceremonias de Semana Santa y el 2 de abril falleció justo en la víspera de la festividad del Domingo de la Divina Misericordia que él mismo había instaurado. Su funeral fue una multitudinaria manifestación de afecto por uno de los mejores papas de todos los tiempos. Se calcula que fueron más de tres millones de personas los que, desde todo el mundo, marcharon en procesión hasta

Roma para llorar la muerte de un hombre santo. El proceso de beatificación empezó inmediatamente después de su muerte y, tras la aprobación de un milagro y sus virtudes heroicas, fue beatificado por su sucesor Benedicto XVI el 1 de mayo de 2011 en la plaza de San Pedro y canonizado por el papa Francisco el 27 de abril de 2014 junto a Juan XXIII.

El cardenal Joseph Ratzinger fue uno de los hombres de confianza de Juan Pablo II. Elegido el 19 de abril de 2005 a los setenta y ocho años, el nuevo papa escogió el nombre de Benedicto XVI en homenaje a Benito de Nursia y Benedicto XV. Desde su elección, el papa no se libró de los intentos de difamación por parte de algunos medios que trataron de vincularlo con el partido nazi y las Juventudes Hitlerianas. Es cierto que el joven Joseph participó en el ejército alemán durante la guerra, pero como consecuencia del decreto de movilización forzosa del 43 de todos los alumnos de secundaria, por el que el futuro papa fue obligado a servir como ayudante de las baterías aéreas. Por supuesto, la deserción estaba castigada con la pena de muerte y el inmediato ahorcamiento a manos de los soldados de las SS. Desde el principio, Ratzinger dejó muestras evidentes de su enorme erudición. Ordenado sacerdote en 1951 ocupó la cátedra de Teología Dogmática en la Universidad de Bonn y allí demostró un profundo interés por el estudio del pensamiento de los padres de la Iglesia, en especial san Agustín y san Buenaventura. Las virtudes de Ratzinger no pasaron desapercibidas, por eso el cardenal Frings recurrió a él como teólogo particular durante el Concilio Vaticano II. Este fue un momento importante en su vida, porque pudo entrar en contacto con los más destacados teólogos católicos del momento y participar activamente en las reuniones del episcopado alemán. Su carrera no parecía tener límites y en 1967 ocupó la cátedra de Teología Dogmática de Tubingia. En 1977, Pablo VI le nombró arzobispo de Múnich y Frisinga y en 1981 Juan Pablo

II le puso al frente de la Congregación para la Doctrina la Fe, al mismo tiempo que presidía la Pontificia Comisión Bíblica y la Comisión Teológica Internacional. Por si pudiese parecer poco, Ratzinger también presidió la comisión encargada de la elaboración del catecismo de la Iglesia.

Esta trayectoria, además de su fidelidad a san Juan Pablo II, le convirtieron en el más firme candidato al pontificado, por lo que, tras ser elegido, en el segundo día del cónclave, inició su misión marcada por la defensa del papel de la Iglesia en la cultura moderna y de las relaciones entre la razón y la fe como base del conocimiento y búsqueda de la verdad frente a la dictadura del relativismo moral. Nunca se cansó de decir que el relativismo fue el principal problema de la fe y la gran amenaza para la dignidad del ser humano. Ahora que somos conscientes de las consecuencias de la imposición del relativismo, tan vinculado a la postmodernidad, vemos que el papa no erró en sus predicciones. Durante su pontificado aún tuvo tiempo para escribir un libro de obligada lectura sobre Jesús de Nazaret y de recapacitar sobre la necesidad de promocionar la belleza en la tradición litúrgica de la Iglesia. El problema, y uno de los motivos de su renuncia, vino con el estallido de una nueva polémica sobre el abuso de menores por parte de algunos sacerdotes de la Iglesia, un mal que Ratzinger ya había denunciado como prefecto de la Congregación de la Fe. Benedicto XVI optó por aplicar una política de tolerancia cero, por lo que no le tembló el pulso a la hora de remover de sus cargos a varios obispos y reunirse con las víctimas para pedirles perdón en nombre de todos los católicos. Es cierto que algunos sectores le acusaron de tener una postura hermética, pero la gran polémica saltó cuando el papa condenó el intento de algunos sectores por manchar la imagen de todos los miembros de la Iglesia cuando este drama solo afectaba a menos del 1 % de los sacerdotes y obispos.

Otra de las grandes preocupaciones del papa fue la cuestión ecuménica, por lo que Benedicto XVI se centró, en cuerpo y alma, en mejorar las relaciones con la Iglesia ortodoxa y con el anglicanismo, pero el acto más importante de su pontificado fue su renuncia, que se hizo efectiva el 28 de febrero de 2013, cuando la sede romana quedó vacante por el retiro del papa, ya enfermo, a Castel Gandolfo. El 13 de marzo de 2013 fue elegido el cardenal de Buenos Aires Jorge Mario Bergoglio, que asumió el nombre de Francisco, para iniciar una nueva etapa en la vida de una Iglesia que hoy parece dividida y enfrentada entre sí debido a las discrepancias sobre la forma de enfrentarse a los principales problemas que derivan de un mundo y de una sociedad que ha dado la espalda a Dios y que avanza, cada vez más rápido, hacia lo que muchos han empezado a denominar la época de la posthumanidad.

Ahora que este libro llega su fin, queremos recordarle que nuestro propósito ha sido mostrarle la historia de la Iglesia para condenar sus errores, pero también para resaltar sus logros; por eso hacemos nuestras las palabras de Pablo VI cuando habló sobre su amor a la Iglesia poco antes de su muerte:

> Quisiera finalmente abarcarla toda en su historia, en su designio divino, en su destino final, en su compleja, total y unitaria composición, en su consistencia humana e imperfecta, en sus desdichas y sufrimientos, en las debilidades y en las miserias de tantos hijos suyos, en sus aspectos menos simpáticos y en su esfuerzo perenne de fidelidad, de amor, de perfección y de caridad.

AGRADECIMIENTOS

En primer lugar, quiero expresar mi más sentido agradecimiento a Ángeles López, mi editora, mi amiga, por haberme guiado durante todos estos años en esta increíble aventura por el mundo editorial. Igualmente, quiero agradecer a Manuel Pimentel su disposición y la confianza depositada para publicar este, mi quinto libro con la editorial Almuzara.

No quiero dejar pasar la oportunidad de destacar a todos aquellos que contribuyeron a hacer realidad el proyecto de *Laus Hispaniae*, una revista en la han colaborado autores de reconocido prestigio como Antonio J. Candado, Manuel Ortuño, José Crespo-Francés, Paco Álvarez, Pedro Fernández Barbadillo, Marcelo Gullo, José Luis Costa, Javier Barraycoa y Sandra Ferrer, entre otros muchos, capitaneados por mi gran amigo Juan Pablo Perabá al que siempre agradeceré su apoyo para superar los problemas y los baches que nos pone la vida.

De igual forma, quiero destacar a David Cuadrón, a Miguel Ángel Toledo, a Javier Ramos, creador del blog *Lugares con historia*, a los compañeros del Protocolo de Santa Pola, especialmente a Alberto Abascal, a la Asociación Cultural Héroes de Cavite, a los amigos de Bellumartis, con Francisco García Campa a la cabeza, a Federico Romero Díaz al frente del grupo Divulgadores de la Historia, a Manuel Fuentes, creador de *Libros y Lanzas* y, por supuesto, a Javier Navascués, de *InfoCatólica*, por su apoyo constante y desinteresado. Tampoco quiero dejar pasar la oportunidad de recordar a mis compañeros de fatigas, a Pablo Moreno Jaén, a Vicente Bardal y a Luis Marín del IES Jaime II. Mi agradecimiento especial a Joaquín López y a don Miguel Aparicio, de la parroquia de la

Santísima Cruz de Alicante y, por supuesto, a Loli, a Paloma y a Luis por su impagable trabajo en favor de la educación de nuestros jóvenes.

Nunca habría llegado hasta aquí sin el apoyo constante de mi hermano mayor, Juan, y de nuestros padres, a los que perdimos en fechas recientes y que, con total seguridad, nos siguen acompañando, pero ahora sin dolor y sufrimiento. En esta vida que nos ha tocado vivir, no siempre sencilla, mis hijas Sofía y Elena han sido mi principal argumento para seguir adelante, mi más grande motivo de orgullo. Sois maravillosas y siempre estaré agradecido por ser vuestro padre y amaros eternamente.

Quiero dedicar este libro a mi mujer, a Ade, porque siempre fuiste, eres y serás la luz que me guiará a través de mi existencia.

BIBLIOGRAFÍA

ALARCÓN, Rafael. (1998). *A la sombra de los templarios*. Barcelona: Martínez Roca.

ALSBRIDGE, Thomas. (2019). *Las cruzadas: Una nueva historia de las guerras por Tierra Santa*. Barcelona: Ático de los Libros.

BLANCO, P. Y TORRES, E. (2020). *Benedicto XVI. Una historia de la Iglesia*. Madrid: Ediciones Cristiandad.

BLOCH, Marc. (1986). *La sociedad medieval*. Madrid: Akal.

BONNASSIE, Pierre y otros. (1980). *Estructuras feudales y feudalismo en el mundo mediterráneo*. Barcelona: Crítica.

BURGGRAF, Jutta. (2002). *Teología Fundamental*. Madrid: Rialp.

CALLEJO, Jesús. (2006). *Secretos medievales*. Madrid: Planeta.

CALLEJO, Jesús. (2011). *Misterios de la Edad Media*. Madrid: Akásico.

CÁRCEL, Vicente. (2009). «Historia de la Iglesia». Volumen III. *La Iglesia en la época contemporánea*. Madrid: Ediciones palabra.

CLARAMUNT, S., PORTELA, E., GONZÁLEZ, M., Y MITRE, E. (1992). *Historia de la Edad Media*. Barcelona: Ariel.

CONGAR, Yves. (1993). *Cristianos ortodoxos*. Madrid: Estela.

CORRAL, José luis. (2012). *El enigma de las catedrales góticas*. Barcelona: Planeta.

ESLAVA GALÁN, Juan. (2010). *Los templarios y otros enigmas medievales*. Barcelona: Planeta.

FERNÁNDEZ URRESTI, Mariano. (2016). *Crónica negra del Grial*. Barcelona: Aguilar.

FERRER, Sandra. (2016). *Mujeres silenciadas en la Edad Media*. Madrid: Punto de Vista.

GALLEGO, Enrique. (1983). «Relaciones entre la Iglesia y el Estado en la Edad Media». *Revista de Occidente*.

GONZÁLEZ RUIZ, David.(2010). *Breve historia de las leyendas medievales*. Madrid: Nowtilus.

JOHNSON, Paul. (2004). *Historia del Cristianismo*. Barcelona: Ediciones B.

LABOA, Juan María (2002). *Historia de la Iglesia IV: Época contemporánea*. Madrid: Biblioteca de autores cristianos.

LE GOFF, Jacques. (2013). *¿Nació Europa en la Edad Media?* Barcelona: Crítica.

LE GOFF, Jacques y otros. (1990). *El hombre medieval.* Madrid: Alianza Editorial.

LENZENWEGER, Josef y otros. (1989). *Historia de la Iglesia católica*. Barcelona: Herder.

LIPPINI, Pietro. (2011). *La vida cotidiana en un convento medieval*. Salamanca: Editorial San Esteban.

MAALUF, Amin. (1989). *Las Cruzadas vistas por los árabes*. Madrid: Alianza Editorial.

MARTÍNEZ-PINNA, Javier. (2018). «El hombre en la Edad Media». *Revista Clío Historia*, n.º 201. Julio de 2018.

MARTÍNEZ-PINNA, Javier. (2019). *Eso no estaba en mi libro de historia de la Edad Media*. Córdoba: Editorial Almuzara.

MARTÍNEZ-PINNA, Javier. (2022). *Lo que hicimos por el mundo*. Madrid: Editorial Edaf.

ORLANDIS, José. (2014). *Historia de la Iglesia. Iniciación teológica*. Madrid: Rialp.

PERABÁ, J. P. Y MARTÍNEZ-PINNA, J. (2018). «La Iglesia de los pobres». *Revista Clío Historia Especial*, n.º 30. Enero de 2018.

SÁNCHEZ, Eustaquio. (1986). *Polémica entre cristianos y paganos*. Madrid: Akal.

SÁNCHEZ, José. (2005). *Historia de la Iglesia*. Madrid: Biblioteca de Autores Cristianos.

TEJA, Ramón. (1990). *El cristianismo primitivo en la sociedad romana*. Madrid: Editorial Istmo.

VALDEÓN, Julio. (1968). *El reino de Castilla en la Edad Media*. Bilbao: Moretón.

WICKHAM, Chris. (2017). *Europa en la Edad Media*. Barcelona: Crítica.